大学生心理健康教育指导

◎主　编　朱海娟　王　莹　刘鹏飞

DAXUESHENG XINLI JIANKANG JIAOYU ZHIDAO

南京大学出版社

图书在版编目(CIP)数据

大学生心理健康教育指导/朱海娟,王莹,刘鹏飞
主编. —南京:南京大学出版社,2021.6(2022.8重印)
ISBN 978-7-305-24811-5

Ⅰ.①大… Ⅱ.①朱… ②王… ③刘… Ⅲ.①大学生
—心理健康—健康教育—高等职业教育—教材 Ⅳ.
①G444

中国版本图书馆 CIP 数据核字(2021)第 172452 号

出版发行 南京大学出版社
社 址 南京市汉口路 22 号   邮 编 210093
出 版 人 金鑫荣

书 名 **大学生心理健康教育指导**
主 编 朱海娟 王 莹 刘鹏飞
责任编辑 刘 飞   编辑热线 025-93592146
照 排 南京开卷文化传媒有限公司
印 刷 南京人文印务有限公司
开 本 787×1092 1/16 印张 16 字数 370 千
版 次 2021 年 6 月第 1 版 2022 年 8 月第 2 次印刷
ISBN 978-7-305-24811-5
定 价 44.00 元

网 址:http://www.njupco.com
官方微博:http://weibo.com/njupco
微信服务号:njuyuexue
销售咨询热线:(025)83594756

前 言

大学生群体正处于风华正茂,知识丰富,思想活跃,渴望成才的阶段。由于其心理发展尚未完全成熟,大学阶段也是他们个性形成的关键期,更是其个性心理转折的关键时期。面对剧烈变动的大环境,竞争日趋激烈的社会小环境,他们在自我意识、适应能力、学习、情感、交往、就业等方面都会产生一定的心理问题。加强大学生心理健康教育,及时发现、妥善地解决这些心理问题,对于大学生的全面健康成长至关重要。

我们依据《教育部办公厅关于印发〈普通高等学校学生心理健康教育工作基本建设标准(试行)〉的通知》(教思政厅[2011]1 号)、《中共教育部党组关于印发〈高等学校学生心理健康教育指导纲要〉的通知》(教党[2018]41号)等文件精神,根据新时期大学生心理健康教育的需要,结合目前教学实际编写了本教材,希望能为广大学生普及心理健康的基本知识,帮助他们了解和掌握自我心理健康保健知识的心理调节方法,帮助他们学会适应高校的生活和学习,了解和掌握人际交往、恋爱、择业及就业等方面的知识和技能,使学生解惑于心理困扰,拥有健全的人格,能高效、快乐、健康地学习和生活。

本教材集知识传授、心理体验与行为训练于一体,力求突破传统教材的思路和描述语言,凸显心理训练对大学生自我探索技能、心理调适技能及心理发展技能的作用,为广大学生和一线教师提供可读性强、参与性强的课程用书。本书由朱海娟、王莹、刘鹏飞担任主编。

具体编写工作安排如下:朱海娟编写第一章、第四章、第五章;王莹编写第二章、第三章、第六章;刘鹏飞编写第七章、第八章,朱海娟负责全书的统稿,朱海娟、王莹、刘鹏飞负责全书的审定。

在本书的编写过程中,我们参考和引用了一些国内外专家的研究成果,并且得到了学校领导和心理健康教育课程兼职教师赵萍老师的支持与帮助,在此一并表示衷心的感谢!

本书可作为高职高专院校的公共基础课教材,也可作为社会从业人员的参考读物和培训教材。由于编者水平有限,加之时间仓促,书中难免有疏漏之处,恳请读者批评指正。

编 者

2021 年 5 月

目　录

第一章 健康人生 从心开始

——大学生心理健康概述

学习导读

本章旨在普及健康及心理健康知识,增强心理忧患意识,认识心理异常现象。通过本章的学习,了解什么是健康,健康的内涵、心理健康的概念和标准是什么,大学生心理健康的标准又是什么,大学生都存在哪些常见的心理和行为问题,大学生心理发展的特点是什么;同时学会关注自我生理和心理发展的状态,掌握健康的生活方式和自我管理的技能,学会运用心理学知识进行心理调适、情绪管理,做积极、乐观、勇于面对现实的人,能够直面心理危机,解决心理行为问题,以实现更好的社会适应和自身发展,拥有美好人生。

第一节 心理健康知多少

——健康与心理健康

情境导入

讨论:以下关于“健康”的概念界定有什么区别?

1.《辞海》中健康的概念是:“人体各器官系统发育良好、功能正常、体质健壮、精力充沛并具有良好劳动力。”

2.《简明不列颠百科全书》1987 年中文版的定义是:“健康,使个体能长时期地适应环境的身体、情绪、精神及社交方面的能力。”“健康可用可测量的数值(如身高、体重、体温、脉搏、血压、视力等)来衡量,但其标准很难掌握。”

3. 1948 年世界卫生组织(WHO)成立时在它的宪章中所提到的健康概念:“健康乃是一种在身体上、心理上和社会上的完满状态,而不仅仅是没有疾病和虚弱的状态。”

4. 1989 年世界卫生组织新定义为:“健康应包括躯体健康、心理健康、社会适应良好和道德健康。”

心理解读

一、健康与心理健康的概念

(一)健康的新概念

健康是人生存的根本、事业的基础。只有健康的人才能高质量地生活,达到人的全面发展。健康不仅仅是指身体发育良好,无疾无患,体魄强健,而且还需要具有良好的心理素质和心理状态。

1989年世界卫生组织定义健康为:"健康应包括躯体健康、心理健康、社会适应良好和道德健康。这种新的健康观使医学模式从单一生物医学模式转变为生物—心理—社会医学模式。它强调生理健康为物质基础,发展心理健康与良好的社会适应,道德健康则是整体健康的统领。"

世界卫生组织还具体提出了健康的标准,即除了躯体没有病理改变和机能障碍外,还应具备以下因素:

(1)有充沛的精力,能从容不迫地担负日常工作和生活而不感到疲劳和紧张;

(2)积极乐观,勇于承担责任,心胸开阔;

(3)精神饱满,情绪稳定,善于休息,睡眠良好;

(4)自我控制能力强,善于排除干扰;

(5)应变能力强,能适应外界环境的各种变化;

(6)体重得当,身材匀称;

(7)眼睛炯炯有神,善于观察;

(8)牙齿清洁,无空洞,无痛感,无出血现象;

(9)头发有光泽,无头屑;

(10)肌肉和皮肤富有弹性,步态轻松自如。

健康小贴士

屏气时间——检验肺脏功能

吸一口气,然后屏气,时间越久越好,再慢慢呼出,呼出时间3秒钟为最理想。最大限度屏气,一个20岁、健康状况甚佳的人,可持续90~120秒。而一个年满50岁的人,约为30秒左右。

脉搏——检验心脏功能

三次脉搏数相加,减去200再除以10:(脉 A+脉 B+脉 C-200)/10,若所得结果为:0～3 说明你的心脏强壮;3～6 良好;6～9 心脏一般;9～12 心脏不怎么好;12 以上应及时找医生。

"不倒时间"——检验老化程度

平衡能力在人类生活中有非常重要的意义。日本京都府立医科大学的山田教授根据对人体组织 30 多年的研究提出一种简单易行的"人体老化简易自测法"。具体方法:自测者双手下垂紧贴身体两侧,闭上眼睛,用一只脚直立站住,然后根据他的"不倒时间"来判断自己老化程度。

判断标准:9.9 秒,男性生理年龄为 30～35 岁,女性生理年龄为 40～49 岁;8.4 秒:男性生理年龄为 40～49 岁,女性生理年龄为 50～59 岁;7.4 秒:男性生理年龄为 50～59 岁,女性生理年龄为 60～69 岁;5.8 秒:男性生理年龄为 60～69 岁,女性生理年龄为 70～79 岁。达到标准者,老化程度偏快,即生理年龄高于实际年龄。

(二) 心理健康的含义

心理健康有狭义和广义之分。狭义的心理健康,主要在于预防心理障碍或行为问题;广义的心理健康,则是以促进人们心理调节、发展更大的心理效能为目标,即人们在环境中健康生活,保持并不断提高心理健康水平,从而更好地适应社会生活,有效地为社会和人类做出贡献。

心理健康的七项指标:

1. 智力正常

智力是人的观察力、注意力、想象力、思维力和实践活动能力的综合,是人们学习、生活与工作的基本心理条件。心理健康的大学生能充分地了解自己,恰当地估量自己的能力。当遇到自己能力不能胜任的任务时,能正确地看待成功与失败。

2. 人际关系良好

我国著名的心理学家丁瓒先生曾指出:人类的心理适应,最主要的就是对于人际的适应,所以人类的心理病态,主要是由于人际关系的失调而来的。

心理健康的人乐于与人交往,在交往中既能悦纳他人,也能接受自我。能看到他人与自己的长处和短处,认为每个人都有自己存在的重要性和作用,他人和集体也愿意接受他,人际关系很融洽。和谐的人际关系是心理健康不可或缺的条件,也是获得心理健康的主要途径。在和谐的人际环境中,个体能获得有效的社会支持和社会信息,这对于个体的发展非常有利,也能使个体更好地适应外界的环境。良好的人际关系既能反映出一个人的社交能力,同时也是心理健康的特点之一。

3. 有较好的情绪调控能力

情绪会直接影响人的工作效率,影响人际关系,直至影响人的健康。一个心理健康的人能经常保持愉快、开朗、乐观、满足的心境,对生活和未来充满希望。在生活中也会体验到痛苦、忧伤、愤怒、恐惧、怨恨、嫉妒等种种消极的情绪,但他会主动积极地进行调节,不让其长期占据主导地位,能适度地表达和控制自己的不良情绪,以使自己始终保持良好的生活和学习心境。心理健康的人在情绪方面能恰当地释放不良情绪而且会表现得合乎情境。

4.有良好的环境适应能力

环境适应能力包括正确认识环境以及处理个人和环境的关系的能力。心理健康的人在环境发生改变时,能主动地面对现实,对环境的具体变化做出客观的评价并有着正确和清醒的认识,会根据个人的实际情况对外界环境做出符合新环境要求的行动,以保持和社会环境的良好接触,让自己的思想、行为和意识始终与周围的环境保持一致。即使遇到挫折也不会逃避生活、学习中的问题和困难,而是及时总结经验和教训,积极面对目前已经发生的变化和未来将要发生的变化,使自己更加成熟地走向未来。

5.有着完整、统一的人格

人格是个体比较稳定的心理特征的总和。它反映了一个人独特的心理面貌。一个人在客观现实的反映活动过程中,一方面获得了知识经验,形成了需要、动机、兴趣、价值观等个性倾向性,另一方面也形成了与个性倾向性密切相关的能力、气质、性格等个性心理特征。一个人格健全的人,他的需要、动机、兴趣、价值观等都是符合社会的要求的,是积极的。在积极向上的人生观的指导下,他的思想、言语和行为都是高度一致的。

6.心理行为符合年龄特征

人的一生要经历不同的年龄阶段,在不同的年龄阶段我们都有着相应的心理行为表现。心理健康的人的言行举止都会符合他所处的年龄阶段多数同龄人的心理行为,如果发生了严重的偏离,其心理必然是不健康的。

7.热爱生活、乐于学习和工作

心理健康的人能珍惜和热爱目前的生活,能积极投身于生活之中,享受生活中的种种乐趣。他们乐于学习和工作,在学习和工作中能充分施展自己的才能,并从学习和工作的成果中获得满足和激励。一个心理健康的人应该是一个热爱生活、乐于学习、勤奋工作的人。

心理健康是指一种合乎某种社会水准的行为,一方面个体的行为能被社会所接受,另一方面它能为个体本身带来心理上的自我完善和积极的发展。

心理案例

案例1:小桐,男,20岁,大二学生。高考时因发挥失常,来到高职院校。自觉成绩还不错,第一个学期放松了要求,觉得自己随随便便也能拿个奖学金。没想到在高职也是高手如云。第一学期自己不仅与别的同学相差很多,而且还挂科了。

小桐深受刺激,决心洗心革面,认真读书。他决定第二学期好好努力,争取第二学期考过英语Ａ级,综合成绩达到班级前十名。第二学期里,他每天起来得比别人要早,睡的也比别人晚,总担心自己被抛到后面。但没想到第二学期还是没有达到预期的目标。看到别的同学好像不用读书、轻轻松松、不费力就拿了一等奖学金,自己比别人付出那么多,可结果还是这样,不禁有点气馁。

第三学期后,就觉得自己的学习状态一天不如一天,明明知道自己要好好读书,可是上课容易开小差,思维很混乱,记忆力明显衰退,心里憋闷,考试前这种感觉更加强烈,总觉得自己好像没有好好复习一样。眼看就要毕业了,自己回顾这两年,觉得什么都没有学到,心里不禁惶恐,开始失眠,回避和同学的交往,甚至开始逃课。

你的分析:＿＿＿＿＿＿＿＿＿＿＿＿＿＿＿＿＿＿＿＿＿＿＿＿＿＿＿＿＿＿

＿＿＿＿＿＿＿＿＿＿＿＿＿＿＿＿＿＿＿＿＿＿＿＿＿＿＿＿＿＿＿＿＿＿＿＿。

案例2:刘同学,女,19岁,大学二年级学生。高中时经常看到影视剧中对大学生活的描述,心中充满向往,觉得大学生活会多姿多彩,自己也会有更多展示的空间。可是已经大学二年级的她,发现大学并不是自己想象的样子,每天除了教室就是食堂、宿舍,过着三点一线的生活。即使这样,大一学年的学业成绩也没有预想的满意,最近还因为作息时间问题和舍友闹矛盾。看到身边有不少同学不但成绩优异,室友关系也很融洽,而且还在很多参加的学生活动中获奖。她开始怀疑自己,不知道是自己期望过高还是能力太低。渐渐地整个人也变得焦虑和沉闷起来。

你的分析:＿＿＿＿＿＿＿＿＿＿＿＿＿＿＿＿＿＿＿＿＿＿＿＿＿＿＿＿＿＿

＿＿＿＿＿＿＿＿＿＿＿＿＿＿＿＿＿＿＿＿＿＿＿＿＿＿＿＿＿＿＿＿＿＿＿＿。

看看心理老师的分析吧!

案例1的分析:

1. 没有树立正确的学习目标。小桐没有客观地认识评价自己,也没有根据客观现实条件来调整个人需要和心理期望。由于自己的期望过高造成心理上的焦虑不安或松懈情绪。他应认识到,学习是一项艰苦的脑力劳动,在学习过程中会遇到许多困难和挫折,要取得优秀的学习成绩,掌握更多的科学文化知识,没有意志,没有不屈不挠的向上精神是不可能的。

2. 缺乏意志力、情绪的调适能力及心理承受能力。小桐可以深入社会实践,从中接受锻炼,磨炼意志,学会正确对待挫折,面对困境积极寻求解脱的途径并总结教训。当遇到困难和挫折时,对自己的情绪进行把握与调节,豁达大度、遇事冷静,合情合理地对待自己的各种需要,培养对挫折的承受力。

3. 缺乏良好人际交往,没有建立良好的人际关系。小桐应该认识到大学是微缩的社会,必然会面临较复杂的人际交往关系,人作为社会化的高级动物,要想更好地适应社会,必须有良好的人际关系做支撑,当遇到困境时也需要良好的社会支持。在人际交往中应学会信任、尊重、宽容,以诚相待,用真诚去赢得他人的信任和尊重,获得真诚的友谊。

案例2的分析:

刘同学要在思想上认识到问题所在:

1. 文艺作品是生活的提炼精品,平凡生活才是实在感受,做好平凡事,做个快乐人,天天都精彩。

2. 学会接受挫折:挫折和失败是成功之母,也是疾病和沉沦之母。自信+坚忍不拔=成功;自卑+放弃=沉沦。让她重拾自信:她确实不差。让她知道真实的人生:人生不如意事十之八九,这是绝大多数过来人的体会。走向社会,就要学习接受挫折:① 允许错误和失败,但不允许同样的错误和失败——接受教训,以利再战! ② 挫折中学会肯定进步,成功中学会挑出"骨头",挑出毛病,挑出运气成分。③ 学做乐观主义者:比如,哈哈,压断几根骨头我还活着,大难不死,必有后福啊! 如果反过来唉声叹气,我真倒霉,怎么又是我? 不言自明,两者后果天壤之别。

3. 掌握情绪调节方法:每当不良情绪出现,马上转移注意力,比如听音乐、多想些快乐的事情、逛逛街、找点事干等,都可以调节情绪。

二、心理亚健康概述

(一) 心理亚健康的含义

在长期的探索与实践中,人们逐步认识到,健康并非非此即彼的特征,而是一个动态的、相对的、连续变化的过程。"亚健康状态"是由苏联学者 N.布赫曼提出的,即介于健康与非健康之间的中间状态,是机体在内外环境不良刺激下引起心理、生理发生异常变化,但尚未达到明显病理性反应的程度。从生理学角度来讲,就是人体各器官功能稳定性失调尚未引起器质性损伤。"亚健康状态"主要表现为:各项身体指标无异常,但与健康人相比,生活质量低、学习工作效率低、注意力分散、生活缺乏动力、学习没有目标、有些茫然不知所措,感觉生活没劲。躯体反应为睡眠质量不高,容易疲劳,身体乏力,食欲不振。尽管亚健康状态并非严重的心理问题,如果不引起高度重视,极易引发相应的心理问题。

心理小贴士

【你知道吗?】

据 2018 年《中国城镇居民心理健康白皮书》当前中国城镇居民心理健康状况调查结果显示,我国 73.6% 的人处于心理亚健康状态,存在不同程度心理问题的人有 16.1%,而心理健康的人仅占 10.3%。

心理健康状态与躯体生理健康状态密切相关,躯体健康状况越差,心理问题发生率越高。甲状腺结节、乳腺良性病变、子宫肌瘤、肥胖和失眠等亚健康城镇居民人群的心理健康状况较差,五类人群的心理亚健康比例在 54.7%～64.7%,心理问题发生率在 24.3%～37.3%;在肿瘤、脑梗、心梗、糖尿病、高血压、冠心病等城镇慢病患者中,抑郁、焦虑问题突出,城镇慢病人群中有 50.1% 的人存在不同程度的心理问题倾向。

（二）亚健康的心理表现

现代社会正处于转型期，日趋激烈的市场竞争，复杂矛盾的人际关系，快速多变的生活节奏，不断地增加着人的心理负担，长期积累就会导致人的心理失衡，甚至产生心理危机，在身心上还会造成精神萎靡、精神恍惚以至精神失常。亚健康的心理表现多种多样。美国心理学家梅尔查斯归纳为：情绪低落、自卑失助、放任冲动、角色混乱四大特征。也有的心理学家指出，现代人陷入亚心理健康状态的七大信号是：

第一，焦虑感，烦恼不堪，焦躁不安，生气勃勃的外表下充满无奈；

第二，罪恶感，自我冲突，自责、羞怯和内疚；

第三，疲倦感，精疲力竭，颓废不振，厌倦，无聊；

第四，烦乱感，感觉失序，一团糟；

第五，无聊感，空虚，不知该做什么，不满足，但又不想动；

第六，无助感，孤立无援，人际关系如履薄冰；

第七，无用感，缺乏自信，觉得自己毫无价值，有一种无能、无用的感觉。

这些感受是人们陷入亚心理健康状态的一些具体指标，其中任何一项指标的出现，都必须引起重视，尽快进行自我调节，以维护自己的心理健康。

据一项对大学生的调查结果显示，大学生的亚健康状态主要表现为：人生目标茫然，学习目标不明确，学习缺乏动力，生活目标随波逐流，常有无意义感伴随，自卑与自负两极振荡，懒散与退缩，害怕失败等。

心理测验

【亚健康状态量表】

下面是由英国医生 Goldberg 等编制的一个主要用于社区人群筛查和评定的自评问卷，已经过国内大量研究使用及验证，适用性强，请大家根据自己的实际情况如实回答下述 12 个问题。

1. 是否干什么事情都不能专心；　　　　　　　　　　是　　否
2. 是否因心烦而睡眠很少；　　　　　　　　　　　　是　　否
3. 是否感到在各种事情上都不能发挥作用；　　　　　是　　否
4. 是否对一些问题没有能力做出决断；　　　　　　　是　　否
5. 是否总是处于紧张之中；　　　　　　　　　　　　是　　否
6. 是否感到无法克服困难；　　　　　　　　　　　　是　　否
7. 是否从日常生活中不能感到乐趣；　　　　　　　　是　　否
8. 是否不能够面对困难；　　　　　　　　　　　　　是　　否
9. 是否感到不高兴和心情压抑；　　　　　　　　　　是　　否
10. 是否对自己失去信心；　　　　　　　　　　　　是　　否
11. 是否认为自己是无用的人；　　　　　　　　　　是　　否

12. 是否所有的事情都感到不值得高兴；   是   否

结果分析：上述每道题回答"是"的记 1 分，回答"否"的不记分。当评分等于或大于 4 分时，说明你的心理健康已经出现问题，处于心理亚健康状态，积分越高，表示问题越大。

（三）预防与消除亚健康状态的方法

导致大学生亚健康状态的原因很多，除由于过度疲劳造成的精力、体力透支，人体生物周期中的低潮时期，身体疾病等因素外，心理疾病也是一个非常重要的原因。人体若处于亚健康状态时，容易患病，身心感到不适，对学习、生活和身心健康会造成不良影响，不能很好发挥体力和心理上的潜力。因此应重视大学生的亚健康状态，采取有效的措施使有缺陷或障碍的身心功能得到改善、增强或补偿，从亚健康状态转归到健康状态。

预防与消除亚健康状态的做法：

（1）适度运动。"生命在于运动"，大学生应坚持适宜的活动内容和活动方式，或者选择参加各项能延缓人体各器官衰退老化的健身运动，如游泳、体操、跑步等。

（2）全面均衡适量的营养。人体对各种物质的需求量都有一个度，过量摄入将会适得其反，高糖、高盐、高脂肪食物的长期过量摄入，尤其是饱和脂肪酸过量会导致亚健康状态。因此均衡适量的营养是维护健康的基本手段之一。

（3）保持心理健康。长期的精神刺激和压力以及长期的压抑、愤怒等负性情绪，也是导致亚健康的一方面因素。保持良好的心态、乐观豁达、奋发进取的精神，是防治亚健康的精神基础。大学生可适当培养业余爱好，如读书、听音乐、打球等有益于身心健康的活动。

（4）提高自我保健意识。日常生活中戒除不良习惯和嗜好，如吸烟、酗酒、偏食等，做到饮食有节，起居有常，不过度劳累，提高自我保健意识，自觉构筑控制亚健康发生的第一道防线。克服不良生活嗜好和习惯是防治亚健康状态的身体基础。

（5）适时干预。采取药物预防、保健品调理、体育锻炼相结合的干预措施。对失眠多梦、口腔溃疡、消化不良和躯体疼痛等症状，可适当用药或理疗或心理治疗等，使机体转归健康。

聪明的人投资健康、智慧的人储蓄健康、平凡的人忽视健康、糊涂的人透支健康。我们要强化健康意识，丰富健康知识，不要像健康意识欠缺的糊涂人那样在不知不觉中透支健康。增强健康不仅是自身的快乐和幸福，更是对家庭、亲友、社会、国家的一种责任。

心理保健

【走出亚健康心理状态的 12 条良方】（中国台湾心理学家吴静吉）

1. 重视快乐的价值；

2. 诚实待己、怡然自得；

3. 不再庸人自扰,拒绝杞人忧天；

4. 抒发压抑感受,清理消极问题；

5. 发展积极乐观的思考模式；

6. 掌握此时此刻的时机；

7. 确定生活目标有组织、有计划；

8. 降低期望水平,放缓冲刺脚步；

9. 追求人生大梦,建立亲密关系；

10. 追求有意义的工作,在工作中发挥创意；

11. 尊重自己,亲近别人；

12. 积极主动,分秒必争。

第二节 心灵成长密码

——大学生心理健康标准

从个体发展的角度看,大学生正处于青年期向成年期的转变过程,这一发展特点决定了大学生活将是个体逐渐走向成熟、走向独立的重要历程。大学期间,每一个学生都将面临一系列的人生重大课题,如专业知识储备、智力潜能开发、个性品质优化、思想道德修养、就职择业准备、交友恋爱等。而这些人生课题的完成,与大学生的身心发展有着密切的关系。由于大学生的心理发展尚未完全成熟,自我调节和自我控制能力还不强,加上环境变化难以适应,因此在处理学习、工作、社交、友谊、爱情以及个人与集体的关系,个人与社会的关系等复杂的问题时,常常出现内心矛盾冲突,造成心理发展不平衡,带来不适感、焦虑感、压抑感等消极心理体验。如果这些消极心理体验长期积累,得不到缓解,就容易出现心理障碍。

心理测验

【大学生人格问卷UPI-人格测定量表】

指导语:以下问题是为了解你的健康状况并为了增进您的身心健康而设计的调查。请你按题号的顺序阅读,在最近一年中你常常感觉到或体验到的项目上做选择。请你真实选择,"是"请打(√),"否"请打(×)。

1. 食欲不振。( )

2. 恶心、胃口难受、肚子痛。( )

3. 容易拉肚子或便秘。( )

4. 关注心悸和脉搏。( )

5. 身体健康状况良好。( )

6. 牢骚和不满多。( )

7. 父母期望过高。( )

8. 自己的过去和家庭是不幸的。

（　　　）

9. 过于担心将来的事情。（　　　）

10. 不想见人。（　　　）

11. 觉得自己不是自己。（　　　）

12. 缺乏热情和积极性。（　　　）

13. 悲观。（　　　）

14. 思想不集中。（　　　）

15. 情绪起伏过大。（　　　）

16. 常常失眠。（　　　）

17. 头痛。（　　　）

18. 脖子、肩膀酸痛。（　　　）

19. 胸痛憋闷。（　　　）

20. 总是朝气蓬勃。（　　　）

21. 气量小。（　　　）

22. 爱操心。（　　　）

23. 焦躁不安。（　　　）

24. 容易动怒。（　　　）

25. 想轻生。（　　　）

26. 对任何事都没兴趣。（　　　）

27. 记忆力减退。（　　　）

28. 缺乏耐性。（　　　）

29. 缺乏决断能力。（　　　）

30. 过于依赖别人。（　　　）

31. 为脸红而苦恼。（　　　）

32. 口吃、声音发颤。（　　　）

33. 身体忽冷忽热。（　　　）

34. 常常注意排尿和性器官。（　　　）

35. 心情开朗。（　　　）

36. 莫明其妙地不安。（　　　）

37. 一个人独处时感到不安。（　　　）

38. 缺乏自信心。（　　　）

39. 办事畏首畏尾。（　　　）

40. 容易被人误解。（　　　）

41. 不相信别人。（　　　）

42. 过于猜疑。（　　　）

43. 厌恶交往。（　　　）

44. 感到自卑。（　　　）

45. 杞人忧天。（　　　）

46. 身体倦乏。（　　　）

47. 一着急就出冷汗。（　　　）

48. 站起来就头晕。（　　　）

49. 有过昏迷或抽搐。（　　　）

50. 人缘好受欢迎。（　　　）

51. 过于拘泥。（　　　）

52. 对任何事情不反复确认就不放心。（　　　）

53. 对脏很在乎。（　　　）

54. 摆脱不了毫无意义的想法。（　　　）

55. 觉得自己有怪气味。（　　　）

56. 别人在自己背后说坏话。（　　　）

57. 总注意周围的人。（　　　）

58. 在乎别人的视线。（　　　）

59. 觉得别人轻视自己。（　　　）

60. 情绪易被破坏。（　　　）

（附加题）

61. 至今，你感到自身健康方面有问题吗？_____

62. 至今，你曾觉得心理卫生方面有问题吗？_____

63. 至今，你曾接受过心理咨询与治疗吗？_____

64. 你有健康或心理方面想咨询的问题吗？_____

UPI的计分方法：

UPI的60个问题中除4个测伪尺度（第5、20、35、50题）不计分外，其余56个问题做肯定选择的题记1分，否定选择的题记0分。测验完毕后标出得分。

第一类筛选标准(可能有心理问题者)

满足下列条件之一者:① 总分在25分(包括25分)以上者;② 第25题做肯定选择者;③ 附加题中至少有两题做肯定选择者;④ 明确提出咨询要求者。

第二类筛选标准(应引起关注的)

满足下列条件之一者:① 得分在20~24分者;② 第8、16、26题中有一题作肯定选择者;③ 附加题中只有一题作肯定选择者。

第三类筛选标准,不属于一类二类者。

一、大学生身心发展的特点

(一) 大学生的生理发展特点

大学生是指正在接受高等教育的学生,其年龄一般在18~25岁之间。他们的生理发展特点主要表现在以下几方面:

(1) 体重和身高。人的一生有两个生长高峰期:第一个是从出生到周岁,这一时期身高可增加50%,体重可增加一倍。第二个是青春期,对于大学生所处的年龄阶段来说,这已是青春后期,成年前期,但男女学生的身高和体重增长仍较快。

(2) 生命体征。大学生在大学接受教育期间是其生命力最旺盛的时期。身体的各个系统、器官都已发育成熟和完善。心脏的重量猛增至出生时的10倍,肺活量达到4 800毫升左右,食欲旺盛,胃肠容量达到最大,体温、脉搏、呼吸、血压发生明显变化,脑垂体分泌各种激素加快,新陈代谢处于最佳状态。生命充满了生机和活力。

(3) 大脑和神经。这时大学生的大脑和神经处于最发达的状态。脑重量达到极值,脑神经细胞的分化机能达到成人水平,大脑的第一和第二信号系统的功能已经完善。由于大脑的发达和完善,使得青年人能够清醒理智地走向社会。

(4) 性。青春期是性萌发和性成熟最神秘、最敏感的时期。这时个体的第一、第二性特征突出变化,男女性别差异明显。青年前期,大学生的生理发育已经成熟,已具备了成年人的各种生理功能。这一阶段也被称为性成熟期。

这一时期生理的巨大变化,为他们心理的发展和变化奠定了良好的物质基础。

(二) 大学生心理发展的特点

从大多数的心理学观点来看,大学阶段属于青年中后期。因此,大学生的心理具有青年期的许多特点,如辩证思维的形成、自我同一性的完善、同伴群体的形成、价值体系的稳定等,但作为一个群体,大学生也有他们自己的一些独特性。

大学生作为一个特殊的青年群体,具有以下几个独特的心理特点:

(1) 大学生的智力发展通常比较好,不存在智力低的问题。吴福元用韦克斯勒成人智力量表(WAIS - RC)对大学生进行了一项智力调查,发现大学生的平均智商为116.08,属于中上智力或高智力水平。

(2) 考试焦虑是影响大学生心理健康的普遍性问题。所谓考试焦虑,是指与入学考试、智能测验、学业测验等相关的焦虑，它是一种急性焦虑。考试焦虑在大学生中普遍存在，并时常危害着大学生的心理健康。美国心理学家布朗使用测验焦虑问卷（TAQ），对大学生在期末考试前的情绪、心情与考试成绩的好坏之间的关系进行了探讨。结果发现，考试前担心、兴奋、情绪不佳的大学生，同考试前心境平静的大学生相比，有考试成绩恶化的倾向。甚至有的学生因学期末考试焦虑而自杀。

（3）大学生的自我评价存在光环效应。所谓自我评价的光环效应，是指个体因受过去成功经验或过度赞扬的影响而产生对自己的能力等认识偏高的现象。根据米契尔的个性系统理论，人的主观价值和自我评价系统是在个体生活事件的基础上产生的，并随个体生活事件的变化而变化。大学生与同龄人相比，往往有更多的成功经历、受到过较多的赞美，也被寄托了更多的希望，所以，他们的自我评价会有偏高的可能。

（4）大学生的价值准则倾向于理想化。根据一些学者的研究，大学生的价值准则类型以接受式为主，即价值准则的经验内容主要由间接经验支持，而较少直接经验。这种价值准则具有明显的离散特征，当他们被个体调用来进行社会行为判断时，当事者便会表现出明显的苛求现象或理想化倾向。

延伸阅读

【"迟延满足"实验】

发展心理学研究中有一个经典的实验，称为"迟延满足"实验。实验者发给4岁被试儿童每人一颗好吃的软糖，同时告诉孩子们：如果马上吃，只能吃一颗；如果等20分钟后再吃，就能吃两颗。有的孩子急不可待，把糖马上吃掉了；而另一些孩子则耐住性子、闭上眼睛或头枕双臂做睡觉状，也有的孩子用自言自语或唱歌来转移注意消磨时光以克制自己的欲望，从而获得了更丰厚的报酬。

研究人员进行了跟踪观察，发现那些以坚韧的毅力获得两颗软糖的孩子，长到上中学时表现出较强的适应性、自信心和独立自主精神；而那些经不住软糖诱惑的孩子则往往屈服于压力而逃避挑战。在后来几十年的跟踪观察中，也证明那些有耐心等待吃两颗糖果的孩子，事业上更容易获得成功。

实验证明：自我控制能力是个体在没有外界监督的情况下，适当地控制、调节自己的行为，抑制冲动，抵制诱惑，延迟满足，坚持不懈地保证目标实现的一种综合能力。它是自我意识的重要成分，是一个人走向成功的重要心理素质。

二、大学生心理健康的标准

（一）大学生心理健康的标准

根据大学生心理发展的特征和特定社会角色的要求，其心理健康的标准可以从以下几个方面来概括。

1. 能适应大学生活

进入大学以后,大学生必须能够完成由中学生向大学生的角色转变,承担起大学生的历史使命和责任,适应大学的学习特点和方法,适应大学里的各种人际交往,适应大学所处的自然环境和社会环境。有些大学生刚一入校,由于独立生活能力太差,或者不适应大学的学习方法,或者不适应异地的气候和饮食习惯等而出现心理障碍,严重的会影响他们的身心健康。

2. 满意的心境

满意的心境是一种自我感觉良好的状态,心理健康的人无论处于顺境或逆境,都能够随遇而安,积极地寻找到生活的乐趣,发现生活的光明面,正如苏轼所说:"凡物皆有可观,苟有可观,皆有可乐,非必怪奇伟丽者也。"满意的心境主要来源于较高的精神修养,与人生态度和价值观有很大的关系,具有满意心境的人往往具有一定的幽默感。幽默感可以调节情绪、放松精神、减轻焦虑,使人保持愉快的心情。

3. 和谐的人际关系

大学生的成长绝不是一个封闭的过程,而是一个开放的社会运动过程,每个大学生都要与其他社会成员之间建立这样那样的联系,最终成为一个社会人。心理健康的大学生乐于与他人交往并建立起和谐的人际关系,与人相处时,积极的思想情感(如尊重、信任、友爱等)多于消极的思想感情(如仇恨、嫉妒、憎恨等)。对集体有一种休戚相关、安危与共的情感。与同学、老师和睦相处,融洽共事,并通过积极的人际交往有思想、认识上的收获。心理不健康的学生则总是倾向于排斥他人,孤立自己,与他人格格不入。

4. 坚强的意志力

坚强的意志是人们取得事业成功的先决心理条件之一,凡事总会遇到各种各样意想不到的困难,而只有克服了各种困难的人才可能到达辉煌的顶点。大学生中常常有许多人由于各种原因得了"软骨症",看到困难就退却,一有挫折就败下阵去,意志薄弱是成功之路上最凶狠的拦路虎。

5. 良好的个性

良好的个性是成才的重要心理因素,人才的类型、层次以及能够达到的最高境界等都与人的个性有很大关系。良好的个性是获得众多朋友的基础,是人际和谐、家庭幸福的基本条件。同时,个性良好的人也是最能够善待自己,完善自我的人,不仅在道德上,而且在自我发展上,个性良好的人较易得到和谐发展。个性不良的人则完全相反,在走向成功的途中会有更多的坎坷,不仅获得成功比较难,即使取得了成功,却由于不一定能够获得幸福等原因,其人生也充满痛苦。

6. 能正确了解和认识社会,与社会协调一致

心理健康的大学生,能和社会保持良好的接触,能正确地了解和认识社会,其思想观念、目标和行动都能跟上时代的发展。而心理不健康的大学生,则往往会表现为脱离现实、逃避现实,或者反抗现实,更有甚者会对抗社会,走向犯罪。

7.行为表现得相称

社会中的每个人都有四种年龄:实际年龄、心理年龄、生理年龄和社会年龄。实际年龄指人的自然年龄。心理年龄指每个人具有心理成熟期与发展阶段的特征。由于每个人的心理健康状况不同,有的超越自己的心理期,称为心理年龄提前;反之,则是心理年龄发展迟缓。如果一个人心理行为经常严重偏离自己的年龄特征,就是心理不健康的表现。生理年龄是指生理发育成长的实际情况,与实际年龄有差异。由于每个人所处的地理环境、家庭条件等因素不同,会造成生理年龄与实际年龄不符。如东南亚地区的人生理发育较早,生理年龄就大于实际年龄。

社会年龄指一个人的处世、适应社会能力的强弱。大学生处于青年初期,其心理特征既不同于少年儿童,又有别于中老年人。其主要表现是活泼好动、精力旺盛、勤学好问、喜欢探求、善于创新等。对于他(她)们来说,如果心理健康,那么其心理年龄、社会年龄、生理年龄和实际年龄就会一致。

(二)正确理解和运用大学生心理健康标准时应注意的问题

心理健康的标准不像生理健康的标准那样具体、精确和绝对。对心理健康状况的划分,一般用"常态"与"变态"或者"正常"与"异常"来表示。当判断一个人是否心理健康时,还应因人、因事、因时做具体分析。心理健康与否、正常与否的界限是相对的,是一个连续体的两端,没有绝对的分界线。因此,正确理解和运用大学生心理健康标准时应注意:

第一,心理健康与不健康不是泾渭分明的对立面,而是一种连续的状态。心理从健康的状态到不健康的状态直至严重的心理疾病之间是有一个过渡带的。在大多数情况下,异常心理与正常心理、变态心理与常态心理之间没有绝对的分界线,只是程度上的差异。

第二,心理健康的状态不是固定不变的,而是一个动态变化的过程。随着人的成长、经验的丰富和积累、环境的改变等,个体的心理健康状况也会发生一定的改变。当然,这种改变有时是走向积极的好的一端,有时却会向消极的坏的一端发展。

第三,心理不健康与有不健康的心理和行为表现不能等同。心理不健康是指一种持续的心理不良状态。偶尔出现的一些不健康的心理和行为并不等于心理不健康,更不等于已患心理疾病。因此,不能仅凭一时一事而简单地给自己或他人下不健康的结论。

第四,心理健康的标准是一种理想尺度,它不仅为我们提供了衡量是否健康的标准,而且为我们指明了提高心理健康水平的努力方向。每一个人在自己现有的基础上做不同程度的努力,都可以追求心理发展的更高层次,不断发挥自身的潜能。因此我们绝不可以生搬硬套,轻易给自己和他人下不健康的结论。

第五,判断一个人心理是否健康应该看他的思想言行是否符合客观发展的规律,只有这样才能做出比较全面、客观的判断,而不应该用某一标准去生搬硬套。大学生心理健康的基本标准是能够有效地工作、学习和生活。如果不能维持正常的工作、学习和生活,就应及时调整,或找心理辅导老师寻求帮助。

延伸阅读

【心理学有哪些误区?】

心理学是一门古老而又年轻的科学。心理学源于西方哲学,西方哲学源于两千多年前的希腊。从苏格拉底、柏拉图、亚里士多德开始,都把"心"的探讨,视为哲学上的主要问题之一。到了19世纪末,受生物科学的影响,心理学才开始脱离哲学,成为独立的学科。那么普通大众对心理学有哪些误区呢?

1. 心理学家知道你在想什么。人们认为心理学家应该能透视别人的内心活动,和算命先生差不多——揣摩别人的心思。

纠正:心理学家通常是根据人的外显行为和情绪表现等来研究人的心理,也许能够推测人的内心世界,但再高明的心理学家也不可能有所谓的"知心术",一眼就看穿你的内心,除非他有超感知能力。

2. 心理学就是心理咨询。由于心理咨询行业日渐红火,各种心理咨询中心、门诊、热线不断涌现,人们把心理咨询当作心理学的代名词,把二者等同起来看待。

纠正:心理咨询是心理学的一个应用分支,它一般是面向正常人的心理困扰。严重的精神疾病要由临床心理学家或精神病学家来处理。

3. 心理学家只研究病态的人,去心理咨询的人都是"心理有问题"的人,心理有问题就是变态;心理学家只研究变态的人,所以与心理学有关的专业人士都不正常。

纠正:变态心理是精神病学家的研究对象,而心理学家一般研究正常人的心理现象,如智力、记忆、情感等。

4. 心理学家都会催眠。由于受弗洛伊德的影响,加上电影的炒作,人们对催眠术深感兴趣,认为它是心理学家的主要工作。

纠正:催眠术只是精神分析心理学家在心理治疗中使用的一种方法。大多数心理学家并不使用和涉及催眠术,而是用其他更为严谨和科学的方法如实验法、观察法等。

5. 心理学就是梦的分析。由于受弗洛伊德释梦的影响,把它与心理学等同起来。

纠正:梦的分析只是精神分析流派(心理学流派之一)所使用的治疗技术之一。

6. 心理学是骗人的东西。人们认为心理学不像物理学或数学那样有严格的实验操作和严密的逻辑推理,有太多主观的东西。再加上对心理咨询的不正确理解而导致的失望,从而认为心理学是骗人的东西。

纠正:心理学的许多领域的研究与自然科学相近,有严格的客观标准。而心理咨询需要求助者积极参与配合,同时不能急于求成。

第三节 青春的烦恼

——大学生心理健康的现状与问题

一、我国大学生心理健康的现状

（一）整体状况良好，问题不容忽视

当代大学生作为具有较高智力、较高文化和较高自尊心的群体，有着不同于一般青年更高的抱负和追求，面临更多的机遇和挑战，因而也承受着更大的心理压力与冲突。从这个意义上讲，大学生是心理健康问题的高发人群。有关调查表明，目前我国有相当一部分学生的心理健康状况不容乐观。据一次全国抽样调查显示，目前，23%的大学生有不同程度的心理健康障碍或心理异常表现，其中一些人因悲观、失望、沮丧、烦恼、焦虑、紧张、抑郁、孤独、恐惧、敌对等各种负面心理情绪和行为紊乱而导致心理极度失调，有的甚至发生出走、自杀、凶杀等悲剧事件。

事实上，大学生心理疾患已经成为高校的一种常见病、多发病。不少大学生在不断努力调适自己的心理和行为，但由于在成为社会成员的社会化过程中的各个阶段所遇到的问题不同、心理未完全成熟等原因，有时容易导致"问题行为"的发生，给大学生的健康成长带来许多消极的后果。北京海淀区 16 所大学中，因精神方面有问题而休学的大学生占休学人数的 37.9%，占退学人数的 64.4%，居第一位。偶然出现的心理矛盾冲突则或多或少地存在于众多大学生身上，导致学生不能更好地认识自己，表现自己，也影响大学生潜能的开发。

（二）神经症问题应引起重视

四川大学华西精神医学研究室对 6 所大学的 6636 名大学生进行调查，发现神经症 139 名，占被调查人数的 2.09%。神经症各亚型的比例分别为：抑郁性神经症 44.6%，神经衰弱 41.0%，焦虑症 7.1%，强迫症 5%，恐怖症为 1.4%。

由于我国传统的家庭模式和观念，大学生在经济上几乎完全依赖父母兄长姐妹或社会，这就决定了自身无法真正独立。而这一时期又是身心飞速发展的时期，其生理和心理都会发生急剧的变化。因为需要为毕业后的生活、工作、名誉、地位、家庭等做准备，希望自己早日确定将来在社会中的角色。大学生们常常要思考与自己有关的各种各样的问题，而诸多的问题交织在一起，难免使社会经验并不丰富、是非判断能力并不强的大学生们产生种种心理问题。

大学生们在心理发展过程中充满各种矛盾，幼稚与成熟、盲目与自觉、依赖与独立、情欲与理性、奋起与沉沦、振作与失落、急进与徘徊、欢乐与苦恼等常常交织在一起，使他们难于选择和取舍。由于远离家人，为了摆脱这些心理冲突所带来的苦恼，他们也会

采取一些有效的措施来自我救助。但还是有相当一部分大学生由于自身个性的原因，不会主动去寻求帮助，当在生活、学习中遇到困难和挫折时，会长期陷入困扰之中，不能自拔，结果导致心理障碍。

目前，大学生心理疾病的发生率相对而言比较高，这方面的资料和数据也颇多。尽管数据不一，但都说明大学生的心理健康问题较为严重。

二、大学生心理健康中存在的问题

近几年的调查结果表明：学业问题、情绪问题、人际关系问题、焦虑问题、情感问题、性心理问题、特殊群体心理健康问题和大学生活适应问题等是目前大学生中普遍存在的心理健康问题。

（一）学业问题

学业问题主要表现在以下四个方面：

1. 学习动力不足

在一次心理调查中，大学生生活事件量表中，列在第一位的是学习压力大。调查结果表明：有69.6%的新生和54%的老生感到"学习难度加大，非常困难"；在座谈中问到学生为什么学习时，学生们说："为学习而学习。"一位大二学生也写道："学习始终不能进入状态，总感到是在巨大的考试压力下被动的学，而静下来想，为什么学习时，会感到很苦恼。"特别是一年级学生，认为"学习负担重，难以应付"的占70.4%。

2. 学习目的不明确

自习路上永远有匆匆的身影，但仔细考虑学生的学习目的却不能得到令人满意的答案。很多同学为了应付不得不参加的考试，不能不做的事而学习。有的学生甚至直截了当地回答："为了能够考试过关，至于为什么学习心中没有底。"一位学生这样说："在中学时代，各方面表现都很出色，进入大学后，沿着中学的惯性学习，尽管成绩还算理想，但却常常感到心力交瘁，学而无所获。"更多的学生是"懒得精益求精，但求蒙混过关"。面对人才市场就业的巨大压力，很多学生也感到内心的危机感，但真正要努力学习时，却提不起精神来。

3. 学习成绩不理想

学习困难的学生虽然在大学生群体中占的比例并不大，但他们的负性情绪，对学生的成长是不利的。有的学生上课注意力无法集中，有的学生不适应大学生活，"小学、中学都是尖子学生，到大学后一下子变为普通学生，个人约束力差，自制力弱，大学期间管理较为松散，就自我放任，因而学习差了"；"虽然学习上很尽力，而学习成绩总是不理想，因而感到很自卑，也十分压抑。"据调查，大约有42%的学生经历过考试失败。因挂科太多而被迫退学的学生，几乎每个大学每年都会发生。

4. 学习动机功利化

市场经济的利益杠杆直接影响着学生的学习，对于学习，学生表现出空前的功利意识。还没有学的课,学生问的第一个问题是"我学习这门课有什么用?"因而出现了专业课、基础课"门前冷落鞍马稀",而技能类课程如计算机、外语、股票等各种各样的证书班摩肩接踵、门庭若市的明显对比。"考证热"正是学习功利化的直接表现。学生充分了解到市场对各种证书的青睐,因而放弃了专业课的学习去追逐各种有用的证书。

(二) 情绪问题

稳定的情绪、积极良好的情绪反映,是学生成才很重要的因素,也是学生心理健康中必须重视的问题。有关调查表明,大学生的负向情绪高于正向情绪,感到舒畅的约占31.7%,感到压抑的占41.6%;愉快的21.9%,烦恼的47.6%;充实的14.2%,空虚的63.9%;平和的3.3%,烦躁的78.1%。

1. 抑郁

抑郁指个体心中以持久的情绪低落为主,并常伴有身体不适、睡眠不足等,心情压抑、沮丧、无精打采、什么活动都懒于参加,什么事也提不起精神来,逃避参与。某矿业大学连续三年对新生进行心理健康测试结果表明:列在第一位的心理不适是抑郁。家庭经济状况差、家庭亲和感差及其他某种原因,如连续的考试失败、失去亲人、失恋、同学感情失和等都是抑郁的直接诱因。

2. 情绪失衡

大学生的社会情感丰富而强烈,具有一定的不稳定性与内隐性,表现为情绪波动大,高低不定,喜怒无常。会因一点小小的胜利而沾沾自喜,也易为一次考试失败、情感受挫而一蹶不振,甚至无法控制自己的情绪反应。特别是负性情绪的控制相对较弱,个体负性情绪表现为情绪高低不定,易怒,难以驾驭自己的情感,不能保持一种常态的情绪,如一次考试失败,有的学生很难从失利的阴影中走出;群体负性情绪又是校园事端的直接制造者。如某大学十年违纪处分的71例中,打架的占到45%,起因多数是生活中小的摩擦。学生的群体情绪一旦激发,很难受到理性与校纪校规的约束,为"朋友而战","为"义气而战",等情绪稳定下来,又多是后悔不及。

延伸阅读

【你知道情绪智力吗?】

情绪智力(EQ)又称情商,是近年来心理学家们提出的与智力和智商相对应的概念。它主要是指人在情绪、情感、意志、耐受挫折等方面的品质。总的来讲,人与人之间的情绪智力并无明显的先天差别,更多与后天的培养息息相关。

情绪智力包含的内容:

1. 认识自身的情绪。因为只有认识自己,才能成为自己生活的主宰。

2. 能妥善管理自己的情绪,即能调控自己。

3. 自我激励,它能够使人走出生命中的低潮,重新出发。

4. 认知他人的情绪。这是与他人正常交往，实现顺利沟通的基础。

5. 人际关系的管理，即领导和管理能力。

(三) 人际关系问题

良好的人际关系是学生成长与社会化过程中的重要组成部分，也是保持良好心理状态的必备条件。

1. 人际关系不适

进入大学，远离原来熟悉的生活与学习环境，面对新的人际群体，学生多少有些不适。部分学生对大学的师生关系、同学关系、异性之间的关系显得很不适应。一位新生感叹说："在大学，没有一个可以谈得来的朋友，心里真的感到好孤独。"有的学生从未离开过家庭，在父母的呵护下成长，对于如何关心别人、得到朋友的关心想得较少；另外，学生又希望得到别人的认可。"心里话儿对谁说？"成为学生普遍的困惑。在一次大学生生活事件量表的调查中，在"目前，你感到最苦恼的事"中，有80％的学生涉及人际关系。

2. 社交不良

大学生活在一定程度上给学生创造了一个小社会的环境，可以充分地展示自我，展示大学生的风采。部分学生缺乏在公众场合表达自己思想的能力与勇气，面对各种各样的活动，充满了兴趣，却又担心失败，只是羡慕，而积极参与的不多。久而久之，开始回避参与，感叹"外面的世界很精彩，外面的世界很无奈"，特别是到了周末，学生普遍感到无处可去，甚至出现"周末恐惧症"，"盼周末，又怕过周末，那种孤寂的感觉真难受"，直接影响了学生潜能的充分发挥。

3. 个体心灵闭锁

学生从校门到校门，缺乏人际交往经验，而自身在人际交往中的不自信也不利于增加其人际魅力，妨碍了良好人际交往圈的形成。调查表明，30％的新生认为"没有朋友"，23％的学生感到"孤独、寂寞"，对与人主动交往，45％的学生更希望自己成为交流的对象而不是交流的直接发起者。与此同时，由于个体间的正常交往不够，又易引发猜疑、妒忌等，不利于学生的健康成长。

心理案例

某女生，20岁，来自甘肃农村，家庭经济困难。高中阶段，住在亲戚的家里，因为成绩优异，比较听家长的话，亲戚们也就特别宠爱。该生很少与班上同学交流，独来独往，性格内向。进入大学后，刚开始感觉还可以，但时间长了，由于寝室同学之间存在着很大的性格差异，相处中出现了不和谐。面对如此复杂的人际关系，该生感到十分困惑，不知道怎样处理好人际关系。

你的见解和想法是＿＿＿＿＿＿＿＿＿＿＿＿＿＿＿＿＿＿＿＿＿＿＿＿＿＿＿＿＿

＿＿＿＿＿＿＿＿＿＿＿＿＿＿＿＿＿＿＿＿＿＿＿＿＿＿＿＿＿＿＿＿＿＿；

如果是你，你会怎么做呢？_____

_____。

老师的分析：这是典型的大学生友谊受挫，从而在人际交往上出现心理障碍的案例。常见的表现有，恐惧、自卑、孤僻、害羞、封闭、自傲、敌意等不正常心理状态。从高中到大学，人际交往的范围不断扩大，生理和社会方面的急剧变化，使青年时期的心理发展具有迅速、不稳定、不平衡的特点，容易从一个极端走向另一个极端，遇到诱发因素容易出现困惑、矛盾、冲突而引发情绪和行为障碍。

（四）焦虑问题

学生的焦虑具有一定的代表性，其来源并非现实的威胁，而是内心，无明确的客观对象和具体内容。主要表现在考试焦虑与自我焦虑两方面。

1. 自我焦虑

青年时期比任何年龄更关注自己在他人尤其是异性心目中的形象，学生受很多因素的影响，如长相、胖瘦、高矮、能力、魄力、魅力，会产生各种各样的焦虑。有的学生担心自己长得不够漂亮，不能获得异性的好感，甚至部分女生因没有男生追求而苦恼；有的学生总感到自己的先天条件不够理想，因而非常自卑，不能建立自己的社交形象与公众形象。2003 年 4 月，黑龙江省某高校 2000 届一女生从宿舍楼纵身跃下自杀。这位来自农村的姑娘在遗书上写下了她的"丑"和学习上的不顺利，想以自杀来摆脱现实的痛苦。但她没有死，也没有摆脱掉心灵的痛苦，相反落下终身残疾……

2. 考试焦虑

所谓考试焦虑，是指在一定的应试情境激发下，受个体认知评价能力、人格倾向与其他身心因素所制约，以担忧为基本特征，以防御或逃避为行为方式，通过不同程度的情绪性反应所表现出来的一种心理状态。它是一种急性焦虑。

考试焦虑在大学生中普遍存在，并时常危害着大学生的心理健康。尽管所有的大学生都经过了高考的严峻考验，但考试焦虑在学生，尤其是基础较差、大学第一学期考试失利的学生中尤其突出。他们无端担心考试失败甚至产生了厌倦、恐惧考试的心理状态。在一所名牌大学的宿舍访谈中，某班级 7 名女大学生虽学习努力但成绩都很不理想，三学期下来，有 8 门次不及格，考试成为她们沉重的话题。她们坦率地承认，考试前基本都睡不好觉，一想到考试心理就非常紧张，总担心下一门依旧会失败，不能进行自我调节。

（五）情感问题

爱情、友情、亲情是学生情感方面的三个重要问题。

1. 爱情的困扰

爱情虽然在大学并非一门必修课，但是学生们仍然从各个方面开始自己的情感之旅，因此，正确处理爱情与学业的关系实际上已成为大学生们的一门"隐性"必修课。甚至有人发出了"校园围墙"已变成"爱情走廊"的感叹，"专业恋爱、业余学习"的情况也并非个别现象。有的学生说"爱是情感，不是规范"。由于情感迷茫和不正确的恋爱观，导致学生中出现"每周一哥""普遍撒网、重点培养、择优而谈"等现象。面对爱情，学生更多想到的是"不在乎天长地久，只在乎曾经拥有"，甚至"预约失恋"，爱情与婚姻分离是一种较为普遍的现象。

爱情存在于大学校园，肯定有它的合理性。大学生正值情窦初开、春心萌动的时期，爱情意识日趋强烈，产生爱人和博得人爱的渴求，是生理和心理发展的必然。但是为了追求所谓的真爱，许多大学生不顾一切，学业在他们的心中暗淡无光，为了恋爱他们可以逃课，可以放弃学业，可以整日沉溺于爱河，荒废青春美好时光，游戏人生。所以心理学家指出："在人格尚没有成熟的时候就谈恋爱，对他的一生有可能带来不利。"

爱情，总是美丽而浪漫的，自古文人墨客为爱情写下无数不朽篇章。但是，爱情到底是什么呢？且看心理学研究怎么说。

🔑 成长链接

【亲密关系的几个真相】

1. 爱上一个人只需要 1/5 秒

研究显示，当你看见一个你钟情的人，大脑内产生欣快感的化学反应立刻开始，这个过程只需要 1/5 秒。而大脑扫描结果显示，当一个人感觉爱意时，大脑内有 12 个区域开始活动。当你看着或者只想着你爱的那个人，这些区域开始分泌一群神经传导因子，遍布大脑，包括多巴胺、血管紧张素、肾上腺素、催产素等。这些反应跟你接受一小剂可卡因注射的大脑反应一样。爱情真的是毒药啊！

2. 爱和性真的能分开吗？

一个大规模分析研究结果发现，爱意和性欲既重叠又有区别。它们在大脑内激活的网络和通路惊人的相似，主要集中在感情、激动，以及更高层的思维区域。当有爱情产生，纹状体被激活，而性欲是没有激活纹状体的。纹状体是平衡大脑的低级和高级功能的区域。所以，爱情是高于性欲的。

3. 接吻真的有益

2013 年发表在《人类天性》（Human Nature）杂志上的两个研究都发现，接吻不仅仅是为了产生性兴奋，也真的有助于我们选择爱人和维持长久的亲密关系。男女都将接吻视为是否会与新的伴侣融洽相处的非常重要的指针。但接吻不仅仅对于开始一段新的爱情至关重要，对于维持爱情或者婚姻也非常重要。这两个研究都发现长期伴侣间接吻的次数与婚姻质量成正相关，而这个跟性爱的次数没有正相关关系。所以，接吻比性爱对于维护关系更加重要。

4. 远距离恋爱也是可以维持的

大家总是觉得远距离恋爱长不了。但 2013 年的《交流》杂志发表的一个研究显示，远距离恋爱也是可以保持热情和爱意的。研究发现，远距离恋爱的情侣反而可能更加信任对方，甚至比日日相处的情侣更感觉亲密。两个因素决定了成败：① 告诉对方更多的个人的亲密事情；②是否对对方保持"距离产生美"的完美想象。做到这两点，这些远距离恋爱的情侣也可以具有和朝夕相处的情侣一样程度的满意和稳定感。

5. 四件事情会毁了爱情

美国心理学教授 John Gottman 的研究追踪情侣十数年，试图找出维持美好婚姻的要素。他发现四件事情会很快毁掉婚姻。一旦情侣频繁发生这四件交流问题，通常 6 年之后会以离婚告终。① 频繁批评对方。特别是伤人至深地批评对方的本质，比如人格或者性格。比如："你又迟到，因为你根本不关心我。"这会导致对方觉得自己在本质上不够好而受到伤害。② 蔑视。当情侣间开始互相蔑视对方，分手就不远了。蔑视包括讽刺挖苦，直呼其名，翻白眼等。③ 过于自我防护。一个人如果总是为自己的错找借口，或者老是将错误推到对方头上，分手也不远了。毕竟婚姻是长期伙伴关系，希望在漫长一生中互相支持对方。生活本就不易，如果老是在家里也被攻击，婚姻就不可能长远了。④ 冷战。当你关上心门，切断交流，将自己置于墙后，打冷战。这样的结果只能是关系愈来愈坏，最后导致分手。

6. 现代婚姻更加强调自我满足和自我实现

2013 年的研究显示，过去的婚姻通常是提供安全感和稳定性的关系，现代婚姻中的人们则更多地期待婚姻带来自我实现和自我满足。很多夫妇并没有投入足够的时间和努力来达到这种期望。如果你希望自己的婚姻能帮助你实现自我和个人成长，你就需要投入足够的时间和精力来维持婚姻。如果你知道时间和精力不够，那么最好调整自己的期待，降低失望的标准。

(https://www.sohu.com/a/221656400_100020573)

2. 友情困扰

友情一般是指人与人在长期交往中建立起来的一种特殊的情谊，互相拥有友情的人叫做"朋友"。友情是人生路上的重要方面，校园这种独特的文化氛围与人文氛围滋长着学生各种情感的发展。巴金说过，"友情在我过去的生活里就像一盏明灯，照彻了我的灵魂，使我的生存有了一点点光彩。"

大学阶段是人生觅友、交往的高峰期，是人生的重要驿站，也是同学情深、最重友情、亦好交际的时期。据调查，大学生在交友问题上，他们最常说的一句话是："人生最可贵的是友谊。"大学生们在处理个人与他人友情问题上，往往不能很好地处理竞争与友情的关系，在男女生情感问题上，往往看不清友谊与爱情，不能很好地把握男女同学交往的尺度。希望珍惜友谊又遇到利益冲突，不想使友情与自己失之交臂，内心矛盾重重。在友情与利益的边缘，很多大学生迷茫地徘徊着。

成长链接

【恩格斯与马克思的友情】

恩格斯为了在经济上资助马克思的革命活动，不惜违心地去帮助父亲经营他所厌恶的商业。当时他和马克思虽生活在同一城市,却几乎每天通信,在革命事业上互相鼓励和促进。马克思逝世后,恩格斯又承担了整理所有遗稿的重任,编辑出版了《资本论》的第二、三卷,完成了战友的未竟事业。可见,共同的理想和人生目标是建立友谊的基础。

3. 亲情困扰

近年来,反映大学生与家长缺乏交流的文章不再鲜见,很多学生的反映是:与家长没有太多的话讲,联系基本是缘于实质性问题,如经济供给、物质补充而非情感沟通,尽管自己也认识到不应该这样,但懒得联系却是一种普遍心态,而且从心理上也并不感到有些许歉疚,即使通电话,也仅仅是我一切都好,不用牵挂之类的客套话。与此相反,恋人之间的电话越来越频,形成了强烈的对比。很多家长也感到亲情受到空前的挑战,发出了"难道与孩子之间的联系仅是经济上的"的感慨。对父母给予的关心、爱护,学生当仁不让地认为是理所当然。有调查表明,学生对家长是基本满意的,也是肯定亲情的,但回报较少并理直气壮地认定父母并不求回报。

(六) 性教育问题

性教育是道德教育、文明教育、健康教育,也是人格教育,基本得到了社会各界的认同,但性生理与性心理方面的问题并未得到很好的解决。大学生们表现在这一方面的问题主要有:

1. 性生理适应不良

青春期性生理的成熟,必然带来相应的心理变化,渴望获得异性的好感与承认,产生性幻想、性冲动等,18.3%的新生和30%的老生产生过"性幻想"。用自慰的方法解决生理冲动,这是正常的心理反应。由于性教育的严重缺失,很多学生不能正确认识自我的性冲动、性反应,产生了堕落感、耻辱感与性罪错感,把性与不洁联系起来。一位大学生因做性梦、产生性幻想不能自拔而萌发轻生的念头。学生由于对自身性生理欲望的放纵,与恋爱对象发生两性行为,并产生许多不良后果的事件,屡屡发生,并不罕见。

2. 性心理问题

青春期的性心理与性生理是密切相关的,这时萌发了对异性的好感,希望能在异性心目中确立良好的形象,获得对方的认可。学生认为,"爱,不能没有性","禁欲是对美好爱情的打击"。由于性生理的成熟与性心理的不够成熟的矛盾,使更多的人面临这样的选择:最初的恋人可能不是最终的选择,性关系无论从道德上还是从心理上都使对方更多了一份沉甸甸的责任。"面对男朋友的性要求,如何选择才既不伤双方感情,又保持了自身的尊严?""既不破坏社会公德、又不影响他人,健康的性行为为什么不可以呢?"性的好奇、性无知、性贞洁感的淡化,甚至性与爱的困惑、分离以及由于性行为引起的后果及产生的心理压力,都是值得引起重视的问题。2002 年,某师范大学一位 19 岁大一女生,与男友发生性行为后怀孕,且一意孤行要生下孩子,结果在出租屋中因难产而死,让家长、老师扼腕痛惜。

(七)特殊群体学生的心理健康问题

大学中的特殊群体很多,但问题更突出的往往是特困生心理健康问题、网络成瘾学生心理健康问题。近年来,特困生的思想、学习、生活已受到社会各界的广泛关注。国家和学校采取了"奖、贷、勤、免、补"等办法,广开渠道,解决困难学生的生活问题。不容忽视的是,困难学生不仅仅是经济困难,他们的心理问题也值得引起高度重视。特困生与普通学生相比,更多地表现出自卑、敏感、人际交往困难、心理负担重。

随着网络的普及和大学生使用的高频,网络成瘾与网络依赖的学生越来越多,他们往往对网络形成高度依赖,陷入网络游戏、网聊、网贷或网恋不能自拔,结果引发许多心理和行为问题。

心理体验

【自我生活改变计划】

一、活动目的

对自我生活方式进行反省,认识到哪些是健康的生活方式,哪些是不健康的生活方式,并进行调整。

二、填写表格

请你审视一下自己的生活方式,有哪些健康的或不健康的?针对不健康的生活方式,你有改变的愿望吗?请你根据自己的情况认真完成下面的表格。

表1-1　自我生活改变计划表

健康的生活方式	不健康的生活方式	具体改进措施

心理保健

一、方法指南

大学生是自我心理健康的主人,需要在心理学理论的指导下,通过自身努力,采取切实可行的方法,必要时可寻求心理咨询或治疗的帮助,及时解决日常心理行为问题,矫正异常心理,维护和达到心理健康。心理咨询是指由受过咨询心理学训练的专业人员运用心理学知识、理论和技术，针对来访者的各种适应与发展问题，与来访者协商、交谈，对来访者进行启发和指导的过程，帮助来访者达到自立自强、增进心理健康水平和提高社会适应能力的目的。

（一）在什么情况下需要做心理咨询

一般人有一个误解，认为去做心理咨询或去看心理医生的人都是"疯子""精神病"。由于这种偏见，许多人不敢轻易去做心理咨询或去看心理医生，害怕别人以为自己精神不正常。实际上，自己主动去做心理咨询的人大多是正常的人。不论是谁，只要觉得自己在心理上、情绪上有了痛苦和烦恼，都可以去做心理咨询。

当你在个人发展、学业以及事业上遇到困扰时，也可以找心理咨询师帮忙。例如，当某些事引起了强烈的心理冲突，个体难以解决时；当人际关系出现了较大的问题时；当睡眠不好时，如失眠、做噩梦或梦游；当情绪极差、难以自拔时，如过度抑郁、长期抑郁或对某些事过度敏感、焦虑；当在恋爱时或在家庭中个体遇到了难以解决的问题时；当个体没有器质性病变，但仍感到疼痛不适时；当个体有明显不平常的感觉和行为时，如总听到一个声音指挥或控制自己、害怕花草等并不可怕的事物、总不停地想一些无意义的小事或不停地洗手和关门等。

另外，如果你希望进一步完善自己的性格，也可以在心理咨询师处获得帮助。总之，只要遇到与心理有关的问题，都可以寻求心理咨询师的帮助。特别是当你的问题很严重且自己无法解决时，有心理咨询师的帮助，你的问题就会解决得更好。需要说明的是，每个心理咨询师都有自己的风格和擅长的领域，你可能需要多次尝试才能找到适合自己的咨询师。

（二）咨询有哪些形式

面对面的心理咨询包括个体和团体两种形式。咨询师与来访者采取面对面的方式交谈，详细了解、分析来访者的心理困扰，帮助他们摆脱有碍于身心健康的不利因素，提高他们解决问题、适应环境的能力。对已有心理障碍者，则在《中华人民共和国精神卫生法》的框架之下分析其病因和症状，制订完整的治疗计划。在面对面咨询中咨询师掌握的情况比较全面，能够更深入地为来访者提供有效的帮助，是一种首选的心理咨询方法。除此之外，咨询的形式还包括电话咨询、信件咨询、网络咨询等。同学们可根据实际情况选择适合自己的方式。

二、课堂实战演习

每个人都希望过上幸福快乐的生活，但由于心理行为问题的产生具有一定的偶然性，无论是我们自己，还是同学、亲友，都有可能遇到这样或那样的心理行为问题，有时甚至是比较严重的心理行为问题。那么，当自己真的在某个方面出现问题的时候，又该到谁那里去寻找打开心理之锁的钥匙呢？想一想，把你想到的结果写在下面，并在课堂上与同学讨论分享。

（1）我在学业上遇到问题时，我可以求助于：＿＿＿＿＿＿、＿＿＿＿＿＿

＿＿＿＿＿＿＿＿＿＿＿＿＿＿。

（2）当我在恋爱与性上遇到问题时，我可以求助于：＿＿＿＿＿＿、＿＿＿＿

_____。

（3）当我在与舍友或父母的关系上出现问题时，我可以求助于：＿＿＿＿＿＿、

＿＿＿＿＿＿、＿＿＿＿＿＿。

（4）当我在个人发展上遇到问题时，我可以求助于：＿＿＿＿＿＿、＿＿＿＿

＿＿、＿＿＿＿＿＿。

（5）当我在其他生活方面遇到问题时，我可以求助于：＿＿＿＿＿＿、＿＿＿＿

＿＿＿＿、＿＿＿＿＿＿。

心理小贴士

【心理求助是强者的行为】

1. 当你遇到很痛苦或影响你的学习和社会交往功能的心理行为问题时，不要等待，要主动寻求帮助。

2. 相信会有人愿意帮助你，但是你要将自己真实的困难和痛苦告诉你信任的人。

3. 如果你的倾诉对象不知道如何帮助你，你可以向学校心理咨询中心求助。

4. 如果你担心自己的心理行为问题被发现，你可以向心理热线或校外的心理咨询人员寻求帮助。

5. 有时为找一个真正能帮助自己的人需要求助于不同的人或机构，你应该坚持下去，提供帮助的人一定会被你找到。

6. 解决心理危机通常需要一个过程。可能你要反复多次地约见心理咨询师或心理医生。

7. 如果医生开药，应按医嘱服用。

8. 避免使用酒精或毒品麻痹自己的痛苦。

9. 不要冲动行事，强烈的痛苦会使你更难做出合理的决定。

第二章　认识自我　悦纳自我

——大学生的自我意识与成长

学习导读

"我是一个什么样的人?""我和别人是什么样的关系?"随着年龄的增长,我们慢慢开始反复思考这样一些问题,从而开始了探索自我的旅程,自我意识不断觉醒和完善。个体心理健康最重要的标志之一就是拥有良好的自我形象和健全的自我意识。真正地认识自己、接纳自己、完善自己,是大学阶段要解决的关键问题。自我意识的发展程度制约着大学生的思想和观念,左右着大学生的行为和决策,更决定着大学生未来发展的方向和状态。通过本章内容的学习,希望能够引发同学们对自我的思考,积极完善自我观念,形成良好的自我意识和积极向上的人生态度。

第一节　人贵有自知之明

——自我意识概述

心理案例

【同伴分享】矛盾的我

我是一个矛盾体。我经常感到有两个"我"在斗争:一个"我"健康活泼、积极向上、懂事孝顺、自我控制能力强、做事有计划、效率高;另一个"我"消极悲观、怨天尤人、好吃懒做、毫无自制力,在自我折磨中浪费时间、挥霍金钱。一个"我"喊:"停!你不能再这样浪费时间,继续堕落下去了!"而另一个"我"说:"唉,反正时间多的是,何必和自己过不去呢?"于是我总是处在这样的挣扎中。大多数情况下,我总是屈服于那个放任的"我",堕落得一塌糊涂。有的时候,这个魔鬼般的"我"会暂时离开,于是理智的"我"回想曾做过的一切,会有一种毛骨悚然和陌生感。我经常问自己:"这还是我吗?我怎么会变成这样?"我经常给自己保证,这是最后一次了。从明天开始,我一定要振作起来,认真学习,不再懒惰。可是,我一次又一次地陷入这样的循环中,无法自拔。

你是否也曾像这位同学一样陷入自我矛盾、冲突和自我形象的不一致中而苦苦挣扎？对于大学生而言，一个需要面对的课题就是"我是一个怎样的人"。早在古希腊时期，"认识你自己"这句刻在德尔斐神庙的话就激励着人们不断探索自我。但古人说"人贵有自知之明"，又说明认识自己绝非易事。认识和了解自己，绝不比认识世界容易。认识自己的过程艰难而曲折，并且贯穿人的一生。大学生成长中各种困惑的背后往往都和自我有关。

心理体验

【我的自画像】

一、活动目的

认识自我、探索自我，促进彼此的认识和了解，学会欣赏他人和接纳自我。

二、活动步骤

1. 每位同学一张 A4 白纸，准备彩笔、铅笔或中性笔。

2. 在 15 分钟内，每位同学用一件除人以外的其他事物来表达自己，并将这件事物画在白纸上，完成一幅"自画像"。

三、活动要求

1. 每位同学独立完成，不能相互商量，不要模仿他人，不要指导他人。

2. 想怎样画就怎样画，不拘泥于形式，不在乎画得好不好，只要是自己的"自画像"。

四、讨论与分享

1. 你画了什么？

_____

2. 为什么选择这件事物来代表你自己？

_____

3. 你和这件事物的相似之处和不同之处在哪里？

_____

4. 你在活动中有哪些收获与体会？

_____

心理解读

你了解自己吗？你有积极向上的自我观念吗？你对自己有一个合理的定位吗？你能进行有效的自我控制吗？……以上这些问题都与"自我"有关。

一、自我意识的概念

自我也称为自我意识，是一个人在社会化过程中逐步形成和发展起来的，对自我以及自己周围环境的多方面多层次的认知、体验和评价，是个体关于自我全部的思想、情感和态度的总和。

自我包括两个部分：一个是主观的"我"，是对自己活动的觉察者；另一个是客观的"我"，是被觉察到的自己的身心活动。人类学家米德（Mead）将其称之为主体我（I）和客体我（me）。主体我与客体我的分化是自我意识得以形成和发展的基础和前提。

二、自我意识的分类

（一）生理自我、社会自我和心理自我

从自我意识的形成与发展过程来看，可以将自我意识分为生理自我、社会自我和心理自我三个方面。

生理自我是指个体对自己生理状态的认识和体验，比如认识到自己的高矮、胖瘦、美丑、黑白、力量的大小、体质的强弱等内容。生理自我是自我形成过程中最早形成的内容，认识自我最早是从认识生理自我开始的。人出生时，并不能区分自己和非自己的东西，生活在主客体未分化的状态。婴儿七八个月时开始出现自我意识的萌芽，即能意识到自己的身体，当听到自己的名字会明确做出反应。两岁左右的儿童，能掌握第一人称"我"的使用。三岁左右的儿童，开始出现羞耻感、占有心，形成一种以自己的身体为中心、以自己的想法和情感来认识和投射外部世界，包括对自己的身体特征和生理状况的意识。生理自我使一个人把自我和非自我区别开来，意识到自己的生存是寄托在自己的躯体上的。生理自我是自我中最基本的内容，是其他自我内容的基础。大学生对生理自我也有比较高的关注，女生关注自己是不是漂亮、有没有吸引力，男生则关注自己的身高、体形声音甚至生殖器官等。

社会自我是指个体对自身与外界客观事物以及与他人关系的认识和体验，比如自己与父母之间的关系如何，我现在是一名大学生等。从三岁到青春期这段时间，是个体接受社会教化影响最深的时期，也是角色学习的重要时期。个体通过在游戏、学习、劳动等活动中逐渐习得各种社会规范，形成各种角色观念，能有意识地调节和控制自己的行为，尽量使自己的行为符合社会的标准。虽然青少年也开始积极关注自己的内部世界，但他们主要依据别人的观点去评价事物、认识他人，对自己的认识也服从于权威或同伴的评价。大学生常常用"我现在是一个大人了"来表达自己的社会自我，期望社会给予积极的肯定与认可。

心理自我是指个体对自己的心理活动、个性特点、心理品质等的认识和体验，比如自己的思维是敏捷还是迟钝，情绪是容易激动还是比较稳定，性格是内向还是外向，自己对哪些事情比较感兴趣，自己的理想信念和价值观是什么等。从青春期开始，个体生理和心理的急剧变化促进了自我意识的成熟。个体开始清晰地意识到自己的内心世界，关注自己的内在体验，喜欢用自己的眼光和观点去认识评价外部世界，开始有明确的价值探索和追求，强烈要求独立，产生了自我塑造、自我教育的紧迫感和实现自我目标的驱动力。大学阶段正处于心理自我逐步趋于成熟的时期，大学生的世界观、人生观、价值观的形成是心理自我成熟的标志。

（二）现实自我、理想自我、投射自我

从自我意识存在方式上看，可以分为现实自我、投射自我和理想自我。

现实自我是个体从自己的立场和观点出发，对自己目前的实际状况的评价和看法。它是个体对自己现实的观感，比如有的同学认为自己的学习成绩很好或者自己是一个乐观活泼的人。

理想自我是个体想要达到或实现的比较完善的一种自我形象或境界，是个人追求的目标。它是个人的生活目标和对将来的期待、抱负以及自己想成为一个什么样的人，引导个体达到理想中的个人自我，比如有的同学希望自己成为一个自我控制能力强的人。理想自我和现实自我之间存在不一致，它是个体前进的动力和方向。当理想自我建立在个体的实际情况基础之上，且符合社会要求和期望时，它就会指导现实自我积极适应并作用于内外环境，从而使自我意识获得快速发展。反之，如果理想自我、现实自我和社会要求三者之间矛盾，就会引起个体内心的混乱，甚至会引起严重的心理疾病。

投射自我是个人想象中他人对自己的看法和评价，以及由此而产生的自我感。比如有的同学认为自己个子矮，因而感到别人看不起自己。当现实自我和投射自我相一致时，个体会产生加快自我发展的倾向；反之，个体会感到不被人理解，或试图改变现实自我。

成长链接

【自我意识的威力】

个体心理学的创始人阿德勒曾经说过："好几年我都是班里的数学笨蛋，坚信自己完全没有数学才能。幸运的是，有一天我出乎意料地发现自己解出了一道难倒了老师的题。这个突如其来的成功改变了我对数学的全部态度。以前我对这门功课已完全失去兴趣，后来我开始喜欢数学，并利用这个机会来提高自己的能力。这样，我成了全校数学最好的人。我想这个经验可以帮我看出特殊天赋或天生才能理论是个谬误。"

三、自我意识的心理结构

自我既是心理活动的主体，又是心理活动的客体，它是涉及认知、情感、意志过程的多层次、多维度的心理现象。

（一）自我认知

自我认知是自我的认知成分，包括自我感知、自我概念、自我观察、自我分析和自我评价。其中自我评价最能代表一个人的自我认识水平，是自我意识的核心，主要涉及"我是一个什么样的人""我为什么是这样的人"的问题。

（二）自我体验

自我体验是自我的情绪情感成分,是以情绪体验的形式表现出个体对自己的态度,是在自我认知基础上产生的,主要涉及"我是否接受自己""我是否对自己感到满意"等。自我认知决定自我体验,而自我体验又强化着自我认知。它主要是一种自我的感受,以自尊、自爱、自信、自卑、自怜以及责任感、义务感、优越感等表现出来。

（三）自我控制

自我控制是自我的意志成分,主要表现为人的意志行为,它监督、调节、控制自己以及对他人的态度,包括自我检查、自我监督、自我激励、自我调控等。自我控制是自我意识中的最高阶段,主要涉及"我应该做什么""我如何改变自己""我如何成为理想中的自己",表现为自制、自主、自理、自立、自强等。

表 2-1　自我意识的结构和分类对应关系表

	自我认知	自我体验	自我控制
生理自我	对自己身体、外貌、衣着、所有物等的认识	自信、自豪或自卑	追求身体的外表、物质欲望的满足
社会自我	对自己的名望、地位、角色、义务、责任,自己与家人亲友的关系以及经济条件等的认识	自信、自豪或自卑	追求名誉地位,与他人竞争,注意行为符合社会规范,争取得到他人的好感
心理自我	对自己的智力、性格、气质、兴趣、能力等特点的认识	自信、自豪或自卑	追求理想信念、智慧与能力的发展

心理体验

【10 个我】

一、活动目的

对自我进行进一步地探索,认识到积极、消极、理想、现实的自我,更加充分地了解自己,并对自我的特征、状态以及潜能有更加清晰的认识,挖掘个人潜能、展现自我优势,提高对自我的悦纳程度。

二、活动步骤

1. 每位同学一张 A4 纸和一只签字笔。

2. 在 15 分钟内写出 10 个以"我"为开头的句子。

（1）我＿＿＿＿＿＿＿＿＿＿＿＿＿＿＿＿＿＿＿＿＿＿＿＿＿

（2）我＿＿＿＿＿＿＿＿＿＿＿＿＿＿＿＿＿＿＿＿＿＿＿＿＿

（3）我＿＿＿＿＿＿＿＿＿＿＿＿＿＿＿＿＿＿＿＿＿＿＿＿＿

（4）我＿＿＿＿＿＿＿＿＿＿＿＿＿＿＿＿＿＿＿＿＿＿＿＿＿

（5）我_____

（6）我_____

（7）我_____

（8）我_____

（9）我_____

（10）我_____

3. 找出 10 个句子中,属于生理自我、社会自我、心理自我、理想自我、现实自我的句子分别是哪些? 哪些是对自己的积极评价? 哪些是对自己的消极评价?

三、活动要求

1. 独立完成,不要与别人商量,不必受别人影响,也不要影响别人。

2. 想到什么就写什么,完全取决于自己对自己的认识和感受。

3. 可以多于 10 个句子,但不能少于 10 个句子。

四、思考与感悟

1. 你对自己的积极评价多还是消极评价多? 对此你有哪些感受?

_____

_____

2. 你对自己有哪些新的发现和感受?

_____

_____

四、自我意识的发展阶段

美国著名精神病医师、新精神分析学派代表人物埃里克森(Erikson)提出了人格发展的心理社会阶段理论。他认为人的自我意识发展持续一生,人格的发展是有机体成熟、自我成长和社会因素共同作用的结果。他根据人一生中出现的心理社会问题,将人格发展分为八个阶段。这些阶段以固定的模式出现,对所有人都是相似的,每一阶段都有其独特的发展任务,也会面临相应的发展危机。只有危机能够得以很好的解决,才能够顺利地进入下一阶段,并获得积极的品质,否则个体将会形成消极的品质,影响之后的发展。

你可以回顾一下自己的成长历程,结合一些早期记忆,理解自我意识的发展阶段。

第一阶段:婴儿期(0～1.5 岁),获得基本信任感而克服基本不信任感

在这一阶段,儿童开始认识自己的养育者,并且根据生理或情感需要发出信号。父母对儿童需要的敏感性以及能否及时出现并满足儿童的需要,关系到儿童信任感的建立。如果该阶段儿童得到了及时的爱的回应,儿童会通过对养育者的信任感而逐渐建立对世界的基本信任感。否则,他会对外界产生害怕与怀疑,难以形成希望和相信自己愿望可实现的信念。

第二阶段:儿童早期(1.5～3 岁),获得自主感而避免怀疑感与羞耻感

在这一阶段,儿童掌握了大量的技能,如爬、走、说话等,他们开始去探索周围的世界,并有了独立自主的要求,也就是说儿童开始"有意志"地决定做什么或不做什么,出现了第一个自我意识的高涨期。这时如果养育者允许他们独立地去干一些力所能及的事情并对此给予肯定和鼓励,就能培养他们的意志力。相反,如果父母对儿童过度保护或过分严厉,儿童就可能产生怀疑并感到害羞。

第三阶段:学前期(3~6岁),获得主动感而克服内疚感

在这一阶段,儿童的活动能力和活动范围进一步扩大,他们对自己及周围的环境充满了好奇心和探索欲。如果儿童表现出的主动探究行为受到成人的鼓励,他们的主动性就会得到进一步发展,表现出很大的积极性与进取心,这为他将来成为一个有责任感、有创造力的人奠定了基础。反之,如果父母对儿童采取否定与压制的态度,讥笑儿童的独创行为和想象力,那么儿童就会逐渐失去自信心,致使孩子产生内疚感与失败感。

第四阶段:学龄期(6~12岁),获得勤奋感而避免自卑感

在这个阶段,大部分儿童是在学校中度过的,个体必须努力学习来提高本领并顺应所处的文化环境,尽自己最大努力来改造自我。这时儿童已开始意识到进入了社会,他在众多的同伴之中必须拥有一席之地,否则就会落后于别人。他一方面在积蓄精力,勤奋学习,以求学业上成功,同时在追求成功的努力中又掺有害怕失败的情绪。因此,勤奋感和自卑感构成了本阶段的主要危机。

第五阶段:青年期(12~18岁),获得自我同一性而克服同一性混乱

"同一性"这一概念是埃里克森自我发展理论中的一个重要组成部分。它可以理解为社会与个人的统一,也可以理解为个体能够全面认识到意识与行动的主体是自己,亦即"真正的自我"。它是一种熟悉自身的感觉,一种知道个人目标的感觉,一种从他信赖的人中获得所期待的认可的内在自信。

青少年对周围世界有了新的观察与新的思考方法,他们经常考虑自己到底是怎样一个人,他们从别人对他的态度中,从自己扮演的各种社会角色中,逐渐认清了自己,对自己的过去、现在、将来产生一种内在的连续之感。在这一阶段中,他们必须思考全部积累起来的有关他们自己及社会的知识,最后致力于某一生活策略。由此,他们就获得了一种自我同一性,也就长大成人了。否则,就可能出现角色混乱或消极的自我同一性。

第六阶段:成年早期(18~25岁):获得亲密感而避免孤独感

亲密感是人与人之间的亲密关系,他使个人能与他人同甘共苦、相互关怀。在这一阶段,人们需要在自我认同的基础上获得共享的认同,具有牢固同一性的青年人具备了与他人亲密相处的能力,从而能够相互承担义务并建立亲密关系。如果一个人不能与他人分享快乐与痛苦,不能相互关心与帮助,在离群索居中回避与他人的亲密交往,就会陷入孤独寂寞的情境之中。

第七阶段:成年期(25~65岁):获得繁衍感而避免停滞感

这时男女建立家庭,他们的兴趣扩展到下一代。这里的繁殖不仅指个人的生殖力,主要是指关切建立和指导下一代成长的需要,因此有一些人即使没有自己的孩子,也能达到一种繁殖感。缺乏这种体验的人会倒退到一种假亲密的需要,沉浸于自己的天地之中,只一心专注自己而产生停滞之感。

第八阶段:成年后期(65 岁以上):获得完善感而避免悲观失望

这时人生进入了最后阶段。如果对自己的一生周期获得充分的肯定,则产生一种完善感,这种完善感包括一种长期锻炼出来的责任感和人生哲学,伸延到自己的生命周期以外,产生与新一代的生命周期融合而为一体的感觉。一个人达不到这一感觉,就不免恐惧死亡,觉得人生狭促,对人生感到厌倦和失望。

心理体验

【我的生命线】

一、活动目的

在我们每个人的生命中,总会遇到很多重大事件或特别场景,总会出现很多重要任务或特殊的人。这些或许是人生改变的巨大转折,或许是生命延续的重要支撑。通过对自我生命的线性纵向梳理,特别是关键"节点"的回顾和展望,促进同学们对自我进行更为深刻的认识和理性的觉察。

二、活动步骤

1. 每人准备一张 A4 白纸和一支签字笔。

2. 以零岁为起点,以设想的生命结束的年龄为终点,在白纸上画一条线段,并将年龄标出来。

3. 在线段上标出现在的年龄,将线段一分为二。

4. 以现在的年龄为分界线,写出生命当中已经发生的五个重大事件。如果你觉得这是一件快乐的事,就把它写在生命线的上方;如果你觉得这是一件悲伤难过的事,就把它写在生命线的下方,同时标出相应的年龄。

5. 以现在的年龄为分界线,再写出未来希望发生的五件事,如家庭愿景、职业生涯、个人兴趣等,并尽量注明时间。

三、思考与分享

1. 看看你的生命线,此刻你有哪些新的发现和感受?

_____

_____

2. 促使你心理成长、变得更加强大的事情有哪些?

_____

_____

3. 横线上的多还是横线下的多? 对此你有什么感受?

_____

_____

4. 与同学分享你的发现,从其他同学身上你学到了什么?

五、自我意识的发展途径

人的自我意识不是生来就有的，而是个体发展到一定阶段的产物，需要在语言和思维的发展、交往活动、个体不断社会化的过程等一定前提作用下，通过多种途径逐步形成和发展起来。

（一）依据自己的心理活动和外部行为评价

在多数情况下，人们常常依据内部线索（想法、情绪）了解自己。贝姆（D. Bem）提出的自我知觉理论认为，在内部线索微弱或模糊的情况下，人们常常依据外在行为来推断自己的内在品质（性格、态度、爱好等）。例如，当某人帮助了别人时，会认为自己是一个有良好品质的人。但是外部行为往往容易受到环境和外力的影响，更容易伪装。

（二）依据他人反馈评价

通常别人会对我们的能力、品质等给予一定的反馈，为我们了解自己提供线索。特别是当许多人的看法一致时，我们就更加相信这些看法是正确的，从而认为自己是这样的人。赏识与激励对大学生的成长是非常重要的，过多的否定性评价容易导致个体自卑、无所适从。

（三）依据社会比较评价

社会心理学家费斯汀格（L. Festinger）提出的社会比较理论认为，个体具有将自己与他人进行比较，以从中确定自我价值的心理倾向。这种倾向受到社会情境的影响，个体有时与条件优于自己的人比较，有时与条件劣于自己的人比较，以期获得更客观的自我价值的判断。在缺乏明确的标准时，人们常常通过这种比较来获得判断。

六、自我意识与心理健康的关系

自我意识是一个人保持健康的心态、充满活力、获得最大限度的发展的重要因素。

（一）自我意识是心理健康的重要标志

人对自己以及自己与周围世界关系的认识、体验和评价是心理健康的重要标志。只有客观准确地认识和了解自己，正确地评价自己，真实地悦纳自己，才有可能充分发掘自己的潜能；反之则会影响到身心健康和个人发展。许多心理学家在界定心理健康的标准时，不约而同地将自我认识作为主要指标，一致认为基本的自我接纳是达到心理健康状态的先决条件，心理健康的人必然是对自己有客观认知，能够接纳自我，自尊自爱，自我觉察能力强的人。

（二）良好的自我形象是成功的基础

自我形象不仅影响人的心理健康，而且影响人的成就水平。如心理学家马斯洛(Maslow)所指出的那样，一个有稳固基础的自我形象是迈向自我实现的先决条件。一般而言，人有自尊心才能尊重别人，有自信才能相信别人。自我形象得到良好建立，人会对生活有信心、有动力，能够了解和接纳自己的优点和缺点，对自己有合理的期望，处事积极，善于利用每一个成长的机会改进自己；与人交往能真情流露，展示自己的内心世界，容易与人建立深厚的情谊；对自己充满信心，相信自己对生命拥有内在的控制能力，自己有能力达到个人的目标，从而能进一步迈向成熟的阶段，因此健康正确的自我形象是成功人生、快乐人生的基础。个体如果未能建立良好的自我形象，会产生一种角色混淆的感觉，不知道自己是谁，也不知道自己要到哪儿去，与人愉快相处也会存在困难，同时偏低的自我形象往往隐含在许多神经病症里，如情绪抑郁、人际关系问题和滥用药物等。

表 2-2　不同自我形象的表现

良好的自我形象	不良的自我形象
接纳自我	否定自我
喜欢和尊重自己	不尊重和讨厌自己
有安全感、自我肯定	没有安全感、怀疑自己
清楚认识自己的能力	不清楚个人的能力
独立自主、自立	依赖他人、情绪化
对自己的行为负责	逃避责任
对自己有恰当的期望	对自己没有恰当的期望
有勇气开放表达自己	羞怯、不敢真实地表达自己
对自己的成就感到自豪	害怕成功

身处相同的环境、面对同样的压力和挫折，不同的大学生有着不同的心理感受，对个体产生的影响也不尽相同。这主要是因为影响大学生心理健康的客观因素是通过个体的自我意识这一人格调控系统的核心而起作用的。

自我意识越成熟、越完善的大学生，其自我认知、自我体验和自我控制越能够协调一致地工作。他们对生活中的负性事件的认知比较客观，情绪体验比较适度，并能积极地进行调节和控制，表现出较强的心理承受能力和自我调节能力，因此能够经常维持心理健康。而自我意识不成熟或有障碍的大学生，由于对自身没有正确的认识，也就无法客观地分析、评价生活中的负性事件，要么产生歪曲的认知，要么情绪反应过激，要么缺乏行动的动力，因此心理健康水平也较低。

心理小贴士

【自验预言】

自验预言是指自我用行为来应验自认为会出现的结果,就是一种会让预兆变成现实的东西。例如,一个人认为自己的学习一塌糊涂,减少了自己在作业和功课上的努力,最终果然和自认为的一样成绩变得很糟糕。还有另一个普遍的现象就是情侣关系:我自己觉得另一半和自己慢慢疏远了,所以我的行为开始变得迥异,常感情用事伤害对方,最终果然不欢而散。

自验预言是心理学上的一个利器——给自己灌输一个观点,最终你因为坚信这个观点而让其变为现实。

心理保健

【认识自己的方法】

1. 从失败中认识自己

如果你不爱反思,容易抱怨和指责,那就多从失败中认识自己。因为我们有一套自己的防御机制,所以遭遇失败更可能逼迫我们深刻地反思,从失败中领悟,我们从失败中成长。

2. 从成功中认识自己

如果你过度反思、过度自卑,就要从成功体验中认识自己,看到自己的不同侧面。

3. 尝试摘掉给自己贴的标签

把内向、外向、孤僻、学习能力不强等标签全部摘掉,体验一下没有这些标签,你对自己会有什么不一样的感受。

第二节 认识你自己

——自我意识的发展

青年期是个体自我意识发展和确立的关键时期,随着个体心理和意识的不断成熟,处于青年初期和中期的大学生,经过大学生活的锻炼和学习教育,自我意识得到了迅速发展。在此期间,大学生的自我意识发展表现出与前一阶段不同的特点与规律。

心理解读

一、大学生自我意识的发展过程

大学生自我意识的发展是有规律可循的,了解自我意识的发展过程和规律,对于建立成熟的自我意识十分有益。大学阶段正是自我意识迅速发展和趋于完善的阶段,自我认知、自我体验和自我控制逐渐协调一致,经历着分化—矛盾—统一的过程。

（一）自我意识的分化

大学生自我意识的发展是从明显的自我分化开始的。当目光朝向自己内部时,原来笼统的"我"被一分为二,一个是作为观察者的主观我,一个是作为被观察者的客观我,并由此出现了理想我和现实我的分化。随着自我意识明显地分化,大学生开始主动、迅速地关注自己的内心世界和外部行为,自我认识和体验更加丰富、完整和深刻,由此带来了更多的激动、喜悦和焦虑;自我思考增多,自己应该怎么做、不应该怎么等成为经常思考的问题。自我意识的分化是自我意识开始走向成熟的标志,正是这种分化促进了大学生思维和行为主体性的形成,从而为客观地评价自己、合理地调节自身奠定了基础。

（二）自我意识的矛盾与冲突

自我意识的分化也意味着矛盾冲突的产生并加剧。大学生富于理想,有比较高的自我期望值,个人成才欲望强烈,家长与社会期望高。当他们在进行自我观察、分析和评价时,发现理想自我和现实自我存在着较大的差距,两者之间的矛盾使得自我冲突进一步加剧,自我不能统一、自我形象不能确立、自我概念不够稳定,表现出明显的内心冲突,甚至带来很大的内心痛苦和激烈的不安感。这些矛盾主要表现在理想与现实的冲突、独立意向与依附心理的冲突、交往需要与心灵闭锁的冲突、自信与自卑的冲突、上进与消沉的冲突、激情与理智的冲突。

由自我意识的分化带来的矛盾是大学生自我意识发展过程中的正常现象,虽然它会给人带来不安、疑惑与困扰,可能还会影响到心理健康与发展,但它更会促使大学生努力解决矛盾,从而推动自我意识向着下一个阶段发展,最终实现自我意识的统一。

（三）自我意识的整合与统一

面对自我意识的矛盾冲突,大学生常常感到焦虑、苦闷、不安、痛苦,他们总是力图通过各种方法来摆脱这种不安与痛苦,自我意识也在这个过程中不断调整、整合,最终获得自我意识的重新统一,也就是前面说到过的自我同一性的建立。自我意识的统一有多种形式,既有积极的、和谐的、有利于心理健康发展的统一,也有消极的、不协调的、不利于心理健康发展的统一,表现为自我肯定、自我否定、自我冲突等形式。

自我意识的发展过程不是一次就能完成的,而是循序渐进、多次循环往复才能实现的。这一过程是大学生进行自我教育的有利时机,在学习生活与社会实践锻炼中,他们将渐渐成熟起来,形成健康的自我意识和良好的心理品质。

二、大学生自我意识的发展特点

大学生正处于自我意识发展的关键时期,由于其特殊的教育环境和知识背景,表现出许多新的特点。大学与中学的管理模式有很大的差别,大学的学习生活氛围更加宽松,更加注重自我管理,大学生可以按自己的方式安排学习与生活,随着环境的变化以及个体心理的不断发展,自我意识的发展达到了新的水平。

(一) 强烈关心自己的发展

大学生在校学习的时间是知识技能的储备时间,也是进入社会的缓冲阶段。他们会经常反思、反省一些有关个人发展、个人与社会的关系问题,如我聪明吗? 我将成为什么样的人? 我应该怎样实现自我价值等问题有了更多的分析和思考,能自觉地把自我的命运与国家、社会、集体的命运结合起来,自我认识的广度和深度不断提高。

(二) 自我评价趋于客观

由于知识增多、生活经验扩大,感性认识、理性认识逐渐成熟,多数大学生对自己的分析和评价逐渐变得全面、客观,对自己的优缺点有了较为准确的认识和评价,具备了较好的"自知之明"。据调查,我国高职大学生的自我概念比较集中于交际、友善、信义、容貌、学业、志向、家庭、成熟、自我悦纳等九个方面,总体来说比较客观且积极。

(三) 自我体验丰富复杂

大学生在自我评价提高的基础上,认识到自我的价值、地位和作用,责任感和义务感增强,自尊心有了突出的表现,在学习和各项活动中争强好胜,体验着丰富且强烈的情绪情感。同时,处在青年期的大学生对涉及与"我"相联系的事物都非常敏感,常常引起他们强烈的情绪波动。有了成绩就肯定自己,甚至骄傲自满、忘乎所以;一旦受挫和失败就会否定自己、悲观失望,甚至自暴自弃。

(四) 自我控制能力明显提高

大学生远离了父母的监督,老师也不像中学管理得那么细致严格,他们逐渐意识到自我监督的重要性。处于低年级的大学生冲动性还比较明显,进入中高年级后,大部分同学都逐渐学会了自觉确立目标和采取行动,并能够根据别人的评价和自己的行动结果进行自我反省和监督,及时调整自己的行为和目标,自我控制的自觉性和独立性显著增强,并有强烈的自我设计、自我规划和自我完善的强烈愿望。

但由于心理品质还不够完善及自身的一些弱点,很多大学生的自我控制水平还不够稳定,空有远大志向,没有实际行动。例如,一些大学生认为现在的学习跟未来的职业志向没有多大关系,表现在学习上没有目标和毅力,有的甚至沉迷于玩手机、玩游戏;或者明知道自己需要完成的学习任务很多,但却容易受到外界的干扰或不愿克服困难,"间歇性踌躇满志,持续性好吃懒做",被常常立志与无所事事的矛盾困扰。

三、大学生自我意识发展的偏差与困扰

总体来说,大学生自我意识的发展基本上是积极的、健康的,发展水平也较高,但发

展的过程并非直线向上,而是有起伏的矛盾斗争过程,因而容易出现各种偏差,引发自我意识发展的困扰,影响心理健康。探讨自我发展偏差的表现及其影响因素有利于及时发现问题,从而有效地解决问题。

大学生自我意识发展的偏差与困扰主要表现在以下几个方面:

(一) 自我整合的偏差:自我同一性混乱

自我同一性是一个与自我、人格的发展有密切关系的多层次、多维度的心理学概念。自我同一性本意是证明身份,指个体尝试着把与自己有关的各方面结合起来,形成一个协调一致不同于他人的独具"统一风格"的自我。是个体在寻求自我发展的过程中,对自我的确认和对有关自我发展的一些重大问题,如理想、职业、价值观、人生观等的思考和选择。在这一过程中必然要涉及个体的过去、现在和将来这一发展的时间维度。自我同一性的确立意味着个体对自身有充分的了解,能够将自我的过去、现在和将来整合成一个有机的整体,确立自己的理想与价值观念,并对未来自我的发展做出思考和确认。

前面提到过,埃里克森的心理社会发展阶段理论将人生历程分为八个时期,每个时期都有其特定的心理、社会的发展课题,青年期的发展课题就是自我同一性的确立。埃里克森认为自我同一性在 15～18 岁确立,但后来的研究表明,大约要到大学期间,个体才能达到同一性的确立。开始步入成年期的青年,虽然他们已经应该而且有能力承担诸多社会责任和义务,但他们在作出某种决断的时候往往进入一种"暂停"局面,以尽可能地满足避免同一性提前完结的内心需要。在延缓所承担的义务和责任的同时,青年学习并实践种种角色,以掌握各种本领。由于确立自我同一性需要一定的时间,在这一段时间内,青年可以一时合法地延缓所必须承担的社会责任和义务,这被称为心理的延缓偿付期。

大学生正处于心理的延缓偿付期。在初中、高中阶段,他们被紧张的学习、考试追逐着,几乎没有余暇去充分思考自己的问题。进入大学以后,他们能够专心考虑自我、探索自我和确立自我。大学生在确立自我同一性的过程中,会呈现出不同的状态。自我同一性混乱是对自我缺乏清晰而完整的自我概念,是大学生在自我成长中容易出现的心理危机,可能会使大学生迷失生活目标或过度思考生命的意义,通常会产生莫名的烦恼和空虚,有时甚至会导致极端行为以及自我的迷失。

心理小贴士

【自我同一性】

心理学家玛西亚(Marcia)对个体同一性的发展状态进行了分类,认为自我同一性具有四种状态。同学们可以结合自己的情况,看一看自己处于哪个水平。

1. 同一性扩散或认同感混乱。这类个体既没有探索也没有自我投入,对认同问题不做思考,对将来的生活方向未能澄清。例如,"我对未来职业没有多少考虑,我不知道我喜欢什么"。

2.同一性早期封闭或提前结束。这类个体获得了自我同一性,但是在这种认同感获得的过程中并没有进行探索。他们的人生选择常常由权威性的父母作出,并未经历寻求自我过程中的探索和危机。例如,"我父母是老师,我长大了也做老师""我父母希望我成为一名医生"。

3.同一性延缓。这类个体正处于同一性危机之中,正在主动提出生活价值的问题并寻求答案。例如,"我对自己的信念加以评判,希望能获得一种适合我的信念""我正在考虑未来的职业方向,但还没有明确的目标"。

4.同一性完成或认同感获得。这类个体通过自身的付出有了特定的目标、信念、价值观的承诺,解决了同一性和自我认同问题。例如,"在对我的信仰和其他信念进行了多次探索之后,我最终知道该信仰什么不该信仰什么了"。

研究发现,多数大学生感到自己正处于同一性形成的中间状态,只有少数大学生属于完成型或扩散型。大学生处于同一性状态上的人数比例依次是:同一性延缓型占65.7%,同一性扩散型占13.3%,同一性早闭型占10.1%,同一性完成型占9.1%。不同的自我同一性状态与心理健康有一定的关系,完成型的人心理健康水平最高,扩散型的人心理健康水平最低。

（二）自我认知的偏差:自我中心、从众

不少大学生未能处理好主观我与客观我的矛盾,常出现两种自我意识的偏差,一种是只看重"自省"而发展为"自我中心";另一种是一味受"人言"而变得丧失自我,也就是"从众"。

以自我为中心的人,往往想问题和做事都从"我"出发,不能进行客观的思考和分析,不能设身处地地进行客观思考,不顾及他人的感受和需要。人际交往中别人强于自己,就自卑嫉妒别人;别人差于自己,就自负瞧不起别人,表现出明显的自我中心色彩。处事总认为自己对、别人错,常把自己的意志强加于人,盛气凌人。因而他们不易赢得他人好感和信任,人际关系常不和谐,行为做事很难得到他人帮助,易遭挫折。

从众则是一种普遍的心理现象。个体在群体中生活,会不知不觉地遵从群体压力,在判断及行为上放弃自己的主张,趋向于与群体中多数人一致,也就是通常所说的"随大流"。有过强从众心理的同学,在现实生活中往往缺乏主见、丧失自我,无创造性,在大是大非面前无法把握自己,甚至迷失方向。有相当一部分大学生入校后,对自己在大学里的任务和上大学的目的没有认真思考,缺乏自己的主见,只是一味地随大流、凑热闹,甚至只是为了求得他人的认同而从众,比如学习、消费、作弊、择业等,这些都是比较盲从的表现。从众心理人皆有之,但过强的从众心理实际上是依赖反应,大学生要勇于和敢于独立思考,坚持自己的正确观念而不受他人影响,保持独立性和个性。

（三）自我体验的偏差:自卑、自负

自卑与自负产生于现实自我与理想自我的矛盾中,同属于自尊和自信的误区。

有的同学将现实自我与理想自我作比较,体验到的是"失望",认为现实自我与理想自我的差距太大,从而对自己缺乏信心,把目光总盯着自己的缺点、不足,从而逃避退缩,这就是"自卑"。自卑感是对自己不满、自我否定的情感,即对自己缺乏信心、缺乏独立主见,主要是对自己以及周围环境认识评价不客观所致,尤其是对自我的认识缺乏科学的态度。当一个人的自尊得不到满足,又不能合理地、实事求是地分析自己时,就很容易产生自卑感。具有较强自卑心理的同学,往往怀疑自己的能力,怯于与人交往,甚至会封闭自己,即使原来经过努力可以达到目标,也会因为过低的自我评价影响自己的潜能和才能的发挥,在学习与工作中也就不可能取得好的成绩。自卑感严重的同学看不到生活的光明与希望,无法享受生活的乐趣和美好,进一步限制了自己对未来美好生活的憧憬。

自负是指有些大学生自信过度,自我感觉太好,过高地估计自己的能力而产生的骄傲自大的情绪,是自我膨胀的自信。大学生对未来有十分强烈的憧憬和向往,不过不少同学不能根据自己的实际情况来设定目标,自我期望值过高,形成错误的不切实际的理想自我,以幻想的我、理想的我代替真实的我。这部分同学在日常生活中常自视过高,爱慕虚荣,眼高手低,看不起别人,总认为自己比别人强很多,固执己见,不易被周围环境和他人所接受与认可,常引起别人的反感和不满,有很强的自尊心和明显的嫉妒心,当别人失败时幸灾乐祸,当别人成功时过分嫉妒,并常用"酸葡萄"心理来维持自己的心理平衡。自负心理过强的人极易遭受失败和内心冲突,产生严重的情感挫伤,导致苦闷、自卑、自我放弃。自负心理并不是自尊自重,夸大自我、轻视别人、远离实际,最终必然带来潜在的不满和行动的疏远,形成交际中的自我封闭。

心理小贴士

【自卑情结】

奥地利心理学家阿德勒(Adler)对自卑感有特殊的解释,他称其为自卑情结。自卑情结是指一个人认为自己或自己的环境不如别人的自卑观念为核心的潜意识欲望、情感所组成的一种复杂心理。阿德勒认为自卑情结是一个人由于不能或不愿意进行奋斗而形成的文饰作用。自卑情结是由于婴幼儿时期的无能状态和对别人的依赖而引起的,所以对人有普遍意义,人试图补偿自卑感而真正地或想象地胜过他人。

一个人能因自卑感而心灰意冷,以致万念俱灰。在这种情况下,自卑感对人的成长是一种阻碍因素而不是一种激励因素,这样的人被认为有自卑情结。按照阿德勒的理论,每个人都会感受到自卑,但是在一些人身上会引起精神疾病,而在另一些人身上却产生了对成就的需求。

"如果一个问题出现,某个人对此无法适应或无法应对,并强调确信自己无法解决,这时他表现的就是自卑情结。自卑感并不异常,它是人类处境得以改善的原因所在……人类的一些文化成果都基于自卑感。"

（四）自我控制的偏差：自我放弃、消极懒惰

大学生在自我控制上开始有了明显的自觉性、主动性，但在追求上进的同时，由于困难、挫折在所难免，因而不少大学生常常情绪波动，在困难面前望而生畏、自我放弃。消极懒惰混日子是一种缺乏目标意识、不能形成积极的理想自我的心态。有的大学生认为中小学寒窗苦读十余载，如今考上大学总算解放了，再不愿下苦功夫，对学习不感兴趣，对自我发展的目标不明确，只要求"60分万岁"，甚至面临数门功课不及格仍无动于衷，消极懒惰。他们或者无所事事、虚度光阴，或者沉溺于游戏和虚拟网络，麻痹自己，体现不出青年大学生应有的朝气与振奋的精神。

心理保健

【找回良好的感觉】

1. 体验自己的成功

找出最近（近半年）一次或几次自己做过的比较成功的事情，如考试、文体活动等，仔细体会凭借自己的良好素质和努力，克服困难获得圆满结果时的愉快心情。

2. 了解自己的发展进步

依次写下你现在所扮演的所有社会角色，仔细评价自己对扮演的每一个社会角色的满意程度，可以对每一个角色按1～5级评分，尤其注意那些比以前做得更多、更好的方面，并总结其中的原因。

3. 认识自己的优点

通过自我心理评定和自我观察与分析，找出自己在能力、品德、性格、气质、意志、情绪、动机等方面的优点和积极的表现。把它们用文字记录下来，思考如何充分表现和巩固优点，如何避开或减少缺点。

4. 从被人的反馈中获得支持

在你与别人的交谈或共同活动中，凡别人对你表达出的积极的评价或态度，请你把他们在笔记本上记录下来，把自己的优点及时总结并时常温习。

成长链接

【我就是我自己】（节选）——萨提亚

我就是我。

这个世界上，没有一个人完全像我。

有一些人某些部分像我，但没有一个人完全和我一模一样。

所以，一切出自我的都真真实实属于我，因为那是我个人的选择。

我拥有我的一切：

我的身体，以及一切它的举动；

我的思想,以及所有的想法和意念;

我的眼睛,以及一切看到的影像;

我的感受,不论是什么,愤怒、喜乐、挫折、爱、失望、兴奋;

我的嘴巴,和一切从口中所出的话语,温文有礼的,甜蜜的或粗鲁的,对的或不对的;

我的声音,喧嚷的或轻柔的;

还有我所有的行动,不论是对别人或对自己的。

第三节　发现自我

——自我人格的探索

心理案例

【同伴分享】我能改变吗?

李某是一名大二学生。她的性格较外向,争强好胜,脾气急,总是看不惯别人,干事情喜欢大包大揽、指手画脚。刚上大一时与同宿舍同学关系还不错,但由于自己在家习惯了早睡早起,与同宿舍同学作息时间不一致,因此不到一个月就与同学因为熄灯时间问题发生冲突。之后我行我素,不考虑别人的感受和意见,只要自己睡觉就强制关掉宿舍的灯,逐渐觉得有时宿舍同学在熄灯后故意大声说话、吵闹,影响自己睡眠,觉得她们一起合伙针对自己,故而与同宿舍同学摩擦不断。现在自己与他们说话也没人理,关系越来越疏远,看到他们几个一起上课、吃饭、逛街,自己却独来独往。虽然告诉自己这样也没什么,但一想到回宿舍就觉得压抑。李某也尝试改变,但一看到她们态度不好就没办法克制自己的冲动而发脾气,为此矛盾不已,想改变自己,改善宿舍的人际关系,又无能为力。

如果我们手拿一个不规则三角形,从不同角度仔细观察你会发现,不管从哪个角度看,它都是一个三角形。人格也是如此,它不会在行为的某一方面完全暴露,但我们能从一个人的各种表现中认出它来。人格是我们的生活模式以及我们对生命的解释,我们如何解释生命就会反映在我们的行为中。它调节着人的心理活动,对人的生活、工作、学习等方面产生着重要影响。大学生正处于青年期,是个体向成人期过渡的关键阶段。学习生活环境的变化以及各种心理机能的提高,使他们进一步关注自我,渴望实现自我价值,同时大学生的人格特征带有显著的不稳定性,也表现出一定的冲突性。可以说,大学生的人格并未真正定型,具有较强的可塑性与可调节性,是可以不断完善和改进的。大学时期是人格发展的重要阶段,大学生只有充分了解自己的人格特征,才能更好地塑造健全人格、把握自我、实现自我。

心理解读

一、人格的界定

(一) 人格的概念

人格(personality)一词最早源于古希腊语"persona",原意是指希腊戏剧中演员戴的假面具,它代表剧中人的身份,表现剧中人物的某种典型性格特点,类似于中国的京剧脸谱。心理学借用这个术语包含两层含义:一是指人会根据不同社会角色来进行种种行为,就像舞台表演中根据角色要求所戴的面具一样;二是一个人由于种种原因不愿向他人展现的人格成分,即在面具的背后隐藏着真实的自我。从心理学的角度看,人格反映了一个人整体的心理面貌,是个体在遗传素质的基础上,通过与后天环境的相互作用而形成的相对稳定而又独特的心理行为模式。这个模式包含了一个人区别于他人的稳定而统一的思想品质。这个含义包括两部分内容:第一层是稳定的行为方式。这种稳定是指人格特征具有在时间上的前后一贯性、在空间上的普遍性。第二层是人际过程。它指发生在人与人之间关系的过程,也就是发生在我们内心的、影响我们行动和感觉的所有那些情绪过程、动机过程和认知过程。

(二) 人格的结构

最早描述人格的方法就是通过有限的几种类型对个体进行分类,在不同特质上对个体用等级的方法进行评定。对自己或他人的行为进行分类似乎是一种天生的倾向,我们常常用这样的方法来发现自己的人格特点。

古希腊医生希波克拉特就提出人体中有四种不同的体液:黄胆汁、黑胆汁、黏液和血液。他认为人的气质是由人体中不同的体液成分所占比例的多少决定的,由此提出了有关气质类型的最早学说。后来心理学上习惯把气质类型分为胆汁质、多血质、抑郁质、黏液质四种典型的类型,并把它们确定为气质的基本类型而使用至今。

表 2-3 不同气质类型及其特点

体液类型	气质类型	特点
黄胆汁	胆汁质	直率、热情、精力旺盛、情绪易于冲动、心境变换剧烈
血液	多血质	活泼、敏感、好动、反应迅速、喜欢与人交往、注意力容易转移、兴趣容易变换
黏液	黏液质	安静、稳重、反应缓慢、沉默寡言、情绪不易外露,注意稳定但又难于转移,善于忍耐
黑胆汁	抑郁质	孤僻、行动迟缓、体验深刻、多愁善感、善于觉察别人不易觉察到的细小事物

著名心理学家荣格考察了人的意识和经验的关系以及人是如何认识世界的。作为精神分析学派的代表,荣格对于人类个体的探索始终贯穿在他的心理学研究中。他发现,在个体身上,普遍存在着两种倾向:一种人向内思索,思考自身;另一种人向外探求,靠近客观世界。他将前者称为内倾型(introversion),而后者称为外倾型(extroversion)。任何人都可以在不同程度上被归入其中一种类型。在根据态度将个体分为内倾型和外倾型之后,荣格又提出了用四种心理功能作为标准,采取了思维/情感和感觉/直觉两个维度,将个体进一步划分为八种不同类型。

表 2-4　荣格的态度内外倾类型

功能	外　倾	内　倾
思维	外倾思维型个体的整个生命活动与理智的结论联系起来,且这些结论总是定向于客观事件。他们希望用理智的程序来衡量世间的善恶与美丑,并想要尽可能多地认识和理解客观世界。	内倾思维型的个体同样重视思维,受到理念的决定性影响,但是这些理念并非来自客观事件,而是源于其主观判断,这有时会使得他们的理性判断显得冰冷、固执和武断。
情感	外倾情感型的个体会逐渐将情感发展为一种调节功能,他们的情感与客观环境和普遍的价值观保持一致。对他们而言,快速地调节情感以符合客体需求比思维过程更加重要,所以他们的思维通常是被压抑的,成为情感的附属物。	内倾情感型的个体大多沉默寡言,难以接近,让人捉摸不透。他们将自己生命的控制权交付给了主观倾向的情感,所以他们的真实动机一般都被掩盖起来了,呈现出一种内敛的特质。
感觉	外倾感觉型的个体常常拥有一种魅力和明快地追求欢乐的能力,他们需要感知客体、拥有感觉,如果可能还要欣赏感觉。但同时,过度地追求感觉可能导致个体沦为寻欢作乐者或肆无忌惮的酒色之徒。	内倾感觉型的个体定向于客观刺激所释放的主观感觉要素的强度,他们对于偶发事件的选择是非理性的,常被所发生的事情牵着鼻子走。他们沉浸在自己的主观幻想中,在他们的感觉和实际客体之间不存在协调的联系。
直觉	外倾直觉型的个体对那些具有远大前景而尚处于萌芽状态的事物具有敏锐的嗅觉,不断追求新鲜事物和可能性。他们通常被认为是不道德和冷酷的冒险家,一旦感受到摆脱稳定与限制的可能性,便会将全部命运托付给它。	内倾直觉型的个体一方面是神秘莫测的梦幻者和窥测者,另一方面又是幻想的狂热者和艺术家。他们试图把自己与幻觉联系起来,通过主观的幻想来指导直觉和自己未来的行为。

近年来,研究者们在人格描述模式上形成了比较一致的共识,提出了人格的"大五"式,这种模式是目前最为流行的人格分类。"大五"人格,也被称为人格的海洋。研究者通过词汇学的方法,发现大约有五种特质可以涵盖人格描述的所有方面。

(1)外倾性或热情奔放(extraversion):好交际对不好交际,爱娱乐对严肃,感情丰富对含蓄。表现出热情、社交、果断、活跃、冒险、乐观、自信、健谈等特点。

(2)神经质或情绪稳定性(neuroticism):烦恼对平静,不安全感对安全感,自怜对自我满意,包括焦虑、敌对、压抑、自我意识、冲动、脆弱等特点。

(3)才智或开放性(openness):富于想象对务实,寻求变化对遵守惯例,自主对顺从。具有想象、审美、情感丰富、求异、创造、智慧等特点。

（4）宜人性或随和性（agreeableness）：热心对无情，信赖对怀疑，乐于助人对不合作。包括信任、利他、直率、谦虚、移情、善良、可信、合作等特点。

（5）认真或尽责性（conscientiousness）：有序对无序，谨慎细心对粗心大意，自律对意志薄弱。包括胜任、公正、条理、尽职、成就、自律、谨慎、克制等特点。

"大五"结构并不意味着人格差异可以被缩减到仅仅五个特质。更恰当地说，这五个维度代表着在最大程度上抽象出来的人格，而每一维度包含了大量的人格特质的更为具体的差异。

二、健全人格

健全人格是指人格的生理、心理、道德、社会各要素完美地统一、平衡、协调，使人的才能得到充分发挥。对于个体自身而言，人格健全与否就是对自身的认识是否正确，自己的奋斗目标是否明确，是否能够正视现实并努力实现目标。

个体心理学创立者阿德勒认为，健康人格是指具有社会兴趣，即能够尊重他人的存在价值，对其有手足般的感情。他非常强调社会兴趣，认为这是个人成长的重要目标，只要拥有社会兴趣，就不会非理性地同他人竞争。荣格则认为，健康人格也即个体意识到被压抑的"阴影"方面，并表现于自己的生活方式之中，以超越最初获得的那种"社会化"，发现自己被压抑的原因。美国心理学家罗杰斯（C. Rogers）提出健康人格不是人的状态而是过程，是趋势而不是终点。认为个人的幸福并不意味着所有的需要都得到满足，如地位和财产。幸福的真谛在于积极地参与实现的倾向，在于持续地奋斗而不是其结果，并把"功能充分发挥者"的特征概括为：其社会经验都能正确地进入意识领域，拥有协调的自我，以自己的内在评价机制来评价经验，自我关注，乐意给他人以无条件的关怀，能与他人高度协调。行为主义者则认为，健康人格就是胜任和自我控制，而这种适应能力以必然性的强化规律为基础，只要遵循这种规律，就可能使需要得到满足而避开危险。

许多大学生只关注自己的心理状况，然而在社会生活中照样存在问题。健全人格的核心内涵应该包含以下五个方面：

（1）具有适应社会的意向和表现。社会适应是健全人格最基本的要求。

（2）有爱心和同情心，尊重他人，不以自我为中心，有宜人性。大学生要学习理解他人的需要和感受，善待周围的人。

（3）责任感强，要求人格特质与人品的统一。

（4）对情绪情感予以接纳，用理性思考并合理调节情绪。大学生要不断加强理性思考，提高心理成熟水平，提升社会适应能力。

（5）能够不断地获取新知识，带着好奇心探索未知，保持开放的心态。

长大成人和人格健全并非意味着无拘无束。能够为自己的行为负责任，才是长大成人的最重要的标志。这其中必不可少的还有社会适应能力、对他人的兴趣以及合作精神。

延伸阅读

【人格健康的 15 个特征】

美国心理学家马斯洛对他认为人格健康的 49 个人进行了深入细致的研究,提出了人格健康的 15 个特征,目前已成为人们经常引用的人格健康的标准:

1. 正视现实。自我实现者有洞察生活的能力,能准确地知觉现实,而不是按照自己的需要看待世界。其认识较少受到焦虑、恐惧、盲目乐观或主观的歪曲。

2. 接纳自我。自我实现者能够平静地、毫无抱怨地对自己的优点和缺点加以承认,并不因此感到羞愧,他们能按照事实的本来面貌承认自己的一切。

3. 言行坦率。自我实现者能够很自然坦诚地表达自己的情绪,当这些情绪表现会伤害别人时,能够很好地隐藏。

4. 热爱事业,乐于工作。自我实现者能够献身于某种任务、事业,并全力以赴。工作对于他们不只是谋求生计的途径,还是快乐的源泉。

5. 永不衰退的欣赏能力。他们能够以愉快的心理体验生活中的事件,从不为生活经历感到烦恼,生活本身令他们心醉神往。

6. 同情关心他人。自我实现者对于所有人都有强烈而深厚的情感,有帮助他人的愿望,能在帮助他人中感受到幸福。

7. 独立独处。他们依靠的只是自己,很少依赖外部世界,能自我引导、自我管理、自我负责自己的生活和命运。

8. 高峰体验。自我实现的人常常处于自我陶醉之中。他们常以审美的眼光观察事物,即使是平淡的日常生活,在他们看来都是无限美好富有诗意的。

9. 自主的独立于环境的倾向。自我实现者在任何环境因素的干扰下,都能独立思考,并且具有强烈的自制力。

10. 与所有的人平等相处,打成一片。自我实现者不计较他人的社会阶层、出身、教育、信仰等因素,均能与任何适当的人友好相处,宽容和接受他们。

11. 人际关系深刻。自我实现者和朋友不仅仅是友好相处,更能与他人建立深厚持久的个人友谊,数量不多但深切充实。

12. 毫无恶意的幽默感。自我实现者不开伤害或贬低他人的玩笑,却能够以一种诙谐风趣的方式取笑自己。

13. 信守道德标准。自我实现者能区分手段和目的,认为目的比手段更重要,他们有着明确的伦理道德标准,并能在一切场合坚守这些标准。

14. 富有创造力。这不仅指著书、作曲、创造艺术品,更多地反映在日常生活中,他们在日常生活中观察、理解、评价他人、他事时,也有自己独特的不依赖他人的观点,不人云亦云,墨守成规。

15. 不随波逐流。自我实现者能够走自己的道路,在重大人生问题上能顶住周围环境的压力,坚持自己的观点。

三、积极的人格特质

（一）认识积极人格特质

20世纪末，美国心理学界兴起了一个新的研究思潮，这就是积极心理学。积极心理学的研究内容有积极的情绪、积极的人格特质和积极的组织与文化，根本目的是增进人类的幸福、促进社会的繁荣。在积极心理学研究中，积极的人格特质引起了越来越多的研究者的兴趣。有研究者对积极的人格特质与消极的人格特质进行了区分，认为积极的人格特征中存在两个独立的维度：① 正性的利己特征。指接受自我，具有个人生活目标或能感觉到生活的意义，感觉独立，感觉到成功或者是能够把握环境和环境的挑战。② 与他人的积极关系。指的是当自己需要的时候能获得他人的支持，在别人需要的时候愿意并且由能力提供帮助，看重与他人的关系并对已达到的与他人的关系表示满意。《优秀品质和美德》一书中将人类的美德归纳为六大类，而每种美德中还包含着几种人格上的优秀品质，共二十四种积极人格品质。

表 2-5 六大类二十四种积极人格品质

类别	积极人格品质
智慧和知识	创造力、好奇心、开放的思想、热爱学习、视野
勇气	真实性、勇敢、坚持不懈、热情
仁慈	友善、爱、社交智能
正义	公平、领导能力、团队精神
自制	宽恕、谦虚、谨慎、自律
超越自我	欣赏美和完美、感恩、希望、幽默、宗教信仰

积极心理学家认为，所有积极人格品质都符合以下十二条标准：

（1）这些优秀品质必须是普遍存在的，是被世界上大多数文化所认可的。

（2）这些优秀品质会使人感到满足而充实，使人感到生活上的完善和幸福。

（3）这些优秀品质是有道德价值的，它们自身是得到重视和珍惜的，而且它们是达到目的的手段。

（4）这些优秀品质的特性是拥有这些优秀品质的人不贬低没有具备这些优秀品质的人，而且只受到钦佩而不招惹嫉妒。

（5）这些优秀品质有其对立面，有明显带有负面含义的反义词。

（6）这些优秀品质有近似个人品格，就像一个人的人格一样有概括性和稳定性。

（7）这些优秀品质是可衡量的。

（8）这些优秀品质都是独特的，与其他的优秀品质完全不同。

（9）这些优秀品质在历史中可以找到有代表性的范本，可以一目了然地体现在某个人身上。

（10）这些优秀品质会较早地体现在一些儿童身上，使他们成为拥有优秀品质的天才。

（11）这些优秀品质会在一小部分人中不存在。

（12）社会中的常规、习俗和礼仪会特意地培养这些优秀品质。

（二）了解自己人格中的积极品质

积极人格品质的存在是积极心理学得以建立的基础，当人们发现和善用自己的优点，进行有意义的活动时，会产生愉快的情绪，主观幸福感会提升。研究发现，通过积极心理干预练习，能够帮助人们建立积极的生活态度、过上快乐的生活。

心理测验

【积极人格品质调查】

请你仔细阅读下面各项积极人格品质，在符合自己情况的数字上画圈。"1"表示从来没有，"2"表示绝大多数时间没有，"3"表示多半时间没有，"4"表示半数时间有，"5"表示多半时间有，"6"表示绝大多数时间有，"7"表示所有时间都有。每一条只能选择一个数字，请根据实际情况认真填写。

创造性或灵活性	1	2	3	4	5	6	7
好奇心或兴趣	1	2	3	4	5	6	7
开放、虚心	1	2	3	4	5	6	7
爱学习	1	2	3	4	5	6	7
远见或智慧	1	2	3	4	5	6	7
勇敢和勇气	1	2	3	4	5	6	7
坚定不移和持之以恒、勤奋、刻苦	1	2	3	4	5	6	7
诚实或真诚	1	2	3	4	5	6	7
热情或激情	1	2	3	4	5	6	7
爱或依恋	1	2	3	4	5	6	7
仁慈或慷慨	1	2	3	4	5	6	7
社会智力或社交技巧	1	2	3	4	5	6	7
忠诚和协作	1	2	3	4	5	6	7
公平、正直	1	2	3	4	5	6	7
领导能力	1	2	3	4	5	6	7
宽恕或仁慈	1	2	3	4	5	6	7
谦虚	1	2	3	4	5	6	7
谨慎、判断力	1	2	3	4	5	6	7
自制或自我调节	1	2	3	4	5	6	7
对美的欣赏或敬慕	1	2	3	4	5	6	7

感恩	1	2	3	4	5	6	7
希望或乐观	1	2	3	4	5	6	7
有趣或幽默	1	2	3	4	5	6	7
信念或精神	1	2	3	4	5	6	7

在这份问卷中,你排在前五项的积极人格品质是(请按顺序填写)

1. _____　2. _____　3. _____　4. _____　5. _____

在今后的学习、生活中,你打算怎样善用你的优点?

_____

_____

四、完善人格的方法

(一)设定目标

目标是一个人的心理需求的反映,也是一个人性格的流露。当一个人不知为何而活,他就失去了前进的方向和动力,也就谈不上人格的优化。世上没有两片相同的树叶,每个人的生活方式、努力方向也不可能与别人相同,何去何从,需要从自己的实际出发去思考。每个人都有自身独特的价值,改变自己并非全然抛弃自己,东施效颦、邯郸学步只能适得其反。因此,优化人格也需从自身实际出发,扬长避短,因人制宜。认真思考自己的人格中需要改变什么,根据自身目标的要求,来确立自己努力的方向。

(二)树立良好心态

人格是相对稳定的特质。一方面,在大学阶段,大学生可以通过自己有意识的努力形成积极乐观的健全人格;另一方面,也要注意到人格一旦形成,在一定程度上往往难以改变。一般而言,我们所说的好个性往往包含良好的心态,大学生可以有意识培养自己乐观、感恩的心态。积极心态就是把心理能量集中在可能而不是不可能上,你可以采用以下四种态度来培养自己的积极心态。

一是不要扮演一个受害者,而是以主动参与者、改变者的角色投入你所做的事情,这会将你的机遇最大化。

二是听从你的直觉,跟随你内心的感觉而不是那些会让你退缩、恐惧的声音。

三是把注意力集中在积极的事情上,冒一些可以预计的风险,见一些不认识的人,尝试一些新的活动,这样可以增加拓展思维的机会,并有可能增加你设定和实现新目标的机会。

四是在糟糕的情境中寻找积极的一面,每一种情境都有好的一面和坏的一面,在每个时刻都是由你来决定什么是好的,什么是坏的。

(三)培养良好习惯

所谓习惯,就是人在一定情况下自然而然或自动化地去进行某些动作的习得的倾向。如有人习惯早睡早起,习惯把物品摆放整齐,而有人习惯睡懒觉、乱扔垃圾等。一个人之所以会表现出某种特殊的习惯,乃是由于一定的情境刺激和他的某些有关动作在大脑皮质中形成了巩固的暂时神经联系。

人格可以划分为不同的水平,第一个水平是类型,第二个水平是特质,特质下面就是习惯。一系列的习惯决定人的特质,比如善交际是由爱说话、善于与人交流等一系列有关的习惯组成的。习惯的下面就是一般的行为表现。这些行为可能是偶尔出现的,不具有典型意义的,但是这些行为多了以后就会形成习惯。

由此我们可以看出,习惯是人格的基础,养成良好习惯是培养良好人格的重要途径。威廉·詹姆斯说:"播下一个行动,收获一种习惯;播下一种习惯,收获一种性格;播下一种性格,收获一种命运。"习惯最终会成为一个人性格中的一部分。首先我们培养习惯,后来习惯塑造我们。习惯有好坏之分,好的习惯助人成功,坏的习惯使人受挫。如果我们想收获成功和幸福,就必须建立好习惯,克服坏习惯。

1. 克服坏习惯

首先研究一下你的习惯。你可以花一周的时间去观察自己的习惯,好好想一想,自己被什么习惯牵着鼻子走? 指出坏习惯到底是什么,并注意看自己什么时候会去做那个习惯性动作。如果自己事前对一种习惯知道得越多,就越有可能改掉它。然后就需要采取行动戒掉坏习惯。在改掉坏习惯的过程中,必须对自我进行严格的强制,必须使不好的习惯永无重复的机会。许多人之所以不能彻底破除不良习惯,往往在于例外太多。实际上,100%的坚持比80%的坚持更容易实现。

2. 培养好习惯

一方面我们要努力克服自己身上的坏习惯,另一方面培养一种好习惯也会让我们受益无穷。好习惯是成功的关键所在,我们必须有意识地构建新的日常行为方式,有目的地去生活。习惯不仅仅意味着行为方面的惯性,还包括我们思维方面的习惯,即固定不变的思维方式、一贯的思考问题的立场和角度等。如果我们能改变自己思考的习惯,那么问题就解决一大半了。

顺利培养习惯的三个阶段:

(1) 反抗期:第1~7天,很想放弃。

(2) 不稳定期:第8~21天,容易被影响。

(3) 倦怠期:第22~30天,感到厌烦。

每个阶段都有其相对应的"开关",习惯培养是一个培养好后,再去执行另一个的习惯养成。如果一个人只是应付性的,而不是想着这个习惯对自己是有多大帮助,那这样的习惯养成最终会是以失败告终的。也不要贪心,想多个习惯一起培养,只会让自己越来越累,导致无法养成好习惯。习惯培养不在于多,在于是否是有质量的养成好习惯,是否能持续去做这个习惯动作。

第 1 天～第 7 天	第 8 天～第 21 天	第 22 天～第 30 天
很想放弃	容易被影响	感到厌烦

失败率 42%	失败率 40%	失败率 18%
总之就是撑下去	建立习惯机制	加上变化
对策①以婴儿学步开始 对策②简单记录	对策①模式化 对策②设定例外规则 对策③设定持续开关	对策①加上变化 对策②计划下一项习惯

图 2-1　培养习惯的三个阶段

我们要特别注意，当新习惯逐渐形成之际，尤其是在头几周，我们必须特别提醒自己不能破例。我们要对自己严厉些，只要坚持每天开始的前几分钟，以及两周内的每一天，我们将拥有一个可贵的新习惯。

心理训练

【更新你的习惯】

1. 列出你的良好习惯及收获：

_____

_____

2. 列出你的不良习惯及损失：

_____

_____

3. 列出自己准备为改正不良习惯而采取的措施：

_____

_____

第四节　完善自我
——自我欣赏与悦纳

大学生自我意识的发展与完善，始终昭示着一条通往未来的光明大道，自我意识的完善也是一个不断地进行自我认知、自我评价、自我改造和自我完善的过程，正如雕琢一件工艺品一样,为了达到完美的程度而不懈地努力。健全的自我意识不但是一个人心理健康的有效保证,也是一个人完善自我、实现自我价值的重要途径。健全的自我意识表现为认识和对待自己的统一。一方面要能正确地分析自己、观察自己、评价自己,即自知;另一方面即使自己有不尽人意之处,也能肯定自己、接纳自己,即自爱。从而在此基础之上能够客观地对待自我,有效地控制自我,实现自我的改造与完善。

心理测验

【自我和谐量表(SCCS)】

自我和谐量表(Self-Consistency and Congruence Scale,SCCS)由北京大学心理系王登峰等1994年编制而成,它由3个子量表组成,即自我与经验的不一致、自我灵活性和自我刻板性,共计35个项目,每个维度的项目数分别为16、12、7。该量表为5级评定量表,分量表得分为各维度下题目得分总和。自我和谐总分是三个分量表得分的累加,但是必须要对自我灵活性分量表进行反向计分。量表的得分越高,自我和谐水平越低。

下面是一些个人对自己看法的陈述,填答时,请你看清每句话的意思,然后圈选一个数字("1"代表该句话完全不符合你的情况,"2"代表比较不符合你的情况,"3"代表不确定,"4"代表比较符合你的情况,"5"代表完全符合你的情况)以代表该句话与你现在对自己的看法相符合的程度,每个人对自己的看法都有其独特性,因此答案是没有对错的,你只要如实回答就行了。

1. 我周围的人往往觉得我对自己的看法有些矛盾;　　　　　　1 2 3 4 5
2. 有时我会对自己在某方面的表现不满意;　　　　　　　　　1 2 3 4 5
3. 每当遇到困难,我总是首先分析造成困难的原因;　　　　　1 2 3 4 5
4. 我很难恰当表达我对别人的情感反应;　　　　　　　　　　1 2 3 4 5
5. 我对很多事情都有自己的观点,但我并不要求别人也与我一样;　　　　　　　　　　　　　　　　　　　　　　　　　　　1 2 3 4 5

6. 我一旦形成对事物的看法,就不会再改变;　　　　　　　　1 2 3 4 5
7. 我经常对自己的行为不满意;　　　　　　　　　　　　　　1 2 3 4 5
8. 尽管有时得做一些不愿意的事,但我基本上是按自己意愿办事的;　　　　　　　　　　　　　　　　　　　　　　　　　　　1 2 3 4 5
9. 一件事好是好,不好是不好,没有什么可含糊的;　　　　　1 2 3 4 5
10. 如果我在某件事上不顺利,我就往往会怀疑自己的能力;　　　　　　　　　　　　　　　　　　　　　　　　　　　　　　1 2 3 4 5

11. 我至少有几个知心朋友;　　　　　　　　　　　　　　　　1 2 3 4 5
12. 我觉得我所做的很多事情都是不该做的;　　　　　　　　　1 2 3 4 5
13. 不论别人怎么说,我的观点绝不改变;　　　　　　　　　　1 2 3 4 5
14. 别人常常会误解我对他们的好意;　　　　　　　　　　　　1 2 3 4 5

15. 很多情况下我不得不对自己的能力表示怀疑；　　　　1　2　3　4　5

16. 我朋友中有些是与我截然不同的人,这并不影响我们的关系；

　　　　　　　　　　　　　　　　　　　　　　　　　1　2　3　4　5

17. 与朋友交往过多容易暴露自己的隐私；　　　　　　1　2　3　4　5

18. 我很了解自己对周围人的情感；　　　　　　　　　1　2　3　4　5

19. 我觉得自己目前的处境与我的要求相距太远；　　　1　2　3　4　5

20. 我很少去想自己所做的事是否应该；　　　　　　　1　2　3　4　5

21. 我所遇到的很多问题都无法自己解决；　　　　　　1　2　3　4　5

22. 我很清楚自己是什么样的人；　　　　　　　　　　1　2　3　4　5

23. 我很能自如地表达我所要表达的意思；　　　　　　1　2　3　4　5

24. 如果有足够的证据,我也可以改变自己的观点；　　1　2　3　4　5

25. 我很少考虑自己是一个什么样的人；　　　　　　　1　2　3　4　5

26. 把心里话告诉别人不仅得不到帮助,还可能招致麻烦；1　2　3　4　5

27. 在遇到问题时,我总觉得别人都离我很远；　　　　1　2　3　4　5

28. 我觉得很难发挥出自己应有的水平；　　　　　　　1　2　3　4　5

29. 我很担心自己的所作所为会引起别人的误解；　　　1　2　3　4　5

30. 如果我发现自己某些方面表现不佳,总希望尽快弥补；1　2　3　4　5

31. 每个人都在忙自己的事,很难与他们沟通；　　　　1　2　3　4　5

32. 我认为能力再强的人也可能遇上难题；　　　　　　1　2　3　4　5

33. 我经常感到自己是孤独无援的；　　　　　　　　　1　2　3　4　5

34. 一旦遇到麻烦,无论怎样做都无济于事；　　　　　1　2　3　4　5

35. 我总能清楚地了解自己的感受。　　　　　　　　　1　2　3　4　5

【计分方法及解释】

各分量表的得分为其所包含的项目分直接相加。三个分量表包含的项目及题号如表2-6。

表2-6　各量表计分项目及参考标准

	包含题目	大学生常模	自测分数
自我与经验的不和谐	1、4、7、10、12、14、15、17、19、21、23、27、28、29、31、33 共16项	46.13±10.01	
自我的灵活性	2、3、5、8、11、16、18、22、24、30、32、35 共12项	45.44±7.44	
自我的刻板性	6、9、13、20、25、26、34 共7项	18.12±5.09	

"自我与经验的不和谐"反映的是自我与经验之间的关系,包含对能力和情感的自我评价、自我一致性、无助感等,它所产生的症状更多地反映了对经验的不合理期望。

"自我的灵活性"与敌对、恐怖的相关显著,可以预示自我概念的刻板和僵化。

"自我的刻板性"不仅同质性信度较低,而且与偏执有显著相关,使用仍然在探索中。

此外还可以计算总分,方法是将"自我的灵活性"反向计分,再与其他两个分量表得分相加。得分越高自我和谐程度越低,大学生中,低于 74 分为低分组,75～102 分为中间组,103 分以上为高分组。

心理解读

一、正确地认识自我

现在的人们创造着丰富的科学文化知识,可以说上到天文下到地理无所不知。但人类社会进步到今天,我们仍然面临一个最大的也是永恒的课题——认识自我。认识自我,就是要客观全面地认识,既要认识自己的生理特点,也要认识自己的理想、价值观、兴趣爱好、能力、性格等心理特点,也要认识自己的优势、劣势、自己的与众不同和发展潜力;认识自我,就是要实事求是地评价自我,既不高估自己,也不贬低自己。大学生一般可以通过以下几个途径来认识自己。

(一)比较法——从我与他人的关系认识自我

他人是反映自我的镜子,与他人交往是个人获得自我认识的重要来源,个人对自己的评价往往是以其他人的评价为参照,人们在相互交往中不断深化对自己的认识。大学生一般很在乎别人对自己的看法,尤其是有影响力的评价者。他们对别人的评价往往引起两方面的反应:一方面积极地接受别人的看法,另一方面也许认为别人的评价不符合自己的实际。因此,在通过和他人比较认识自己时,要注意选择比较的参照系。

(1)比较行动后的结果而非行动前的条件。大学生来大学学习,如果认为自己来自农村,条件不如别人,开始就置自己于低人一等的地位,心态自然受到影响,而实际上要看进入大学之后的成绩和大学毕业后的发展才有意义。

(2)比较要依据相对标准和可变标准。经常有大学生认为自己不如他人,其实他们关注的可能是身高、家世等不能改变的条件,没有实际比较的意义。

(3)比较的对象应该与自己条件相类似。与比自己能力水平高很多或特别不如自己的人,比较都没有太大的价值。

另外对待他人对自己的评价时,应注意评价的准确性、全面性、公正性,在听取他人的评价时不能全盘接受或全盘否定,要经过取舍,应注意与自己关系密切的人对自己的评价;应注意人数众多、异口同声的评价;应注意分析评价者所持的态度、观点,然后有选择地接受,形成关于自我的正确概念。

(二)经验法——从我与事的关系认识自我

经验法是指从自身的经历中了解自己。一般人通过自己所取得的成绩及社会影响力来分析自己,却又常常过分看重成败经验。其实一个人无论成功与失败的经验和才识都是一种学习,所谓不经一事,不长一智。成败得失,其经验的价值也因人而异。对聪明又善用智慧的人来说,不管成功还是失败的经验都可以促使他取得成功,因为他们了解自己,有坚强的人格特征,善于学习,因而可以避免重蹈覆辙。但对于自我意识还不够稳固的大学生而言,他们或者不能从失败中吸取教训,不懂得改变策略追求成功,而且挫败后形成害怕失败的心理,不敢面对现实去应付困境或挑战,以至于失去许多良机;或者为侥幸取得的成功感到骄傲,以后做事便高估自己,这使得成功反可能成为失败之源。因此大学生对于在成败经验中获得的自我认识也要细加分析和甄别。

(三)反省法——从我与己的关系中认识自我

古人云"吾日三省吾身",从我与己的关系中反思、反省,是认识自我的一条重要路径。我们大概可以从以下几个"我"中去认识自己。

(1)自己眼中的我。个人实际观察到的客观的我,包括身体、容貌、性格、气质、能力等。

(2)别人眼中的我。与别人交往时,由别人对你的态度、情感反应而觉察自我。不同关系的人对自己的反应和评价不同,它是个人从多数人对自己的反应进行归纳的结果。

(3)自己心中的我。也指自己对自己的期许,即理想自我。

除了上述方法外,现代社会发达的信息来源为大学生认识自我提供了现代科学化途径,还可以通过心理测验、量表、仪器等工具来认识自己,但要注意鉴别这些工具的可信度和有效性,对心理测验等的结果解释也要辩证看待,不可由此对自己妄下定论。

心理小贴士

【乔韩窗口理论】

美国心理学家乔(Jone)和韩瑞(Hary)提出关于人自我认识的窗口理论,此理论用他们两人的名字命名,即乔韩窗口理论。他们认为,人对自己的认识是一个不断探索的过程,每个人的自我都有四个部分:公开的我、盲目的我、秘密的我、潜在的我。

表 2-7　乔韩窗口理论自我分类

类别		自我观察	
		认识到	未认识到
他人观察	认识到	A 公开的我	B 盲目的我
	未认识到	C 秘密的我	D 潜在的我

每个人的自我都由这四部分组成,但其比例是不同的,而且伴随着个人的成长与生活经历的变化,自我的四个部分也会发生变化。通过动态调整这四个部分所占的比例,能够促进人对于自我的认识。

A．"公开的我"部分越大，自我意识就越正确，自我评价就越全面，心理就越健康，越有利于自身发展。

B．"盲目的我"部分越大，说明对自我认识偏差大，可能盲目夸大了自己的优点和缺点，盲目自负或自卑。因此这部分越小越好。

C．"秘密的我"每个人都有，但这部分越大，表明越害怕别人看清自己，进而否定自己，总是按照别人对自己的评价和期许来表现自己，隐藏真实的自我。因此这部分越小越好。

D．"潜在的我"表示自我当中未知的部分和潜能，这部分的存在使我们无法完全认识自己，也是需要未来不断去探索的部分。

二、积极地悦纳自己

在对待自我的态度上有两种情况：一是自我认可，既看到自己的优点和长处，又承认自己的缺点和不足，对自己给予基本肯定，与之相联系的是自尊和自信的自我体验。二是自我拒绝，对自己作出消极评价，夸大自己的缺点和不足，甚至否认自己存在的价值，与之相联系的是自卑的自我体验。

想一想你身边是否有这样一些人：他虽然没有出众的外貌，却可以自信地接受异性投来的目光；他可能没有出色的口才，却可以在公共场合自信地发言；他可能来自偏远的山区，却可以自豪地谈论自己的家乡和童年的趣事……有人或许会困惑，这些人并没有优越的家庭背景和出众的才华，却为什么能那么自信呢？可能的答案是，一般来说自卑者接纳自己是有条件的，自信者接纳自己则是无条件的。

心理案例

【接纳不完美的自己】一位大一学生的感悟

我过去一直挺要强的，本着"要么不做，要么就尽力做到最好"的原则，做任何事都想要做好，认真、尽善尽美，我觉得这是我的优点之一。但凡事都不能走极端，有些时候不管我怎么努力，都达不到"完美"的标准，这时就会怀疑自己，尤其是当别人轻易做到了时，我还会产生嫉妒之心。

这种痛苦折磨着我，以至于我不敢尝试去做可能成功也可能失败的事，害怕暴露自己的缺点。我后来意识到"即使做得不完美，我仍然是值得被爱的，仍然是有价值的"，我才看到了更加真实、更加完整的自己。我以前不敢直面自己的不足，现在我知道那些不足也是我的一部分。虽然我并不完美，但我会以更加积极、更正面的方式去接纳那些不完美，给自己更多的机会去尝试。

自信者的自我接纳是无条件的，或者说他没有在接纳自己前设定必须要达到的标准。人本身的价值不容置疑，不需要别的证明，因为自我接纳是无条件的，因此自信的"我"可以有不足，可以失败，也可以不完美，这都不影响"我"存在。他们的心理和行为特征通常表现为追求开放的结果，不会有诸如"我一定要成功""我必须要得到大家的认可"等设定,他们知道失败和错误是正常的,是学习和成长的新起点。这种理念可以减少个体因结果不好而分散精力的情况发生,从而把更多的精力集中于提升自我、发展个人潜能的事情上,他们承受失败和挫折的能力更强,也更敢于面对自己的不足,因而更有可能获得成功。

自卑者的自我接纳建立在一系列条件上,只有达到了某些条件,自卑者才能认可自己的价值,如拥有好成绩和好容貌、大家都认可和喜欢自己等。只有拥有这些条件,得到认可、赞扬或被他人羡慕时,他才感觉自信。因此,自卑者的自信不是真正的自信,因为他们对自己的评价以他人的评价和标准为转移,非常的脆弱。自卑者的精力主要放在避免失败或显示力量上,避免失败可以免于自我否定,显示力量可以为自信加分,然而这两件事情通常不能真正提升个体的能力。根据个人能力和境况的差异,自卑者可能出现这样两种结果:一种是我很成功,但我很自卑;我很优秀,但我不快乐。另外一种是我很失败,所以我很自卑;我很差劲,所以我很不快乐。

悦纳自我是培养积极、健康的自我体验的关键和核心。悦纳自我就是要对自己本来面目抱认可、肯定的态度,是建立在对自己的全面了解基础之上对自己的接纳。"尺有所短,寸有所长",每个人都有短处和缺陷,其中有的是无法补救的,或只能做有限的改善,但这并不妨碍我们去追求自我价值的实现。我们应该实事求是地正视自己,平静而理智地看待自己的长处与短处,冷静地对待自己的得与失,这样的自我悦纳才能产生自我价值感。通过以上分析我们可以看出,真正的自信与一个人拥有的东西没有直接的关系。我们总是寄希望于外界的变化来改变自己,那只会让我们失望,不妨放下这种执念,从现在开始无条件地接纳自己,从内心开始改变。

成长链接

【天生我材必有用】

请你补充完成下面的语句。

我最欣赏自己的外表是＿＿＿＿＿＿＿＿＿＿＿＿＿＿＿＿＿＿＿＿＿

我最欣赏自己对朋友的态度是＿＿＿＿＿＿＿＿＿＿＿＿＿＿＿＿＿

我最欣赏自己对学习的态度是＿＿＿＿＿＿＿＿＿＿＿＿＿＿＿＿＿

我最欣赏自己的一次成功经历是＿＿＿＿＿＿＿＿＿＿＿＿＿＿＿＿

我最欣赏自己的性格是＿＿＿＿＿＿＿＿＿＿＿＿＿＿＿＿＿＿＿＿

我最欣赏自己对家人的态度是＿＿＿＿＿＿＿＿＿＿＿＿＿＿＿＿＿

我最欣赏自己做事的态度是＿＿＿＿＿＿＿＿＿＿＿＿＿＿＿＿＿＿

我最欣赏自己的优点是＿＿＿＿＿＿＿＿＿＿＿＿＿＿＿＿＿＿＿＿

写完后请与周围的朋友交流,你会发现每一个人都很优秀!

三、有效地控制自我

客观地对待自我包括两个方面:积极悦纳自我和有效控制自我。自我控制是主动定向改造自我的过程,也是个体对待自己的态度的具体化过程,是健全自我意识和完善自我的根本途径。大学生要有效地控制自我可以从以下几方面努力:

(1)建立合乎自我实际情况的抱负水平,确立合适的理想自我。也就是说要面对现实,确定自己的具体奋斗目标。首先要明确社会的要求,每个人只有立足社会,从个人实际出发,使自己的行为和社会要求保持一致,才是切实可行的。其次要把远大的理想分解成一个个远近高低不同的子目标,由近及远、由低到高,循序渐进,逐步加以实现。

(2)培养良好的意志品质。意志是行动的保障,只有意志品质良好,才能有效地调节控制自我,不断接近理想自我。否则,自我的成长就停留在了认知的层面,成了空谈。良好的意志品质具体表现在:自觉地确立自我调控的目标,果断地放弃与目标不符的想法与行为,并努力使自己回到正确的轨道上,自觉抵制诱惑使自己坚持正确的想法与行为,最终达到目标。

📖 成长链接

【拥抱自信的自己】

当对自己没有信心,觉得自己不如别人时,可以采用如下方法:

1. 停止批评和责备自己。

2. 停止和别人比较。

3. 接纳自己的不完善。

4. 学习使用积极而正面的自我对话。

5. 将自己的优点列出来每周浏览一次。

6. 学会珍惜自己所拥有的。

7. 欣赏自己的独特性。

☕ 心理保健

【欣赏与接纳】

1. 做自己的父母

改写自我中父母的程序。方法是,问自己:"当我还是一个孩子时,我希望父母与我建立一种什么样的关系,我现在就尝试与自己建立什么样的关系。"例如,当你考试不理想、心情沮丧、感到脆弱时,你希望父母怎样做,你就怎样对自己。

2. 做自己的朋友

建立自我支持的声音。方法是,当你自我责难时,想一想,如果你的好朋友遇到了类似的事情,他来找你倾诉,你会怎样对他说,你就怎样对自己说,这也是一种重要的自我劫难的方法。

3. 尊重差异

真正懂得尊重自己的人也一定懂得尊重别人,即尊重差异。尊重差异是真正的平等精神,平等绝不是用一个标准来衡量,恰是尊重每个个体的独特性,因此尊重自己和尊重他人根本就不矛盾。在一些并非原则性的问题上,我们可以使用"我喜欢……"来尊重自己的看法,尊重人与人之间的差异。例如,我喜欢这个口味,我喜欢红色……

心理训练

【冥想练习】

请同学们闭上眼睛,调整呼吸,伴随音乐聆听冥想词,通过冥想体验自己的独特性。

或许,你很少想过欣赏自己,当提到自己的独一无二时,也感觉不太熟悉,没有关系,你只是允许自己去体验、感受一下这种状态。你可以欣赏自己而不必涉及其他任何人——知道自己是一个独一无二的人,虽然与其他人有着共同之处,但是,你所有的组合与这世上其他任何人都不同:不同于你的母亲、父亲、姐妹或朋友。

你是独特的。当你更加倾向于接纳自己的独特性,欣赏自己,感到这样做是一件很自然的事情时,留意一下你的身体会发生些什么。是否有一个笑容在心里,是否想要微笑或放松?

大多数人对于欣赏自己这个想法比较陌生,没有关系,今天可以是一个新的开始,尝试到内心深处保存你的宝藏并用你的名字命名那个地方。当你很顺利地去到那里时,留意你的资源,你作为一个人的所有资源。

你可以将这些冥想词录下来,每天晚上睡前听。坚持做下来,看看会有哪些不同的体验。

第三章　学会学习　为成才奠基
——大学生学习心理调适

学习导读

联合国教科文组织在《教育——财富蕴藏其中》中提出面向 21 世纪教育的四大支柱是学会认知、学会做事、学会共同生活和学会发展。其中首推第一位的就是学会认知，也就是学会学习，即知道知识在哪里、怎样获取知识、怎样利用知识以及怎样创新知识。进入大学之后，第一次不再由父母安排生活和学习中的一切，开始追求自己的兴趣、理想，自由地处置生活和学习中的各类问题，支配所有属于自己的时间。大学阶段学习重要吗？我们为什么要学习？大学生该学什么？怎么学？这些问题是每一个大学生都会面临和需要解决的。每个人对这些问题的重视程度不同，思考的结果不同，付诸的行动不同，都会直接影响大学生怎样度过大学阶段，乃至会成为什么样的人才，将以怎样的面貌步入社会。高职院校的学生，随着学习生活由基础教育向高等职业教育转变，发展方向由升学为主向就业为主转变，许多同学在学习动机、学习方式和学习策略等方面面临着困扰。只有解决好这些问题，才能不断提高学习效率，拥有精彩的大学生活。

第一节　学而时习之
——学习心理概述

心理案例

【同伴分享】我该怎样学习

大学一年级学生余某，18 岁，来自农村，文静内向。家人对她的期望值很高，中学时成绩优异，上大学后准备大展宏图努力学习，以优异成绩完成大学学业。可是入学不久就渐渐悲观失望起来，因为她发现大学的学习和中学不太一样，老师讲完课就走了，基本上只在课堂上见到老师，而且老师上完课常常不留作业。每天只上几节课，其他时间都自己自由支配，宿舍的同学不是在睡觉，就是在看视频、小说。刚开始她觉得这样很轻松，后来却越来越不踏实，担心这样下去什么都不会，到期末考试怎么办啊，大学就这样糊里糊涂地过吗？她心里很焦虑，但是又不知道该怎么办。

心理解读

说起学习,每一个人都不会觉得陌生,因为我们每个人都已经有十几年的学习经验。可是,你真的会学习吗?你认真思考过大学学习和以前学习的不同吗?

一、学习的含义

学习是人类获取知识和经验的最快捷的方式。真正意义上的学习,乃是人类特有的活动。人类依靠学习,在不断认识和改造客观世界的过程中,也不断认识和改造着人类本身。通过学习,人类的科学文化知识得以不断传承,经济得以快速发展,社会文明程度得以迅速提高。人从出生到死亡,学习从未间断,从牙牙学语开始慢慢通过学习了解这个世界。

在我国古代,"学"与"习"两个字一般是分开使用的。就"学"字而言,《辞源》中指出,学就是"仿效"。汉朝的《说文解字》一书认为,学就是"觉悟也"。一般说来,其基本含义是获得知识,主要指获取各种直接与间接经验,有时还兼有思的含义。若对古体的"**學**"字进行剖析,可将其分解为四个部分进行解释。宝盖头上的中间部分表示学习材料或工具,而两边的字形代表双手操作,宝盖代表学习的场所和环境,而下面的子字代表学习的主体。从这个意义上来说,"学"就是在一定的学习环境中,学习主体通过操作学习材料或工具而进行;学习对象、学习方式、学习环境和学习主体即构成了学习的四要素。学习需要一定的学习材料和工具,也就是学习对象,从而支持和促进学习的发生和知识的掌握;学习需要学习者动手对学习材料进行操作和探索,这也体现出了直接经验对个体学习的重要性;学习的环境所含范围广泛,不仅仅局限于学校,学校以外的广大社会环境才是更大的学习场所;学习要有学习主体的积极参与,只注重传授知识、学生被动吸收的方式对于学习者来说并不是真正的"学"。

图 3-1 "学""习"篆书体

就"习"字而言,《辞源》中指出"习"就是"复习、练习",其本意为白色的羽毛,会意为小鸟在练习飞翔。台湾地区出版的《中文大辞典》认为,"习"就是"训练也""娴熟也",一般说来,其基本含义是复习巩固,有时兼有行的意思。从"习"字的甲骨文字形来看,该字的含义主要是:"习"字上面部分是一个"羽"字,它表示"翅膀"的意思,翅膀使得鸟儿会飞,也就是说初学者有学习的能力和条件;"习"字下面是一个"日"字,意思是小鸟在太阳下练习飞翔,寓意是鼓励学习者要像鸟儿一样要有自己远大的理想和目标。因此"习"要求学习者既要像鸟儿一样不断地练习以求达到会飞,而且还要在飞的过程中不断给自己设定更高的目标以促使自己的不断进步。

从中可以看出,中国传统文化中的"学习"包含"学"与"习"两个方面。"学"是指人的认识活动,而"习"则是指人的实践活动,即知与行的关系,把二者统一起来才构成了完整的学习概念。同时结合对"学""习"二字的分析可以看出,真正的学习具有以下几个特征:第一,学习者的积极主动的参与和思考,被动地接受知识算不上真正的"学";第二,学习者一定要有自己的理想和目标,缺乏学习的心向和目的算不上真正的"习"。

进入21世纪,科学技术不断进步,知识门类不断激增,知识更新周期不断缩短,学习已经不再是储蓄知识的被动活动,社会也并非真正地需要成堆的知识分子,而是需要大量受过教育、会感觉、会行动、会思考的人。学习作为一种获取知识交流情感的方式,已经成为人们日常生活中不可缺少的一项重要的内容,尤其是在二十一世纪这个知识经济时代,自主学习已是人们不断满足自身需要,充实原有知识结构,获取有价值信息,并最终取得成功的法宝。同时,学习不仅是每个人必经的发展过程,不仅是每个人生存的必要手段,更是成功职业生涯的基本条件。作为当代大学生,要明确学习的价值和目的,树立现代学习理念,成为一个会学习、有能力学习的新时代大学生。

延伸阅读

【现代学习十大理念】

1. 自主学习理念。自主学习是一种能动的学习。它要求大学生有明确的学习目的,自觉适应专业要求和社会需要,积极主动地掌握相关知识、技能和方法,让自己真正成为学习的主人。

2. 全面学习理念。全面学习理念指的是人才必须全面发展,因而学习也应当是全面学习。一是学习的基本要求是"德才兼备",既要学习科学文化知识和专业技术知识,又要学习如何做人。二是在学习过程中,不但要获取知识,更要注重培养运用知识的能力。三是在学习过程中,要处理好"博"与"专"的关系。

3. 创新学习理念。创新学习是把学习当作一种创造性活动,在获取知识的过程中要像前人创造知识时那样去思考,在学习活动中既获取知识,又注意培养和发展自己的创新能力。

4. 终身学习理念。终身学习是指学习始终贯穿于人的一生的观念。学习不仅仅是在学校里进行的,而是人们持续一生都要完成的自我生命更新的过程。在今天科学技术日新月异的时代,学习已成为人们实现自我发展和自我完善的唯一途径,所以,人们必须学习、学习再学习,终身学习,才能跟得上时代发展的步伐。

5. 快速学习理念。自从信息时代来临,就出现了知识爆炸和信息爆炸的现象,人类知识总量正以几何级数递增,新科技知识的积累呈指数化增加的趋势。知识更新速度的加快,就决定了人们学习的速度必须加快,否则,就跟不上时代发展的步伐。

6. 大潜力学习理念。一个人智力水平的发展,受环境、教育和个人主观努力等因素的影响。大潜力学习理念指的是人的智能潜力极大,在学习活动中应当充分挖掘。

7. 科学学习理念。科学学习理念是指人们的学习活动应当科学化,注重用科学的方法学习,使得学习力得到更好的展现。大学生要了解学习的本质,弄清学习与成才的关系,科学地安排学习进度,掌握科学的学习方法,并灵活应用于自己的学习实践之中。

8. 勤奋学习理念。在学习问题上,既要强调学习的科学化,又要继承勤奋学习的优良传统。天才就是勤奋,知识要靠积累。成功绝不是偶然的,是一个人在这个领域勤奋专注的时间足够久,实现量变到质变飞跃的结果。

9. 成才学习理念。成才学习理念是指大学生通过学习而成为国家建设和社会经济发展所需要的具有创新精神和实践能力的高级专门人才的新的理念。大学阶段不仅仅是积累的时期,也是可以为社会承担和解决社会责任和问题的。

10. 实践学习理念。实践学习理念指的是学习离不开实践,学习必须同实践相结合的观念。学习也不仅是掌握理论知识,还要向实践学习、向生活学习,锻炼动手能力,用实践的方法和思维来解决问题。

二、大学阶段学习活动的特点

大学的生活是围绕学习而展开的,学习是大学生活最重要的内容之一。进入大学之后,大学生的学习会发生很多变化。每一个大学生都希望顺利地完成学业,掌握立身社会所需要的真才实学。要想在大学生期间高效地学习,我们首先需要了解大学学习的特点,做到心中有数,有的放矢。

(一) 大学生学习的特点

1. 学习过程的自主性

这是大学学习活动最主要的特点。在中学时代,学习活动主要是由家长、老师安排的,没有多少选择的余地。然而到了大学,学习有了很大程度的自主性,选修的课程、时间的安排和学习的方法在很大程度上是由学生自己决定的,更加重视个体在学习活动中承担角色,强调学习的自觉性与能动性。大学的学习虽然有老师讲课,但老师授课之后的理解、消化、巩固等各个环节主要靠自己独立地去完成,这就需要同学们要有很强的学习自觉性,能够主动地去完成学习任务。另外,大学生自由支配的时间较多,这就要求同学们能充分发挥自己的主观能动性,合理规划安排自己的学习时间和内容,选择适宜的学习方式,从而在有限的时间内能够获得较高的学习效益。

2. 学习内容的专业性

专业性是指学习具有一定的专业指向性和职业定向性的特点。大学学习主要是围绕着如何让大学生尽快成为某一方面的专门人才而组织和进行的,大学的课程内容都是围绕着专业的目标、方向和需要来展开。大学学习的职业定向性较为明确,尤其是对于职业院校的学生来说,专业的划分使得大学学习与未来职业生涯紧密联系。明确自己的专业方向,增强自己对专业的兴趣,是大学生学习的首要动力。同时既要注重专业基础知识和理论的学习,也要重视职业技能与职业发展能力的提高。此外,大学是奠定基础、开阔视野的学习阶段,大学生可以充分利用校园里的各种资源,了解或选修自己感兴趣的课程,拓展自己的兴趣领域和专业能力。

3. 学习方式的多样性

开放式的高校教学模式为学生提供了多种选择。课堂学习仍然是大学阶段学习的主要渠道,但不是唯一渠道。除课堂学习外,社团活动、课外实习、网络学习、社会实践等都是大学生学习的重要途径。这就要求同学们处理好课本知识与课外知识、专业学习与能力培养之间的关系,充分利用各种途径进行学习。

4. 学习目的的探索性

大学学习不仅仅在于掌握知识,更在于探究知识的形成过程,培养解决问题能力。这就要求同学们能够积极探索、勇于创新,寻求和钻研书本结论之外的新观点,那些死记硬背、墨守成规、缺乏灵活性和创造性的大学生将会在学习中感到较多的压力和不适应。此外,为了为未来就业做充分的准备,在大学期间,很多同学也会通过多种方式来探索自己未来的职业方向。

(二) 大学生学习心理的特点

学习心理是人们在学习过程中的心理反应、心理特点和活动规律。大学生的学习心理有其不同的年龄发展阶段的特点和差异性,具体表现在以下几个方面:

1. 智力发展达到高峰

科学研究表明,20～34岁是人生智力发展的鼎盛时期,也是一个系统掌握科学技术知识及出成果的最佳时期。大学生正处于一生智力发展的高峰阶段,因而为高效地完成多种学习任务提供了最基本的智力支持和保障。

2. 学习动机趋向多元化

动机是一切活动的原动力,学习动机是将学习需要和愿望转变为学习行为的心理动因,是直接发动和维持学习行为的内部力量。学习动机可以分为内部动机和外部动机。内部动机来源于学生的内部需要,例如兴趣、自尊心、责任心、成就感、满足感等;外部动机则来源于外部刺激,例如工作升学的需要、父母的期望、获得奖学金及各种荣誉等。大学生的学习动机价值趋向的多元化特征比较明显,内外动机共同作用。同时在此基础上大学生主要以学习的社会意义、人生意义作为学习的深层动力,学习动机达到核心层,比较持久稳定。

三、大学生常见的学习心理困扰

由于大学学习活动内容、方式等的变化,以及来自社会、家庭和自身等方方面面的影响,大学生在学习中经常会出现这样或那样的心理问题,导致学习质量下降,学习效率低下,学习任务不能圆满完成。

心理案例

【迷茫的大学生活】

案例1:小赵虽然考上了大学,但是学习不理想、专业不喜欢,他曾暗下决心,一定要努力学习、全面发展,成为一个高素质的人。然而没过多久,看到周围的同学都不怎么用功,他的思想也开始动摇了,"以前努力是为了考大学,现在努力是为了什么?"他不知道每天该干些什么,往哪个方向发展……

案例2:小张离开了父母的监督和约束,把大学当成自由生活的天堂,每天睡到自然醒、逃课、打游戏,虽然也想好好学习,但实在控制不住自己,直到期末考试出现挂科……

案例3:小杨下决心努力学习,然而她发现以前死记硬背的学习方式已经不能应付大学的学习了,尽管她花费在学习上的时间很多,但是学习效果却不好……

案例4:小吕平时学习很用功,但是她对考试充满焦虑和恐惧,一到考试就发挥失常,这让她很自卑……

以上几个案例映射出大学生在学习生活中常见的心理困扰,可以归纳总结为以下几点:

(一)学习动力缺乏,不想学

学习动力缺乏是指学习没有内在驱动力量,没有明确的学习方向,被动学习甚至不想学习。学习动力缺乏的主要表现有:逃避学习,不愿上课;学习没有目标,没有成就感;注意力易分散,易受外界干扰;被动学习,甚至产生厌学情绪;缺乏适宜的学习方法等。学习动力缺乏的原因可能包括:对大学生的角色定位存在偏差,认为上了大学就轻松了,混个毕业证就行,没有明确的目标;对所学专业不满意,提不起学习兴趣;对当前的学校和学习环境感到失望,不想学习;对就业前景感到迷茫,觉得学习没有用等。当一个学生缺乏学习动力时,相对于其他学生紧张而有节奏的生活,他如同一个局外人,与学习群体不相容,如不及时调整就不可能坚持学习,完成学习任务。

(二)自我管理能力差,学不成

有些同学没有养成良好的学习习惯,自我监督和管理能力差,意志力薄弱,学习"三分钟热度",在学习上稍遇到困难或者受到外界的诱惑就很容易退缩,也不会主动寻求帮助或者战胜困难。还有一些同学没有明确认识到学习才是大学生最主要的任务,而是热衷于各种社会活动,不懂得在学习与其他学生会工作、社团活动之间合理分配时间和精力,从而导致因小失大、顾此失彼。

（三）学习方法不得当，不会学

虽然高中与大学的学习没有天壤之别，但也有很多不同之处。有些同学没有认识到大学学习特点的变化，仍然用以前的老办法来应对新的学习内容和要求，当然不会有好的学习效果。有些同学没有掌握正确的学习方法，不懂得使用学习策略，并合理分配学习时间，因而学习效率低下。还有一些同学平时得过且过，考前挑灯夜战，精神疲惫，成绩不佳。

（四）学习压力大，学不好

有些同学对自己的期望过高，目标与能力不相匹配，当目标难以达成时，就会产生较大的学习压力，出现过度焦虑等不良情绪反应。尤其是当有些同学难以实现自己的目标时，就会产生严重的挫败感，进而出现各种身心症状，进一步产生自卑感或无助感。还有一些同学过于看重成绩，对考试感到焦虑，一到考试就发挥失常，不能取得好的成绩，导致下次考试更加焦虑，形成恶性循环。

第二节　让学习更快乐
——激发学习兴趣和动力

从上述大学生常见的学习心理困扰中可以看到，没动力可能是大学生在学习上会遇到的最大阻碍。实际上，学习动机是直接推动学生进行学习的内部动力。为什么而学习，喜欢学习什么，以及学习的努力程度、积极性、主动性等，都与学习动机有关。

🪐 心理解读

学习动机是指激发个体进行学习活动，维持已引起的学习活动，并使学习行为朝向一定目标的一种内在过程或内部心理状态。它不仅会激发、定向和维持学习行为，还会直接影响学习效果。学习动机是直接推动学生进行学习以达到某种目的的心理动因，即推动学习的主观动力。主要表现为：学生喜欢学、想学、要求学，好像有一个迫切的学习愿望。如果学生不想学，或者不喜欢学，没有学习欲望，学也是被迫的，那就不可能学好。所以有较好的学习动机，是保证学好的前提。

📖 心理测验

【学生学习动机自我诊断量表】

这是一份关于大学生学习动机的自我诊断量表。本量表共有 20 个问题，请根据你自己的实际状况，逐一对每个问题做"是"或"否"的回答。答案为"是"记 1 分，答案为

"否"记 0 分。

1. 如果别人不督促你,你极少主动学习。　　　　　　　　　是　　否
2. 你一读书就觉得疲劳与厌烦,只想睡觉。　　　　　　　　是　　否
3. 当你读书时,需要很长的时间才能提起精神。　　　　　　是　　否
4. 除了老师指定的作业外,你不想再看书。　　　　　　　　是　　否
5. 在学习中遇到不懂的知识,你根本不想设法弄懂它。　　　是　　否
6. 你常想:自己不用花太多时间,成绩也会超过别人。　　　是　　否
7. 你迫切希望在短时间内就能大幅度提高自己的学习成绩。　是　　否
8. 你为短时间内成绩没能提高而烦恼不已。　　　　　　　　是　　否
9. 为了及时完成某项作业,你宁愿废寝忘食、通宵达旦。　　是　　否
10. 为了把功课做好,你放弃了许多感兴趣的活动,如看电影、追剧、逛街等。

　　　　　　　　　　　　　　　　　　　　　　　　　　　是　　否

11. 你觉得读书没意思,想去找个工作做。　　　　　　　　是　　否
12. 你认为课本上的基础知识没什么好学的。　　　　　　　是　　否
13. 你平时只在喜欢的科目上下功夫,对不喜欢的科目则放任自流。

　　　　　　　　　　　　　　　　　　　　　　　　　　　是　　否

14. 你花在课外读书上的时间比花在教科书上的时间要多得多。　是　否
15. 你把自己的时间分配在各科的学习上。　　　　　　　　是　　否
16. 你给自己定下的学习目标,多数因做不到而不得不放弃。是　　否
17. 你几乎毫不费力就实现了自己的学习目标。　　　　　　是　　否
18. 你总是同时为实现好几个学习目标而忙得焦头烂额。　　是　　否
19. 为了应付每天的学习任务,你已经力不从心。　　　　　是　　否
20. 为了实现一个大目标,你不再给自己制定循序渐进的小目标。是　否

【测验说明】

上述 20 道题目可分成 4 组,它们分别测查你在四个方面的困扰程度:1～5 题测查你的学习动机是不是太弱;6～10 题测查你的学习动机是不是太强;11～15 题测查你的学习兴趣是否存在困扰;16～20 题测查你在学习目标上是否存在困扰。

假如你对某组(每组 5 题)中大多数题目持认同的态度,则一般说明你在相应的学习欲望上存在一些不够正确的认识,或存在一定程度的困扰。

将各题得分相加,算出总分。

总分在 0～5 分,说明学习动机上有少许问题,必要时可调整。

总分在 6～10 分,说明学习动机上有一定的问题和困扰,可调整。

总分在 14～20 分,说明学习动机上有严重的问题和困扰,需调整。

【注】本测验的结果仅供参考。

一、思考学习的意义

进入大学,放下高考重担的你,是否思考过大学对自己的意义? 有些大学生可能想

过,但是更多的大学生可能并没有主动思考过这个问题。同学们在上大学之前的生活目标非常确定,就是考入一所好大学,但是进入大学之后就开始迷茫了:大学的学习究竟有什么意义呢?很多同学在进入大学之后认为"学习无用",找不到新的起点,不能及时为自己重新设定新的目标,对未来没有方向,缺少理想抱负,在学业上出现懈怠心理,每天浑浑噩噩,无所事事;还有些同学参加各种社团活动,让自己忙得晕头转向,在活动和学习中找不到平衡点,顾此失彼,学习慢慢荒废。

著名心理学家弗兰克尔告诉我们,寻求意义是人类的重要动机之一。当你觉得你现在所学的内容对你来说意义非凡,是伟大的工作时,你就会充满热情,也更能抵御诱惑。如果你并不喜欢你所学的专业,那么主动把当前的学习和自己真正的理想联系起来,找到学习的意义就非常有必要。虽然你现在可能对学习持有消极想法,但是主动思考学习意义的过程会让你重燃对学习的热情。

心理体验

【学习的意义】

请你认真思考并回答以下问题:

1. 你为什么要学习?

_____

_____

2. 学习对你的独特意义是什么?

_____

_____

3. 学习和你的梦想之间有怎样的关系?

_____

_____

4. 你今天的学习和明天的生活又有什么样的联系?

_____

_____

二、激发内部学习动机

学习动机可以分为内部动机和外部动机。内部动机是指学习活动本身的意义和价值所引发的动机,也就是说驱动学习的动力是学习活动本身。由内部动机推动的学习是因为学习者对活动本身感兴趣或好奇,或者能在学习中收获乐趣。例如许多学生愿意学习摄影、绘画之类的课程,即使不一定得到学分或者高分,也会持之以恒地钻研,就是受内部动机的驱动。内部动机还是一种寻求挑战并征服挑战的自然倾向。我们努力学习还可能是因为要锻炼和提高自我能力。也就是说,内部动机是"当我们并不必须做某事时激励我们做事的因素"。当受到内部动机激励时,我们不需要来自外界的诱因或惩罚,因为活动本身就是报偿。

外部学习动机是指学习活动的外部结果而引起的动机,从事学习活动是达到某一结果的手段。外部动机的满足不在活动之内,而在活动之外,如获得奖学金、评上优秀学生干部等,学习成了获得这些奖励的一种手段。这些外部因素无疑也会在一定程度上推动学生努力学习,但是当这些外部因素个体无法控制或者没有达到预期结果时,个体可能就会有很多不满,降低自己的努力程度。例如,一位学生为了获得奖学金而学习,但是一旦评奖的标准有所改变,他并没有获得奖学金,那么他就很可能会不再刻苦学习。

可见,如果按照内部动机去行动,我们就是自己的主人;如果是外部动机驱使,我们就会被外部因素左右,成为它的奴隶。因此,我们应该更多地依赖内部动机去学习。

心理小贴士

【自我决定理论】

自我决定理论是由美国心理学家德西(Deci)和瑞安(Ryan)提出的。自我决定(self-decide)是一种关于经验选择的潜能,是在充分认识个人需要和环境信息的基础上,个体对行动所作出的自由选择。这种潜能能引导人们从事感兴趣的,有益于能力发展的行为,以及形成与社会环境的灵活适应。

自我决定不仅是个体的一种能力,而且是个体的一种需要。人们在体验到成就或效能的同时,还必须感觉到行为是由自我决定的,这种情况下才能真正地对内在动机有促进作用。外部动机是指个体自主性较弱的动机,主要还是受到外部压力的影响才产生行为,如期限、奖励等,具有外部动机的个体常常感到压力或者焦虑。而内部动机则是自我决定程度最高的动机,个体发自内心想做某些事,在做的过程中,他们感到幸福、快乐并且享受这一过程,表现也会更好。另外,外部动机使用不当会导致内部动机的抵消。任务本身具有较强的趣味性,不管任务完成水平如何,都预先提供物质化奖励,那对于内部动机的影响是致命的。

三、调节动机水平

是不是学习动机越强,学习效果越理想呢?其实,动机强度与学习效率之间并不是简单的直线关系。心理学研究发现,学习动机与学习效果之间呈倒 U 型关系,同时两者的关系还取决于学习的难易程度,这个规律被称为耶克斯-多德森定律(Yerkes-Dodson Law)。

学习动机存在一个最佳水平,即在一定范围内,学习效率随学习动机强度增大

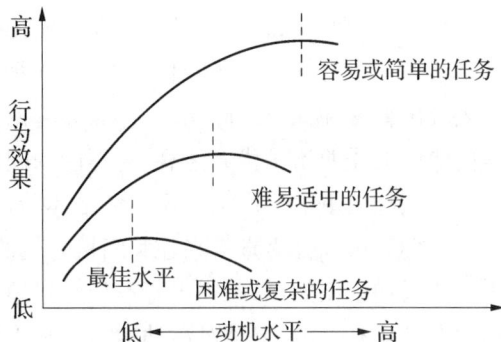

图 3-2 耶克斯-多德森定律

而提高,直至达到学习动机最佳强度而获得最佳水平,之后则随学习动机强度的进一步增大而下降。同时,动机强度的最佳水平会随着学习活动的难易而有所变化。对于中等难度的学习任务,中等强度的动机会导致最好的学习效果;对于比较容易或简单的学习任务,最佳的学习效果则对应较高强度的动机;对于比较复杂或困难的学习任务,最佳的学习效果则对应较低强度的动机。

为什么会出现这样的现象呢?这是因为如果动机水平较低的话,学习者的注意力、焦虑水平就比较低,对于能否较好地完成任务缺乏一定的紧张度和目的性。例如有些同学对于学习放任自流,缺乏求知欲和进取心,在学习上缺乏毅力、害怕吃苦,把学习视为苦差事,上课不认真听讲,作业敷衍了事,对待考试也是"六十分万岁,多一分浪费"的心态。很显然,这类学习动机太弱的学生也不可能有真才实学,更不可能取得优良的成绩。相反,如果一个人的动机过强,他的焦虑水平也会随之升高,焦虑水平超过了一定的界限就变为过度焦虑,同样也不利于取得良好的成绩。有些同学非常重视自己的学业,他们坚信"努力就会成功",整日像陀螺一样忙碌,几乎把所有的心思和时间都花在学习上。长时间的超负荷学习会导致他们出现注意力不集中、记忆力下降以及思维迟钝等问题,影响学习的效率。同时过度焦虑也会导致他们过于关注最终的结果,太过于看重分数和名次,害怕失败,注意力常常集中于"如果失败了怎么办",而忽视了当前应该解决的问题,学习效率自然不会高,并且容易造成恶性循环。

因此,同学们要结合自己的实际情况,合理地将自己的动机调节至最佳水平,以获得最佳的学习效果。如果动机不足,则应该有意地给自己布置学习任务,端正学习态度;如果动机过强,则应该将自己的关注点集中于当前的学习任务,降低对将来不确定性的焦虑感,并懂得劳逸结合。

四、培养学习兴趣

兴趣是最好的老师。我国古代教育家孔子曾经说过:"知之者不如好知者,好知者不如乐知者。"可见,兴趣是人们从事某种活动的原动力,兴趣能对人们从事的活动起到支持、推动和促进作用。实际上,在成长的过程中,我们可能都会有这样的体验,只要是感兴趣的事情,不需要别人的监督,我们也能够自觉地、主动地做好,学习也是如此。

那么什么是兴趣呢?兴趣是指趋向某一对象活动的内在倾向。兴趣其实就是动机的一种,其差别是兴趣所促动的活动方向比较专注,对象比较具体而已。兴趣具有认知和情绪的双重特征。从认知特征来看,兴趣表现为人们对某种事物或从事某项活动时会表现出喜爱和探究的倾向。例如,如果对某门课程感兴趣,上课时就会认真听讲,对这门课程的作业给予优先注意,对不懂的问题就会主动积极探索。从情绪特征来看,人们对感兴趣的事情会产生愉悦的情绪体验,有乐在其中的感受。

兴趣又可以分为直接兴趣和间接兴趣两种类型。直接就是对认识事物或从事活动本身的兴趣。比如,对课程内容本身感兴趣就是一种直接兴趣。所谓间接兴趣,是指对活动本身没有兴趣,但是对活动的结果感兴趣。如果对学习本身不感兴趣,只是对取得高分并获得奖学金或者对今后求职就业有帮助的结果感兴趣,那这就是对学习的一种间接兴趣。在大学学习过程中,这两种兴趣都是必要的。如果没有直接兴趣,学习就很难持之以恒;如果缺乏间接兴趣,学习就成了枯燥而沉重的负担。因此,只有将直接兴趣和间接兴趣有机结合起来,才能够让学习变得更容易。

在学习过程中,有许多我们本来不感兴趣但又必须学习的内容,这时应该怎么办呢? 别着急,兴趣是可以慢慢培养的。你可以试试使用"积极期望"策略,充满信心地想象自己不喜欢的学科是非常有趣的,暗示自己"我很喜欢……课的学习",这种想象中的"兴趣"会推动我们认真学习该学科,从而改善心境,促使你对这门学科真正感兴趣。

五、学会正确归因

学习动机的强弱在很大程度上受到自我认识和自我评价的影响。自我评价除了来源于个人的成功经验,还往往与我们的归因风格有关。所谓归因,也就是对自己所作所为进行分析、推论原因的过程。对学生来说,他们总是试图将自己的成功和失败归为能力、努力、知识、运气、任务难度、他人帮助、兴趣等方面的原因。心理学家维纳对人们的归因方式进行了系统的总结,他发现个体对成功或失败的大多数解释都受到稳定性、内外部和可控性的影响,能力、努力、任务难度和运气是学生在解释成功和失败时感觉到的最主要的四种原因。

表 3 - 1　维纳的归因理论

维　　度	控制点	稳定性	可控性
努力	内部	不稳定	内部可控
能力		稳定	内部不可控
任务难度	外部	稳定	外部可控
运气		不稳定	外部不可控

每一维度对学生学习动机均有重要影响。在控制点维度上,如果学生将成功归因为内部特征特别是能力时,则动机水平提高;归因为外部因素,则会产生侥幸心理,动机不会增强;如果学生将失败归因为内部因素,会产生羞愧感,特别是归因为能力时会使动机水平降低,甚至产生"习得性无助";而归因为努力,则有可能激发学生改变现状的动力。在稳定性维度上,如果将成功归为稳定因素,会产生自豪感,从而提高动机水平;归因为不稳定因素,则会产生侥幸心理;如果将失败归因为稳定因素,则会感到无助和失望,动机水平降低;归因于不稳定因素,则会感到生气。在可控性维度上,如果将成功归因为自己可以控制的原因,则会激发争取进一步成功的动机;如果将失败归因为可控的原因,则会继续努力;而归因为不可控的原因则会感到绝望,动机水平降低。

建立一种正确的成败归因模式对大学生来说非常重要。一方面,要学会"努力归因"。也就是说无论成功与失败都在一定程度上归因为个人努力与否的结果,相信自己的力量,肯定自己的努力,增强内部学习动机。另一方面,也要学会"现实归因"。改变"成功只取决于努力"的不现实的认识,认识到自身能力、学习方法、学习内容等因素对自己成败的影响,找到除努力外影响学习的其他因素,要将"成功只取决于努力"改为"只有努力才有可能成功",从而找出解决办法,提高克服困难的勇气,增强自信心。

六、合理设置目标

哈佛大学一项长达 25 年的追踪调查研究发现,目标对人生有巨大的导向性作用。那些有清晰目标的人和目标不明确,甚至没有目标的人在今后人生的生活状态、社会地位上存在巨大的差异。你选择什么样的目标,就会有什么样的成就,获得什么样的人生。实际上,学习目标是比学习动机离我们的实际行动更近的心理因素,学习动机的强弱在很大程度上与个人设定的学习目标有关。

在设置学习目标时,需要遵循以下几个原则,简称 SMART 原则。

1. 目标要具体(S-specific)

如果不说明具体要到达哪里,又如何能到达。"我要提高学习成绩",就不是一个具体的目标。可以把学习目标定为"期末英语考试要达到 90 分以上",今天的学习目标定为"背诵 50 个单词"。这种具体的目标具有较强的可操作性,更容易实现。同时想象达成目标时的状态,能让你更容易坚持。想象越具体,达成目标的可能性就越大。例如你可以想象当你英语考试达到 90 分以上时,你喜悦的心情和其他同学羡慕的眼神。一想到这种超爽的感觉,就迫不及待地拿出书开始学习,为达到目标而努力。许多体育冠军会在赛前想象自己夺冠的情境;演讲高手、演员、舞者,会想象自己站在舞台上表演的场景,这会让他们表现更好。

2. 目标要可以测量(M-measurable)

在设定目标时,问问自己:我通过什么标准来衡量目标是否达成? 也就是说有一个具体的数字或者标准,当达到这个标准就是实现了目标。游泳运动员游出 9.95 秒成绩,是目标达成;考试达到 90 分,是目标达成;一天看完 50 页书,是目标达成。目标设定得越明确,就越容易测量。

3. 目标要可达到但有挑战性(A-achievable but challenging)

每个人的学习能力和动机水平不同,要结合自身情况来设定可以实现的目标。通常情况下,具有一定挑战性的中等难度的目标是比较合适的。

4. 目标要关联性(R-relevant)

在目标设定中要将近期目标与远期目标相结合。在学习中,学习者不仅要设定长期的目标,对自己的未来发展有较为清晰的认识,同时也要有近期的具体目标,使自己能够脚踏实地地完成每天的学习任务。如果只有远期目标,没有具体的行动方案,就会觉得自己的目标遥不可及,从而丧失学习的动力。

5. 目标要有时间期限(T-time bounded)

目标的设定一定要有一定的期限,这样我们才能在有限的时间内尽快完成设定的目标。

心理保健

【提高专业兴趣】

一项对大学生的调查表明,14%的人对所学专业不感兴趣。究其原因,主要是对所学专业不了解,对所学专业不喜欢,对学习困难感到害怕,对就业前景感到悲观。其实,心理学研究表明,兴趣的发展是逐步深化的,个体通过创造一定的客观条件和自身努力,其专业兴趣就能够得到培养和激发。我们可以通过以下几点来提高自己的专业兴趣:

1. 兴趣需要实践

一个人只有真正试过才能真正了解自己的兴趣所在。没有人能够拍脑袋找到让自己永葆热情的专业,有的人对某种事物有强烈的兴趣,但是只停留在想象阶段,从不付之行动,就算有一些想法也只能是叶公好龙。如果你还没有找到自己的真正兴趣所在,那就要给自己机会去接触更多的选择。例如一位同学的专业是教育学,他却认为工程建筑才是自己的"真爱"。但是这位同学从来没有学习过与工程建筑相关的课程,也没有真正自学过相关的内容。这样的兴趣其实只是这位同学的想象而已,并不是他真正的兴趣。真正的兴趣会推动我们做出实际行动,也只有在实践中我们才能发展自己的兴趣。

2. 兴趣需要了解

如果你对自己的专业学些什么,将来会面对什么样的职业还没有了解清楚,那么一味地说自己不喜欢其实是一种对自己可以不好好学习的借口,也给自己在专业学习上设置了障碍。三百六十行,行行出状元。无论所学专业是"冷门"还是"热门",都与社会发展密切相关,只要认真、投入地去学,总会有用武之地。通过各种渠道去了解与自己所学专业相关的信息,如果明确了自己所学专业的未来发展方向与就业方向,就更容易对专业学习产生间接兴趣,"越了解越喜欢"。

3. 兴趣需要专注

在从事某项活动时,我们往往因为不够专注而体验了失败,其实如果尽可能投入其中往往也会获得较大的成就感,也更容易发现兴趣。这样一来,对专业学习的间接兴趣就会转化为直接兴趣,从而进一步提高学习热情和学习效率。

4. 兴趣需要重新发现

如果手边的任务不能刺激你,你至少还应该关注一下它能给你带来乐趣的部分。如果你对某门课程非常不感兴趣,总是拒绝接触它那就太遗憾了。如果你能把注意力放在能够激发自己兴趣的部分就会发现它的乐趣,比如寻找老师讲的内容某些部分与自己兴趣的联系等。

心理训练

【合理设置目标】

第一步　找出你认为大学 3 年中最重要、最想实现的 5 个目标。

目标 1：_____

目标 2：_____

目标 3：_____

目标 4：_____

目标 5：_____

第二步　根据目标设置的 SMART 原则，对前面 5 项目标进行核对和修改。

目标 1：_____

目标 2：_____

目标 3：_____

目标 4：_____

目标 5：_____

第三步　制定具体的行动计划并实施。

_____

_____

注意：在计划执行的过程中要注意规律作息和生活，并根据实际情况及时调整计划。

第三节　让学习更轻松
——掌握科学的学习方法

从中学到大学，是人生的重大转折，大学生活的重要特点表现在：生活上要自理，管理上要自治，思想上要自我教育，学习上要求高度自觉。尤其是学习的内容、方法和要求上，比起中学的学习发生了很大的变化。大学的学习既要求掌握比较深厚的基础理论和专业知识，还要求重视各种能力的培养。大学教育具有明显的职业定向性，要求大学生除了扎扎实实掌握书本知识之外，还要培养研究和解决问题的能力。因此，要特别注意自学能力的培养，学会独立地支配学习时间，自觉地、主动地、生动活泼地学习。还要注意思维能力、创造能力、组织管理能力、表达能力的培养，为将来适应社会工作打下良好的基础。

要想真正学到知识和本领，除了继续发扬勤奋刻苦的学习精神外，还要适应大学的教学规律，掌握大学的学习特点，选择适合自己的学习方法。"学而不思则罔，思而不学则殆。"学习不是一个被动的过程，而是一个认真思考、主动建构的过程。学习方法是提高学习效率,达到学习目的的手段。学习方法对头,往往能收到事半功倍的成效,也会让学习变得更加轻松。

心理解读

一、适宜的学习风格

人们适合学什么以及适合的学习方法并不相同。有人喜欢在音乐背景下写作业,有人喜欢安静的环境;有人上午的学习效率高,有人则需要夜深人静时才能集中精神;有人擅长左半脑进行推理和思考,有人擅长右半脑的直觉思维。学习风格就是指人们在学习时所具有的或偏爱的方式,换句话说,就是学习者在研究和解决其学习任务时,所表现出来的具有个人特色的方式。

学习风格具有独特性和稳定性。学习风格是在学习者个体神经组织结构及其机能基础上,受特定的家庭、教育和社会文化的影响,通过个体自身长期的学习活动而形成,具有鲜明的个性特征。同时,学习风格是个体在长期的学习过程中逐渐形成的,一经形成,即具有持久稳定性,很少随学习内容、学习环境的变化而变化。但是学习风格的稳定性并不表明它是不可以改变的,它仍然具有可塑性。

雷诺等人提出了一个多维度的学习风格分类的概念模式。其中包含了六个类别:知觉偏好、物理环境、社会环境、认知方式、最佳学习时间以及动机和价值观等。这六个类别,构成了一个人独特的学习风格特征。

学习风格的认知要素被称为认知风格。所谓认知风格,也称认知方式,指个体偏爱的加工信息方式,表现在个体对外界信息的感知、注意、思维、记忆和解决问题的方式上。主要有以下两种分类方式:

(一) 场依存性与场独立性

场独立性与场依存性是两种普遍存在的认知方式。场独立性者对客观事物做判断时,倾向于利用自己内部的参照,不易受外来因素影响和干扰;在认知方面独立于周围的背景,倾向于在更抽象和分析的水平上加工,独立对事物做出判断。场依存性者对物体的知觉倾向于以外部参照作为信息加工的依据,难以摆脱环境因素的影响。他们的态度和自我知觉更易受周围的人,特别是权威人士的影响和干扰,善于察言观色,注意并记忆言语信息中的社会内容。

场独立性、场依存性与学生的学习有着密切的关系。研究表明,场独立性学生一般偏爱自然科学、数学,且成绩较好,两者呈显著正相关,他们的学习动机往往以内在动机为主。场依存性学生一般较偏爱社会科学,他们的学习更多地依赖外在反馈,他们对人比对物更感兴趣。场独立性者善于运用分析的知觉方式,而场依存性者则偏爱非分析的、笼统的或整体的知觉方式,他们难以从复杂的情境中区分事物的若干要素或组成部分。此外,场独立性与场依存性学生对教学方法也有不同偏好。场独立性学生易于给无结构的材料提供结构,比较易于适应结构不严密的教学方法。反之,场依存性学生喜欢有严密结构的教学,因为他们需要教师提供外来结构,需要教师的明确指导与讲解。

(二)冲动型与沉思型

沉思与冲动的认知方式反映了个体信息加工、形成假设和解决问题过程的速度和准确性。沉思型学生在碰到问题时倾向于深思熟虑,用充足的时间考虑、审视问题,权衡各种问题解决的方法,然后从中选择一个满足多种条件的最佳方案,因而错误较少。而冲动型学习者倾向于很快地检验假设,根据问题的部分信息或未对问题做透彻的分析就仓促做出决定,反应速度较快,但容易发生错误。总之,冲动与沉思涉及在不确定的情境中,个人对自己解答问题的有效性的思考程度,对其判别标准题的反应时间与精确性。

研究发现,沉思型学生与冲动型学生相比,表现出更成熟的解决问题策略,更多地提出不同的假设。沉思型学生能够较好地约束自己的动作行为,忍受延迟性满足,比冲动型的学生更能抗拒诱惑。此外,沉思型学生与冲动型学生的差别还在于,沉思型学生往往更容易自发地或在外界要求下对自己的解答作出解释;冲动型学生则很难做到,即使在外界要求下必须作出解释时,他们的回答也往往是不周全、不合逻辑的。

在学习方面,沉思与冲动这两种方式存在明显差异。一般来说,沉思型学生阅读成绩好,再认测验及推理测验成绩也好于冲动型学生,而且在创造性设计中成绩优秀。相比之下,冲动型学生往往阅读困难,较多表现出学习能力缺失,学习成绩常不及格。不过,在某些涉及多角度的任务中,冲动型学生则表现较好。

(三)感觉通道优势

学习风格还体现在感觉通道的差异上。在学习过程中,有些人善于通过读(看)来学习,有些人善于通过听来学习,有些人善于通过做来学习,还有些人善于通过谈来对概念性的材料进行分类、组织和比较。感觉通道的差别指学习者对于视觉、听觉和动觉刺激的偏好程度,存在三种典型类型。

1. 视觉型学习者

这类学习者对于视觉刺激较为敏感,习惯于通过视觉接受学习材料,如景色、相貌、书籍、图片等。他们适合于自己看书和做笔记进行学习,而不适合于教师的讲授和灌输。

2. 听觉型学习者

这类学习者较为偏重听觉刺激,他们对于语言、声响和音乐的接受力和理解力较强,甚至喜欢一边学习,一边戴着耳机听音乐。

3. 动觉型学习者

这类学习者喜欢接触和操作物体,对于自己能够动手参与的认知活动更感兴趣,如通过双手做实验、模型、演练等来理解事物的原理。

心理测验

【学习风格倾向测验】

请你仔细阅读以下各题的描述,在符合你实际情况的题号前打"√",记1分。

1. 背课文时,写下来比读出声更让我记得住。

2. 我可以只透过听歌不看歌词而学会一首新歌。

3. 看剧情缓和的电影,令我感到放松。

4. 我擅长分辨各种颜色间的不同。

5. 我听到一个不太熟悉朋友的姓名,会先想起他的声音。

6. 我常泡热水澡来消除紧张。

7. 我习惯借着文字或图画来解决问题。

8. 我习惯用谈话方式来说明事情。

9. 我习惯透过实际动手做来学习新事物。

10. 上课时,我需要老师把重点写在黑板上才有印象。

11. 我读书会受到说话声、噪音或电视声干扰。

12. 长时间和人相处,让我感到精神紧绷。

13. 我习惯将书桌上的用品保持整齐。

14. 有空时我会选择欣赏听音乐。

15. 我习惯穿着宽松舒适的衣服。

请将各题号对应于不同的学习风格类别之中,并算出总分,总分值高的就代表你的学习风格倾向。

视觉区:1._____　4._____　7._____　10._____　13._____

听觉区:2._____　5._____　8._____　11._____　14._____

动觉区:3._____　6._____　9._____　12._____　15._____

合计:视觉区_____分,听觉区_____分,动觉区_____分。

通过分析比较,我们可以发觉自己的学习风格是倾向视觉型、听觉型还是触觉型,针对不同类型,可以使用不同的学习方法来提高自己的学习效率。

1. 视觉型

凡眼力所及之处,都有助于学习内容吸收,或因而造成分心,故多利用环境中的有效视觉信息是重要原则。

学习秘方:可利用各种不同色笔或标记画重点。读书前整理书桌保持整洁,只留必要用具以免分心。将听到的重点尽快转化成文字或图表。勤动手整理笔记。善用网络课程视听媒体。

2. 听觉型

声音对这种人特别具有吸引力,可能因此学习轻松,也可能造成学习的障碍,制造有利的声音环境是重要原则。

学习秘方:背书时大声朗诵,事半功倍。书房保持安静很重要,若周围环境嘈杂时,可用一些无主题的轻音乐隔离噪音。善用视听学习资料,或把画面资料透过录音带的播放让耳朵便于吸收。上课时专心听讲。

3.动觉型

凡是环境中的气氛都会影响到敏锐的触觉神经,保持平和稳定,流畅舒适的空间,多亲自体验是重要原则。

学习秘方:利用各种感官如嗅觉、味觉、触觉去认识事物。保持读书环境空气流通,光线充足。保持心情愉快很重要。多通过比手画脚方式去记忆。动手做实验或模型,操作效果更佳。

(四) 多元智能

在不同学习风格背后,起决定作用的是人的智能类型。美国当代著名心理学家和教育学家加德纳(H. Gardner)博士从解决问题的方式不同提出了多元智能理论。他把人的智能分为八种,分别是语言智能、数学逻辑智能、空间智能、肢体运动智能、音乐智能、人际智能、内省智能、自然观察智能。不同的智能类型匹配不同的学习方式,都可能达到相当的成就。没有人能够学会一切知识,更有效的成功之道是选择适宜自己的学习方式,在自己擅长和喜欢的智能领域深入发展。

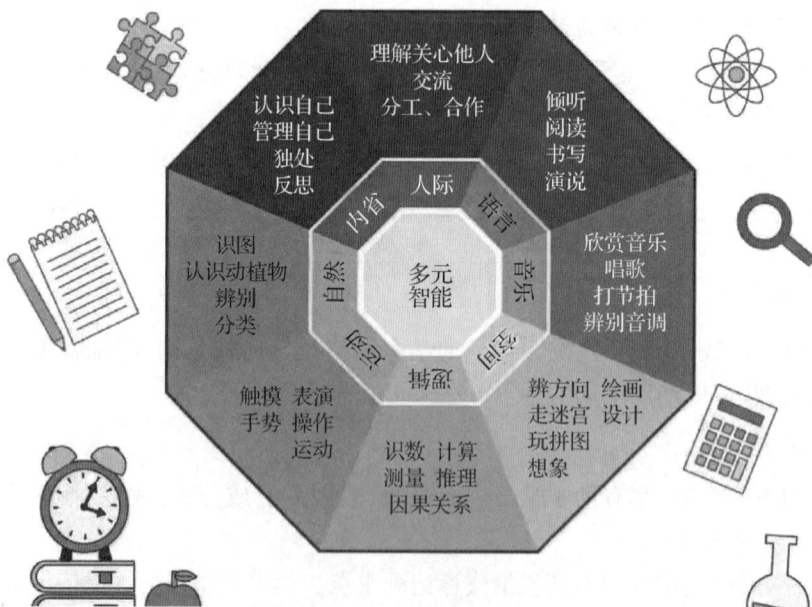

图3-3 多元智能理论

不同的智能类型具有不同的特点及适宜的学习方式,以下具体给出了多元智能类型的特点及学习方式建议,同学们可以根据自己的特点探索适合自己的学习方法。但要注意的是,基于多元智能的学习方式之间没有好坏之分,它充分考虑了每个人的生理和心理潜能,每个人身上都具备这些倾向,你可能会喜欢或者习惯采用某种或某几种学习方式。同学们需要发现并归纳自己的学习方式,发挥所长,通过整合使自己达到最佳的学习效果。

表 3 - 2 多元智能类型的特点及学习方式建议

多元智能类型	特点及学习方式建议
语言智能	有很好的听觉能力,喜欢阅读、写作,对名称、时间、地点的记忆好,喜欢讲故事。用听说的学习方式效果最好。
数学逻辑智能	喜欢研究图形和关系,喜欢完成一连串指令的工作。把知识分类,利用抽象思维找到一般规律的学习方式效果最好。
空间智能	喜欢通过阅读、看视频和观察的方法学习,喜欢形象思考。阅读课堂讲义,特别是作图、表的学习方式效果最好。
肢体运动智能	对事件能够给出恰当的身体反应,善于利用身体语言来表达自己的思想和情感。适合身体操作、协调的学习方式。
音乐智能	对声音很敏感,学习和读书时也喜欢听音乐,喜欢声调和节拍。通过优美的音乐旋律学习效果最好。
人际智能	喜欢生活在人群中。叙述、分享和合作的学习方式效果最好。
内省智能	喜欢独处,能意识到自己的优缺点和各种感觉,有创造性思维,喜欢反思。独立的学习方式效果好。
自然观察智能	对自然界和环境变化具有敏锐的观察力。通过自己直接观察和体验的学习方式效果最好。

二、重要的学习策略

学习策略就是指学习者在学习活动中有效的学习规则、方法、技巧及调控方式。它既可以是内隐的规则系统,也可以是外显的操作程序与步骤。凡是有助于提高学习质量、学习效率的程序、规则、方法、技巧及调控方式都属于学习策略范畴。学习策略是衡量个体学习能力的重要尺度,是制约学习效果的重要因素之一,因此也是会不会学习的标志。

(一)认知策略

认知策略是学习者信息加工的方法和技术。其基本功能有两个方面:一是对信息进行有效的加工与整理,二是对信息进行分门别类的系统储存。

1. 复述策略

复述策略是指在工作记忆中为了保持信息,运用内部语言在大脑中重现学习材料或刺激,以便将注意力维持在学习材料上的方法。它是短时记忆的信息进入长时记忆的关键。常用的复述策略有:在复述的时间上,采用及时复习、分散复习;在复述的次数上,强调过度学习;在复述的方法上,包括排除相互干扰、运用多种感官协同记忆、复习形式多样化、划线等。

2. 精细加工策略

精加工策略是指把新信息与头脑中的旧信息联系起来从而增加新信息意义的深层加工策略。它常被描述成一种理解记忆的策略,其要旨在于建立信息间的联系。联系越多,能回忆出信息原貌的途径就越多,即提取的线索就越多。精加工越深入越细致,回忆就越容易。对于比较复杂的学习,精加工策略有说出大意、总结、建立类比、用自己的话做笔记、解释、提问以及回答问题等。

实际上,精细加工策略就是通过对学习材料进行深入细致的分析、加工,理解其深层意义并促进记忆的一种策略。简单地说,就是用谐音、编故事等方式,使需要记忆的新材料与已有的知识发生联系,进而进行识记的方法。

心理小贴士

【巧用记忆术提高学习效率】

记忆术即通过把那些枯燥无味但又必须记住的信息"牵强附会"地赋予意义,使记忆过程变得生动有趣,从而提高学习记忆效果的方法。常用的记忆术主要有:

1. 形象联想法。这种方法是通过人为联想,使无意义的难记的材料和头脑中的鲜明奇特的形象相结合,从而提高记忆效果的方法。想象的形象越鲜明越具体越好,形象越夸张、奇特越好,形象之间的逻辑联系越紧密越好。

2. 谐音联想法。这种方法是通过谐音线索,运用视觉表象、假借意义进行人为联想。例如,把圆周率"3.1415926535"编成顺口溜"山巅一寺一壶酒,尔乐苦煞吾"等。

3. 首字连词法。这种方法是利用每个词语的第一个字形成缩写,或者用一系列词描述某个过程的每个步骤,然后将这一系列词提取首字作为记忆的支撑点。例如,二十四节气歌"春雨惊春清谷天,夏满芒夏暑相连。秋处露秋寒霜降,冬雪雪冬小大寒"。这样就把二十四节气都记住了。

4. 位置记忆法。这是一种传统的记忆术,最早被古希腊演讲家使用。它是通过与熟悉的地点顺序相联系起来记忆一些名称或者客体顺序的方法。位置记忆法对记忆有顺序的系列项目特别有用。

做笔记策略是使用较为普遍的精加工策略。俗话说,好记性不如烂笔头。对于复杂的知识,教师可以指导学生做笔记。做笔记不仅可以有效地控制自己的认知加工过程,还有助于概括新的知识和建立新旧知识之间的联系。做笔记有利于保持学习者的注意和兴趣,以及有效地组织材料。

此外无论阅读还是听讲,学生要经常评估自己的理解状态,思考这样一些问题:这些新信息意味着什么,与课文中的其他信息以及以前所学的信息有什么联系,要学会提问。学生对所阅读的东西产生一个类比或表象,如图形、图像、表格和图解等,以加强其深层理解。这种方法最重要的一点，就是需要积极的加工，不是简单的记录和记忆信息，也不是从书中寻章摘句或稍加改动，而是要改变对这些信息的知觉。用教材中某些重要信息相关的或用自己的话组成的句子，从而把所学的信息和自身的知识经验联系起来。要充分利用背景知识，应注意在对新材料理解的基础上进行学习，而不是机械记忆式地学习，适时建立类比。也可以利用先行组织者策略，在新材料学习之前，温习与新材料有关的已有的背景知识，以理解和记忆新知识。

延伸阅读

【康奈尔笔记法】

康奈尔笔记法，由康奈尔大学的 Walter Pauk 博士发明。这种记笔记的方法广泛运用于上课、读书、复习、记忆、会议记录等地方。它还能让你的笔记系统化，让你不知不觉参与到知识的创造中去。不仅能提高你的学习工作效率，还能帮助你得到预期的知识转化效果。

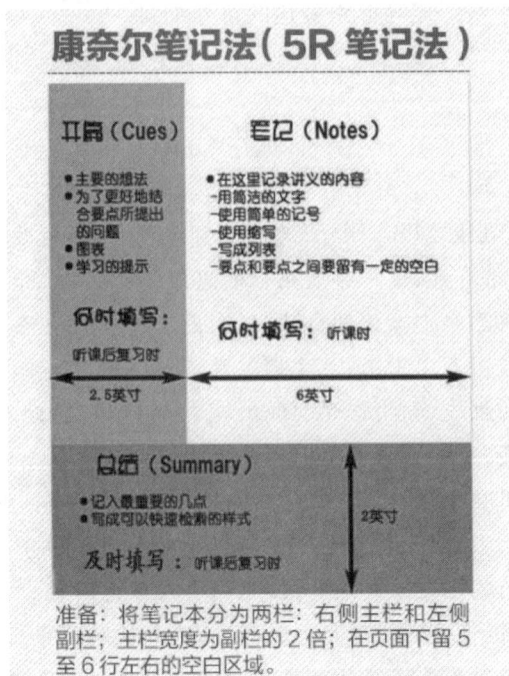

图 3-4 康奈尔笔记法

康乃尔笔记法又称作 5R 笔记术，5R 笔记术从五个阶段来运用三栏笔记格式，以工作笔记术的角度，5R 笔记流程分别为：

（1）Record（记录）：在听讲或阅读过程中，在主栏（右侧最大的笔记栏）中先进行快速直接的记录与收集有意义的论据、概念等讲课内容，不要使用过长的句子。

（2）Reduce（简化）：下课以后，尽可能及早地在左边较小副栏中将主栏内容抓取重点,以关键词、简短标题、概念摘要等方式简明扼要地提取出来。

（3）Recite(背诵)：把主栏遮住,指用回忆栏中的摘记提示,尽量完满地叙述课堂上讲过的内容。

（4）Reflect(思考)：将随感、思考、体会等内容写在下方空白区域作为"总结栏"。

（5）Review(复习)：每周花十分钟左右,快速复习笔记,主要是先看回忆栏,回忆不起来的适当看一下主栏。

3. 组织策略

组织策略是指将经过精加工提炼出来的知识点加以构造,形成知识结构的更高水平的信息加工策略,也就是整合所学新知识之间、新旧知识之间的内在联系,形成新的知识结构的策略。组织策略主要有两种：一种是归类策略,用于概念、语词、规则等知识的归类整理；一种是纲要策略,主要用于对学习材料结构的把握。

归类是把材料分成小单元,再把这些单元归到适当的类别里。归类策略的应用能使人理清头绪,各知识点与概念之间不致混淆,方便知识的理解、记忆以及提取。纲要策略也称提纲挈领,是掌握学习材料纲目的方法。纲要可以是用语词或句子表达的主题纲要,也可以是用符号、图式等形象表达的符号纲要。

拓展阅读

【思维导图】

思维导图,英文是 The Mind Map,又叫心智导图,是表达发散性思维的有效图形思维工具,它简单却又很有效,是一种实用性的思维工具。

思维导图是一种将思维形象化的方法,运用图文并重的技巧,把各级主题的关系用相互隶属与相关的层级图表现出来,把主题关键词与图像、颜色等建立记忆链接。思维导图充分运用左右脑的机能,利用记忆、阅读、思维的规律,协助人们在科学与艺术、逻辑与想象之间平衡发展,从而开启人类大脑的无限潜能。

思维导图可以应用在学习、生活、工作的任何领域当中。如应用于计划的制定,包括工作计划、学习计划、旅游计划,计划可以按照时间或项目划分,将繁杂的日程整理清晰；或记录笔记,传统的笔记记录大篇的文字,内含众多无用的修饰词,不易找出重要知识点,思维导图记录笔记将大篇幅内容进行拆分,找到从属关系,缩减文字数量,便于理解与记忆；或进行展示,思维导图简洁的表述方式可以更快速清晰地将演讲者的思路进行传达,使接受者更容易理解演讲者要传递的内容。

常用的思维导图软件有MindMaster、Mindmanager、WPS 自带思维导图绘制工具等,虽然界面有所不同,但操作都很简单,你可以选择一款适合自己的进行熟练掌握。当然,如果有一定的绘画基础,你也可以选择手绘,使你的思维导图带上更多的个人标记。

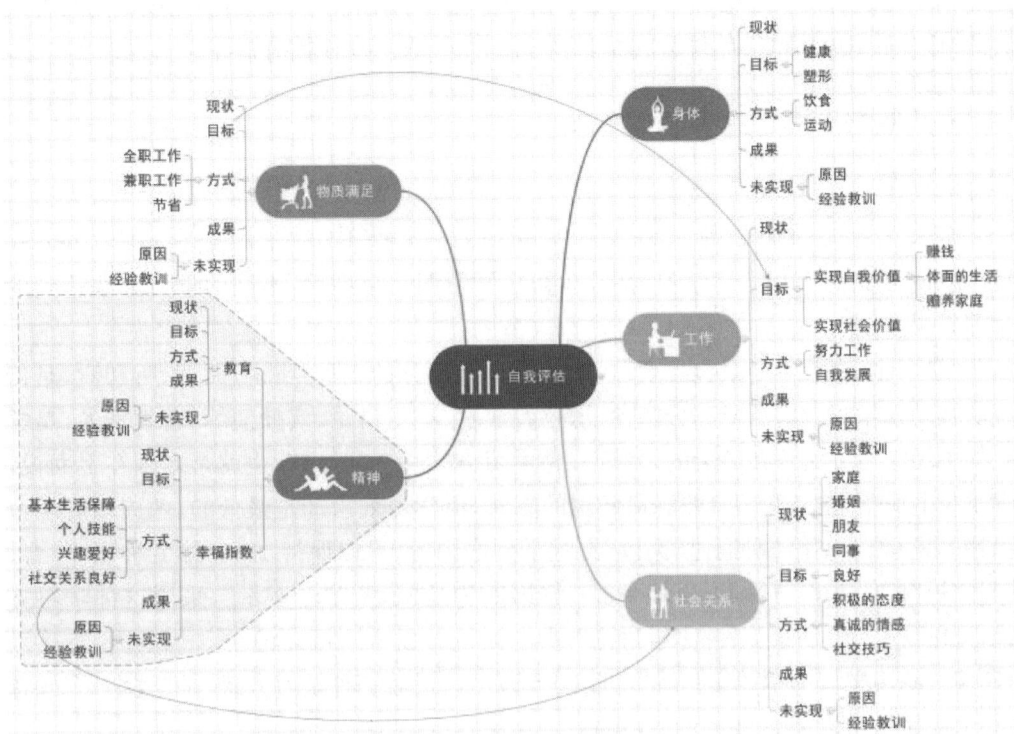

图 3－5　思维导图示例

（二）元认知策略

所谓元认知就是指个体对自身认知过程的认识和意识。元认知策略是指学习者对自己学习过程的有效监督和控制。在大学阶段,教师不会整天督促学生学习,因此大学生需要经常对自己的学习情况进行监督和调控。

1. 计划策略

这一策略是指根据认知活动的特定目标,在学习前对学习目标、过程等方面进行规划与安排,包括设置合理的学习目标、安排时间、选择策略、预测重难点、浏览阅读材料以及分析如何完成学习任务等。

2. 监控策略

这一策略主要是指对学习过程中使用的方法、策略以及学习计划的执行等方面进行有意识的监控,如考察自己是否完成了学习目标、目前使用的学习策略是否有效以及自己的注意情况如何等。包括阅读时对注意加以跟踪、对材料进行自我提问,考试时监控自己的速度和实践。这些策略使学生警觉自己在注意和理解方面可能出现的问题,以便找出来加以调整和改进。

3. 调节策略

根据调节策略,如果发现自己在学习过程中有一些问题或者有些策略不适用,就需要根据学习进程的实际情况对计划、所用策略等进行调整,包括调整预先设定的目标或计划、改变使用的策略、有意识地矫正学习行为、采取一些补救措施等。

三、有效的学习方法

1. 学习金字塔

美国学者埃德加·戴尔(Edgar Dale)1946 年提出了"学习金字塔"(Cone of Learning)的理论。以语言学习为例,在初次学习两个星期后,不同的学习方法达到的学习效果不同。

"学习金字塔"中一共包含七种方法,塔上半部分的三种:听讲、阅读、听和看,是传统的被动式学习。塔下半部分四种:示范看演示、小组讨论、实操演练、转教别人,是学生的主动学习方法。在塔尖的,是第一种学习方式——"听讲",也就是老师在上面说,学生在下面听,这是我们最熟悉最常用的方式,但学习效果却是最低的,两周以后学习保持率只有 5%;第二种通过"阅读"方式学到的内容,可以保持 10%;第三种用"声音、图片、视频"的方式学习,可以达到 20%;第四种是"示范""看演示",采用这种学习方式,可以记住 30%;第五种"小组讨论""参与讨论""发言",可以记住 50% 的内容;第六种"实践练习""做中学""实验法",可以达到 75%;最后一种学习方式,是"教别人"或者"马上应用",可以记住 90% 的学习内容。

也就是说学习效果在 30% 以下的几种传统方式,都是个人学习或被动学习;而学习效果在 50% 以上的,都是团队学习、主动学习和参与式学习。所谓被动式学习,就是单纯的接收信息,大脑没有活跃的主动参与到知识构建中。而主动式学习,无论是讨论、实践应用还是教授他人,都有学习者的主动参与。一个高质量的学习方案,其中主动式学习占据的时间应该是绝大多数。

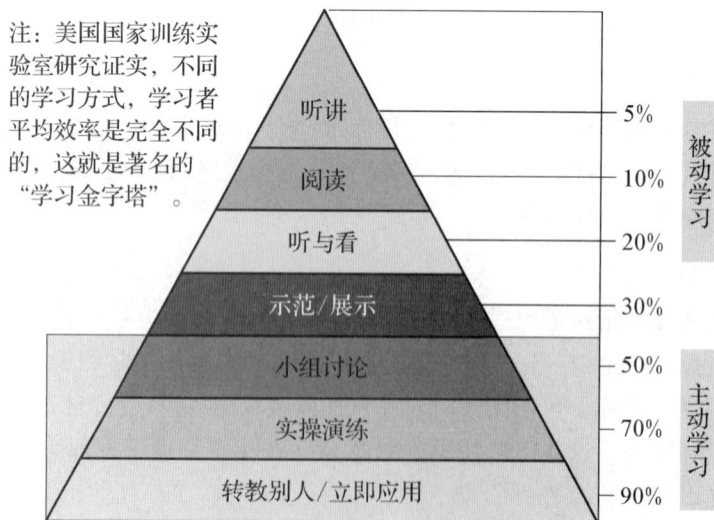

图 3-6 学习吸收率金字塔

金字塔的最下端列出的学习方式,也就是平均效果最高的一种是教授他人。很多事情自己觉得知道,但是要讲给别人听就会觉得困难,而要教会他人,往往你自己的知识还不够用,还得去补充很多其他内容,还得将自己的思路理得系统化、井井有条,还要能够分析出他人认知上的障碍。例如在网上学一门课程,在听老师讲的时候特别认同,但是自己要分享就记不住那么多。所以就要重复听,做笔记,只有对知识点理解了,用自己的语言表达,把知识变成自己的,再教会别人。分享得越多自己记住的就越多,对学到的知识印象才能更深刻。

2. 生物钟时段学习法

我们每个人的体内都有一座无形的时钟,它让我们的生命活动具有一定的节律性。研究指出,如果人们能够按照生物钟来安排一天、一周、一月的作息,不仅能提高工作效率和学习成绩,而且会减少学习疲劳。

一个人一天究竟学习多长时间效率最高,这就是人们需要掌握的学习时间的最佳点。这个最佳点,实质上就是时间、效果与疲劳之间的转折点。它是一个变量,因人而异,因学习内容、类型的不同而有别。在学习过程中,当感到疲劳的时候,就是从最佳点开始转折的时候,这种信号提示应当立即变换花样去做另一件事,使脑筋得到休息,使时间利用效率不至于低落。生物钟时段学习法就是根据人在一天内的生理和心理状态设计的。如果你感觉自己学习和复习的效率不高,可以试试生物钟时段学习法,相信会有事半功倍的感觉。

表3-3 生物钟时段学习法

学习时段	时间段	人的精神状态	适宜功课
黄金时段	6:00～8:00	睡眠后人的疲劳已消除,头脑最清醒,体力充沛	功课的攻读
考验时段	8:00～9:00	人的耐力处于最佳状态	难度大的攻坚内容
突击时段	9:00～11:00	人的短期记忆效果奇佳	"抢记"和"突击"马上要考核的功课
休息时段	13:00～14:00	饭后人易疲劳,夏季尤其如此。休息调整一下,可养精蓄锐,以利再"战"	可听听轻音乐,做做放松操。午休切莫过长
次佳时段	15:00～16:00	调整后精神重振,长期记忆效果特棒	可合理安排需"永久记忆"的功课
攻关时段	17:00～18:00	人的分析能力最强,安排得当,可以以一当二	完成复杂计算和费劲作业
调整时段	19:00～20:00	19点精神最不稳定,心理稳定性降到最低点	稍事休息,调整状态
识记时段	20:00～21:00	人的记忆力特别好,一天中的最佳记忆时间	睡前记忆一些重要的内容
休息阶段	22:00～23:00	人体各种机能开始进入低潮	准备休息

当然,你也可以根据自己的生物钟来制定一个类似的表格。确定个人学习的最佳时间点,经过长期合理的使用,便可以形成习惯的节奏和规律。一日之中几点钟做什么,接下来做什么,有条不紊,时间长了便自成一种用时规律。在这规律的时间中,头脑最清醒的时间无疑要用来背诵、记忆、创造;其他时间则用来阅读、浏览、整理、观察、实验。合理地安排时间,一定会大幅提高自己的学习效率。

3. 提高记忆力的方法

记忆是在头脑中积累、保存和提取个体经验的心理过程,是人类大脑的重要功能,人类的学习在很大程度上依靠记忆的效果。所以,掌握记忆的规律科学识记和复习能够提高记忆效果。

人们识记的内容会随着时间的流逝而出现遗忘和消退。当学习了新知识后,如果不及时复习,这些记住的东西很容易会被遗忘。德国心理学家艾宾浩斯通过实验发现,遗忘的进程是不均衡的,有先快后慢的特点。

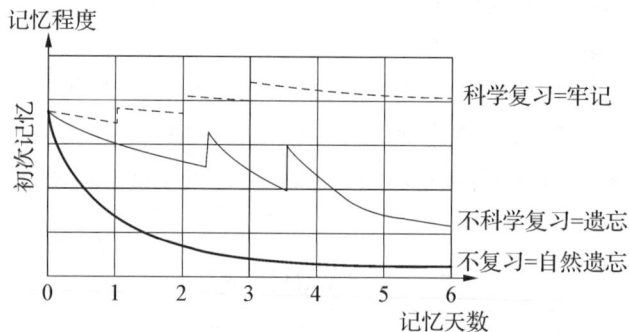

图 3 - 7　艾宾浩斯遗忘曲线

学习以后在最初的很短的时间里就会发生大量的遗忘。如果过了很长时间,直等到考试前才复习,就几乎等于重新学习了。所以根据这一规律,复习最好要及时进行。复习的黄金2分钟是指学习后10分钟就进行复习,只用2分钟复习就能取得良好效果。

学习之后要复习四五次才能将所学内容长期牢固地储存在头脑中。在考试的前一夜临时抱佛脚或许能帮助你通过测试,但这些信息并未有机地整合到你的长时记忆中区。而分散复习能极大增强所有信息和技能的长期保持。一般认为开始复习的时候,时间间隔要短,以后可以长一些。大体时间安排为:10分钟、一天、一个月、两个月、半年之后对同一材料各复习一次。

过度识记效果好。背诵能够减缓记忆的消退过程,但是如果刚刚能够完全背诵材料就停止识记,那么识记的内容很快就会被遗忘。相反,如果这时还能继续学习一段时间,就会有意想不到的好效果,这称为过度学习。研究发现,过度学习的次数越多,保持的成绩越好,而且保持的时间也越长。当然,过度学习也不是越多越好,150%的学习程度是最佳的学习程度。即当记忆一个材料时,如果记6遍刚好可以背诵了,那么再多记3遍,则记忆效果最佳,记忆会更持久。

自问自答或尝试背诵能够提高记忆的效果。在学习一篇材料时,一面阅读,一面提问自己回答或自己背诵。这样做的好处就是根据自己回答或背诵的情况,检查自己的错误和薄弱环节,从而重新分配努力。因此学习印象深刻,记忆牢固。

多方面灵活运用所学的内容也是一种有效的复习方法。一方面要运用多种感官进行学习,如用视觉阅读、用听觉听讲、再加口语练习与书写动作等。心理学研究表明,我们的学习 1% 通过味觉,1.5% 通过触觉,3.5% 通过嗅觉,11% 通过听觉,83% 通过视觉。而且人一般可记住自己阅读的 10%,自己听到的 20%,自己看到的 30%,自己看到和听到的 50%,交谈时自己所说的 70%。这说明多感官的参与能够有效增强记忆。因此面对一项学习任务时,对需要记忆的材料既听又看、既读又练,有利于增强所记材料之间的联系,有利于保持和回忆识记内容。另一方面复习的情境也要多方面变化,如将所学的知识写成报告、作出总结、在谈话中使用以及向别人讲解等,这在学习上都更有成效。

四、科学阅读的方法

(一) SQ3R 法

SQ3R 是英语 Survey,Question,Read,Recite,Review 五个词的第一个字母,分别代表"浏览、发问、阅读、复述、复习"五个学习阶段。这种读书方法是由美国爱荷华大学的罗宾森提出的。该方法创用后,极受推崇。其要点是:浏览该阶段应特别关注书的序(或前言)、内容提要、目录、正文中的大小标题、图、表、照片,以及注释、参考文献和索引等,以便对全书有一个总的直觉印象。这不仅可获得对全书框架的大体了解,还可以把自己原先已掌握的有关知识与经验调动起来,为进一步阅读提供基础。

(1) 浏览(Survey)——阅读的第一步就是对阅读内容进行浏览,从整体上把握文章脉络,为仔细阅读做准备。

(2) 提问(Question)——把文章的标题及主要内容转化为问题的形式,在问题的提示下深入阅读。

(3) 阅读(Read)——根据问题提示阅读内容并寻找问题答案,主要依赖于学习者的理解。

(4) 复述(Recite)——经过上面的阅读过程,学习者已经理解了课文中的大部分内容,现在学习者把课本合上,看看有多少课本内容已经能够记住,还有哪些没有能够透彻理解并记下来,需要进一步加工。

(5) 复习(Review)——阅读过的内容要在脑中长期保持,就必须复习。通过复习加深对阅读的巩固、理解,并建立有关内容之间的联系。

(二) PQ4R 法

PQ4R 阅读法是一种高效的学习方法,适用于教材的学习,或者针对某一陌生领域的学习。

（1）Preview，预习。在开始自学某章内容时，好的做法不是马上就读，而是先花几分钟快速浏览章节目录，每节的小结，了解该章节的主要内容和结构。

（2）Question，提问。预习时就每一节的标题，提出问题，可以是自己想知道的、或者有疑惑的，提问方式可以从"为什么""是什么""有什么用"等角度切入。

（3）Reading：阅读。在阅读过程中，尝试回答自己的提问，最好能与一个具体场景相联系，比如解决了学习中的什么问题，或者能解释某种现象或行为。

（4）Reflect：反思。理解所学内容的意义，包括把现在所学内容与学习者已有的知识相互联系起来，把课文中的细节和主要观念联系起来，对所学内容作些评论等。

（5）Recite：复述。用自己的语言表述所学所得，以知识卡片、读书笔记的形式展现，是深度阅读的反馈，可以暴露自己的薄弱点，知道哪些知识点没有掌握。

（6）Review：复习。针对自己在复述过程中发现的问题，针对性地重点学习，同时尽量与自己已有的知识点相联系，找到相关关系，将散乱的知识点整合成知识晶体，便于记忆和提取。

研究表明，采用 PQ4R 阅读法不仅可以更好地记忆材料，而且会节省大量时间。

心理训练

【我的阅读笔记】

请你选择一门课程，在教材阅读中利用 PQ4R 法，记录下你的阅读笔记。

1. 预习：_____

2. 提问：_____

3. 阅读：_____

4. 复述：_____

5. 回忆：_____

6. 复习：_____

第四节　让学习更高效

—— 管理学习资源

心理案例

【同伴分享】时间都去哪儿了

上了大学，自己可支配的时间变多了，课时学习的时间却反而变少了。花了大把的时间在网络社交上，光是微信公众号就关注了三四十个，每天都要把朋友圈刷个七八遍，感觉和上瘾了一样。晚上躺在床上，还要继续刷一两个小时抖音才睡觉。今天本来想做个作业来着,先拿出手机随便看看,不知不觉一个小时就过去了,简直可怕!

——小静　19岁　大一

心理解读

资源管理策略是辅助学生管理可用的环境和资源的策略,包括时间管理策略、学习环境管理策略、努力管理策略、学业求助策略等。成功的学生使用这些策略帮助他们适应环境及调节环境以适应自己的需要。

一、时间管理策略

相比于中学生活,大学生活更自由,这种自由很大程度体现在时间的安排上。有些同学热衷于参加各种活动,不知道合理安排自己的学习时间;有些同学因为没有了老师和家长的监督,整天沉迷于刷剧、玩游戏,无所事事;也有些同学平时从来不学习,考试前才开始挑灯夜战;当然,也有同学对自己的学习和生活有很好的规划,生活、学习两不误,学得轻松又自在。

英国博物学家托马斯·赫胥黎说过这样一句话:"时间最不偏私,给每个人都是二十四小时;时间也是偏私,给任何人不是二十四小时。"也就是说,尽管每个人每天都拥有二十四个小时,但每个人对时间的运用是不一样的,而要在有限的时间内发挥其最大的价值,关键就在于如何更好地把握和管理时间。

心理体验

【时间馅饼】

一、活动步骤

1. 每位同学一张 A4 白纸,将自己昨天 24 小时所完成的事按照时间顺序进行记录。

2. 将这些事项所花费的时间进行汇总整理,列出所做的事项及其花费的时间。

3. 在白纸上画一个大圆圈,将自己在各类事项上花费的时间按比例进行分割,在圆圈中标记出来。

二、讨论与分享

1. 你对你目前使用时间的情形满意吗?

2. 在你的理想中,应该怎样使用时间? 现在再画一个圆圈代表你理想中的时间馅饼。将两幅图进行对照,看看差别有多大。

3. 你能不能采取行动,改变你目前的时间馅饼,使它更接近你理想中的时间馅饼。

在我们的各种学习、活动和未来的工作中,时间是需要首先讨论的要素,我们必须考虑每天应该在什么时间完成多少任务,我们要求提高学习和工作的效率和成本,我们用好时间与浪费时间的差别主要表现在学习、生活以及学生工作的有效性和结果上。研究表明,71.3%的大学生在时间管理方面有问题;52%的大学生时间价值感较差,意识不到时间的有效性与宝贵;49%的大学生时间管理效能感差,无法有效安排自己的时间;45%以上的大学生无法按照事情的重要性安排自己的时间。

时间是极其重要的学习资源,有效的时间管理可以促进学习,并增强自我效能感;无效的时间利用则削弱信心,降低学习效率。时间管理是一门重要的人生课程,它是指通过事先规划和运用一定技巧、方法与工具实现对时间的灵活及有效运用,从而实现个人或组织的既定目标。

(一)合理时间排序

美国管理科学家科维认为,我们可以把要从事的活动按照重要性和紧迫性两个维度进行划分,通过这两个维度可以把事情分为四种类型:重要而紧急的事情、重要但不紧急的事情、不重要但紧急的事情和不重要也不紧急的事情,如图3-8所示。

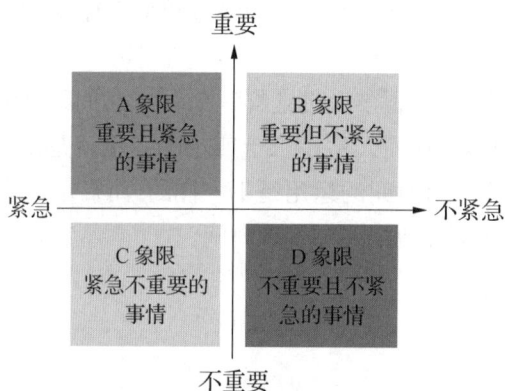

图 3-8　时间管理四象限

你认为一般人在哪个象限里耗费的时间最多? 答案是 D 象限(既不重要又不紧急),因为这类事情毫无压力,比如玩手机、打游戏等可做可不做的事。其次是 C 象限(紧急但不重要),因为"会响的轱辘有油喝",紧急的事情总是吸引人们的注意力。处理这些事情耗费了大量的时间,这种方式以减少处理 A、B 象限的时间为代价,成了一种变相的拖延。这就解释了为什么有的人总是显得很忙,却毫无效率可言。

在生活中,我们总是会遇到一些突发状况或迫不及待要解决的问题,这些事情恰恰是我们忙碌而且盲目的源头。这类事情表面看似 A 象限(既重要又紧急),因为迫切的呼声会让我们产生"这件事很重要"的错觉。实际上就算重要也是对别人而言,我们花很多时间在这个里面打转,自以为是在解决重要的问题,其实不过是在满足别人的期望与标准。如果我们每天都在处理这些事情,我们的时间管理肯定不太理想。成功者往往花费更多的时间做最重要的事情,而不是最紧急的事情。

在实际行动中,我们应该先做既重要又紧急(A 象限)的事情,如复习功课、准备明天的考试等,处理既紧急又重要的事情,普通人和成功的人都要投入一定的精力(大约

20%～30%)。造成时间管理效果差异的秘密在 B 象限,也就是那些重要但不紧急的事情,比如准备 3 个月之后的英语等级考试。成功的人花大约 60%～80%的时间(普通人只有 20%)来处理重要但是不紧急的事情,不断地提高自己,有规律有计划地完成任务,做有创造性的工作,与此同时也极力压缩了在 C、D 象限停留的时间。这就等于掌握了时间的主动权,保持生活的平衡,减少未来可能出现的危机。少做不重要但紧急的事情,如阅读明天就要归还给图书馆的一本小说;不重要也不紧迫的事情最好不做,如玩网络游戏。

总之,我们在安排时间的时候要记住首要的原则:要事第一。确定了自己最重要的事情,不管它是否紧迫,都需要主动处理。只有这样,才能游刃有余地安排自己的学习和生活。

(二)克服拖延

📖 心理案例

【同伴分享】拖延症晚期的痛苦

案例 1:我是"拖延症晚期",什么事都是不拖到最后一刻绝不会动手去做的,最后的结果就是把自己搞得压力山大,做出来的东西也是惨不忍睹。我想有所改变,应该怎么做呢?

案例 2:池子是一名大二的男生。有一天他午睡醒来后,发现全宿舍就剩自己一个人了,他躺在床上想,统计课程的作业后天要交,最近好像没有什么任务了,那我接下来要干什么? 思来想去定不下来,最终用抛硬币的方式决定:正面朝上去看美剧,背面朝上去打游戏,硬币立起来去教室写作业……

人类正是因为拥有理性,才和动物区分开来的。但实际上,人类存在很多非理性的行为,拖延就是典型的非理性行为。图 3-9 形象地描述了大学生在拖延过程中的心路历程:拿到任务并不是立即开始着手做,而是先做很多无关的事情,然后进入恐慌区,接着是哭着在最后期限到来之前慌里慌张把事情做完,结束后捶胸顿足地警告自己下次不能再拖延了。下次有了新的任务后又开始新一轮的循环……

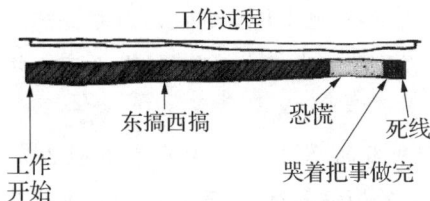

工作过程

东搞西搞　　恐慌　　死线

工作开始　　哭着把事做完

图 3-9　工作拖延时间发展示意图

仅做事拖拉或是懒得去做,只能说是一种"拖延"习惯,有时候拖延是无法避免的。但拖延是很容易出现恶性循环的,俗话说:破罐子破摔,长此以往,就会降低自我的期望,导致自己的表现越来越坏。当拖延成了根深蒂固的习惯,已经影响到情绪,就会出现强烈的自责情绪以及不断的自我否定、自我贬低,因而产生焦虑症、抑郁症、强迫症等心理疾病,日积月累,会影响个人的发展。因此,对因为拖延产生困扰的人来说,需要合理认识拖延现象,培养对自我情绪的掌控能力,如果没有心理上的自律,行动上的自律必然无法持久,用积极的心态努力摆脱拖延的怪圈,才能让我们更好地面对生活。

完成每一项作业和计划就像完成游戏中的进度条。设置合理的目标、及时开始、努力坚持都是在执行进度条。但是在执行的过程中,却存在各种诱惑,稍不注意就容易分心,拖慢进度条。拖延对很多人来说就是一场噩梦,让人们痛恨又无奈,品尝"明明给自己定好的计划总是不能完成"的苦涩滋味。然而人们为什么会拖延呢? 主要原因可以归结在表3-4中。

表3-4 拖延背后的原因

拖延的原因	举 例
觉得完成任务的过程没意思	背单词
问题太难了	做高等数学题
觉得完成这个任务没有价值	洗衣服
害怕别人对自己做的工作给予消极的评价	写论文
对完成后结果的恐惧,或者还有更多任务需要做	设计稿
避免被控制	这个老师太不通情达理,坚决不按时交作业
追求最后期限来临前的兴奋和刺激	晚起床,最后一分钟赶上公交
完美主义	不断修改自己的设计方案
压力过大	精力耗尽了,再也不想努力了
社交需求	同学都拖延,我不拖延没朋友

延伸阅读

【拖延症者的分类】

弗拉里博士将其分成了三大类,如果你是拖延者快来看看自己属于哪一型。

鼓励型(寻找刺激型):有些人把事情拖到最后时刻会感到异常兴奋,只有在这个时候他们才异常激动地有足够的动力去完成某件事,甚至完成得很出色,他们还会为这种冒险带来的刺激沾沾自喜。

逃避型:有些人会回避失败的恐惧,认为自己没有能力完成,或者是对被控制的反抗。一方面他们想逃避内心的烦恼和恐惧,同时他们也希望获得他人的关注或者帮助。

决心型:有一部分拖延症患者是完美主义,一方面他们不够自信,希望拥有更多时间能够更好地完成工作,另一方面他们也感觉自己下不了决心,不下决心就可以回避应对事情。

拖延作为一种习惯,改变起来并不容易。你肯定有过下决心绝不拖延却失败的经历。拖延确实给我们带来了麻烦,很多人把它当作影响自己追求心中梦想和目标的罪魁祸首,更重要的是让人们对自己做出消极的评价。

真正改变拖延,就是认真计算你的拖延成本,真正从心里认识到拖延的代价。我们不仅要正确认识自己,更要在心理层面慢慢纠正、鼓励自己,适当的时候学会寻求帮助,才能逐渐摆脱拖延症的困扰。接着就是行动,很多人认为行动之前必须先改变态度,其实真正迈出第一步不是改变添堵,而是改变行为,做出行动的同时态度也就跟着改变了。

(1)做时间的主人。学着定计划。把一天、一周要完成的任务写在计划表上,按照计划表严格执行,每完成一件可以给自己一个小奖励。每次做事的时候,专注做一件,别想起其他事儿就放下手中重要的工作。学着利用零碎的时间。不是拥有一整块时间才可以用来工作,零碎的时间整理起来也有很多,利用这些时间完成任务中的一部分,会更有成就感。

(2)学会拒绝。最先要拒绝的就是网络。不停地刷微博、看邮件、刷抖音不知不觉一小时就过去了。拔掉网线、关掉 QQ,学着专时专用,完成任务之后再给自己一个奖励,去网上随便逛逛全当放松一下。学会拒绝别人。当别人请求你做某件事时,你不能拒绝恰好又不想做自己的事儿,就变得非常麻烦。想想结果:你既完不成自己的工作,又可能背上轻易许诺的罪名,得不偿失。

(3)锻炼自控力。人们总希望通过一些方式来让自己抵御诱惑,你都用过什么方式呢? 例如切断网络、卸载游戏、远离寝室等,这些实际上都是自控力在发挥作用。自控力是一种帮助我们在面对诱惑时,稳定心率,三思而后行的能力。但是自控力对大脑来说是一项非常耗能的工作,当大脑感到能量不够时,总是倾向于在完全失去能量之前关掉自控力而保持实力。我们提高自控力就是要训练自己相信"我还有实力"。如心理学家威廉·詹姆斯(William James)所说:"通常人经过短暂的努力之后会感到很疲倦,然后我们会想到半途而废。我们很少推动自己穿透疲乏的层面,发掘下面隐藏的潜力。真正去推动自己,必会得到惊人的效果。"

(4)学会接受。很大一部分拖延症患者不愿意接受别人的帮助,习惯把困难藏在心底,直到最后时刻才发出求救信号。其实每个人的优势和拥有的资源不同,也许在你最困难的时候需要心理上的鼓励或者实质上的帮助,而这些对别人来说也许只是举手之劳。接受鼓励与肯定。在完成一个任务之后,为自己安排一次休闲、放松,你会感觉到完成工作之后的安心和满足远远胜过拖延为你带来的短暂的心理安慰。

成长链接

【结构化拖延法】

斯坦福大学的哲学教授约翰·佩里根据自己多年来的拖延经历提出了"结构化拖延法",他认为"拖延者完全可以利用拖着不干正事的心态,完成很多有意思且有意义的事情,从拖延者变身高效能人士"。

第一条：拖延的人并不是一无是处。如果不相信，可以想象自己在拖延这件事的时候是不是完成了很多其他的事情？

第二条：把你必须完成的任务按照重要性和紧急性排序，列一个清单，当然最紧急最重要的事情排在最前头，然后把一些很重要的事情排在后面。

第三条：最关键的一条，为了避免完成清单最上方的任务，开始完成后边的任务。

第四条：直到下一个更紧急、更重要的任务登上最上方，个人就可以拖着新任务，完成原来的重要任务了。这种执行任务的方式，使人们感觉最后期限在生活中非常常见。

"结构化拖延法"看似是一种阿Q精神，却暗示着一种主动建构的价值观，帮助人们换个视角看当下的问题，同时也契合了有关拖延的最新研究：拖延不是时间不够用，而是因为焦虑导致大脑中解决问题的带宽不够，心力不足。或许人们最该解决的不是拖延行为，而是因为拖延带来的沮丧和自我否定，解决了这些情绪因素，就为开始行动提供了动力。

二、学业求助策略

学习不是一个人的事情，必须与他人进行有效的合作，在遇到自己解决不了的问题时，更需要向他人寻求帮助。学业求助是指学生在学习过程中遇到困难向他人请求帮助的行为，它是一种重要的社会支持管理策略。为了解决困难，掌握任务而向他人请求帮助也是独立性的表现，求助是为了解决一个"真正"难题，为了学习和掌握任务而采取的成熟而有目的的行动，其最终目的还是达到自主。

奈尔森·黎高（Nelson-Le Gall）按照求助者的目的将学业求助划分为执行性求助和工具性求助两大类。执行性求助指学习者面临自己不能解决的学习困难时，请求他人"替"自己解决困难。这种求助类型的学生只想要答案或者希望尽快完成任务，自己不做任何尝试就放弃了获得成就的能力，选择了依赖而非独立掌握。工具性求助也称为适应性求助，指学习者遇到学习困难时，借助他人的力量以达到自己解决问题或者实现目标的目的。适应性学业求助的目的是为了独立地学习，而不是仅仅为了获得正确答案。因此，工具性求助策略的学生，在自己能够解决问题的时候会拒绝他人的帮助；在需要帮助时，又能够主动寻求他人的帮助。除了这两种求助类型的学生，也有一些学生在遇到无法独立解决的困难时选择了回避求助，因为他们担心别人会认为他们很笨。

奈尔森·黎高把学业求助过程划分为几个阶段：

（1）意识到求助的需要。个体意识到任务的复杂和困难，发现仅靠自己的能力难以实现目标。

（2）决定求助。个体对求助行为的受益和代价进行权衡，决定是否求助。

（3）识别和选择潜在的帮助者。做出求助决定后，需要决定向谁求助，帮助者的能力、态度是个体选择帮助者的主要标准。

（4）取得帮助。取得帮助的策略有两类：一类是非言语性的，如求助的目光、困惑的表情等；另一类是言语的，直接开口求助。如果求助者发现从某人那里得到的帮助不能令自己满意，还要向别人继续求助。

（5）评价反应。求助者最后还需要对求助结果进行评价,这包括所获得的帮助对问题的解决是否足够、求助策略是否有效、他人对求助的反应等方面的评价。

三人行必有我师焉,学习过程中除了可以利用互联网资源,还可以利用身边的人力资源,获得宝贵的学习经验。"他山之石,可以攻玉。"学习过程中遇到困难和挫折时,要学会向身边人求助。同班同学、学长学姐、任课教师、辅导员、班主任以及学校心理咨询中心的专任教师都可以是求助的资源。同学们要善于利用身边的资源,在遇到问题时主动积极地寻求他人的帮助和指导,从而更加有效地解决问题。

三、学习环境管理策略

大学里那些学业成绩优异的学生往往能有效地运用学习策略,控制影响学习的各种因素,其中学习环境管理就是大学生需要控制的领域。适宜的环境有利于学习,即使学生具备获得成功的知识、技能和态度也是如此,良好的学习环境对个人的学习和成长是至关重要的。学习环境管理的策略主要有选择适宜学习场所和减小或排除他人或音乐之类的干扰两类。

（一）选择适宜的学习场所

这一策略要求学生精心挑选一个或两个固定场所专门用于学习,不能在这些场所开展其他活动。其理论依据是条件反射作用原理,即如果某些行为在同一个地方发生,这个地方就成为发生这种行为的暗示或信号。策略还认为,选择学习场所是排除干扰的好方法,尤其是排除声音的干扰,因为熟悉的声音往往被潜意识地排除,但生疏的、不习惯的声音的干扰通常难以拒绝。

大学生学习的主要场所是教室、自习室、图书馆和寝室。相比于自习室和图书馆,寝室的环境更嘈杂。在寝室里,有的同学可能在聊天,有的可能在看视频,有的可能在做其他事情,这样的环境相对来说更不利于学习,也势必会影响学习的效果。因此,将学习的场所相对固定在图书馆和自习室会提高学习的效率。

（二）控制干扰

控制干扰策略通常要求学生在视觉和听觉干扰最小的地方学习。在这个地方学习,视野中不要出现图画和其他吸引人的东西,并且要减小有可能发生其他活动的目标。在避免听觉干扰方面,策略要求选择一个安静的学习环境,但也有人认为学生对噪音的容忍度是各不相同的,完全没有一点噪音事实上对有的学生来说也是一种干扰,所以他们建议学生们要把自己学习时遇到的干扰记录下来,以便确定自己的问题和需要。策略还认为,音乐是一个潜在的干扰,学习时不要播放,以免影响学习效果。

控制干扰策略将伙伴也当作是干扰学习的因素。因此,学生在寝室里要尽量将书桌远离朋友,如果寝室的学习场所不理想,可以到图书馆去,但也要坐在远离朋友的地方,以免遭受干扰或被闲聊打断学习。那些经常受到噪音、朋友或同学干扰的学生应该努力去改变周围人的行为,但不要用严格的规定去约束他们,而是跟他们讲道理,说明自己的需要并寻求合作。

四、学习资源利用策略

在当今信息化的时代里,学习的方式不再只局限于课堂和书本,各种信息资源、网络课程纷繁复杂,为我们的学习提供了更多的渠道和选择。一方面,要充分利用各种信息资源,学会研究性学习。大学里的作业不再是单纯的计算、背诵这样简单,往往需要收集很多资料。这就要求大学生要充分利用大学里面的各种学习资源。用哪些检索工具、怎么使用这些资源,都是需要去不断学习的。但在使用网络资源的时候也要注意避免抄袭的问题,不能随便复制、粘贴。另一方面信息资源过多也会造成认知超载,在利用网络资源时要带着一定目的,切不可无限制地漫游,让自己过多的时间浪费在搜集信息而不是利用信息上,避免身入宝山空手回。

📖 心理指南

【有效时间管理的策略】

了解该把精力主要放在哪里,不等于进行了有效时间管理,必须进行实践,并且持之以恒。

1. 确立有规律的学习时段。每天只要预留固定的几个小时来学习,那么学习就不需要每天重新计划,而会成为一种习惯化的活动。

2. 确立切合实际的目标。很多同学倾向于低估完成一个学习任务所需要的时间,因此他们应该稍微高估所需要的时间,直到有比较精确的估计能力为止。

3. 使用固定的学习区域。当学生在一个采光良好、远离噪声、没有分心因素、能够集中注意力学习的地方学习时,他们的时间利用会更有效。

4. 分清任务的轻重缓急。当有很多事情需要做时,应分清事情的轻重缓急,先完成相对重要的事情。通常,先解决困难的事情,然后完成相对容易的事情,因为我们的注意力往往是在开始的时候更为专注。

5. 学会对分心的事情说"不"。当朋友、同学或其他人想和你聊天而不是学习,或者想完全摆脱学习时,作为学生必须准备好以一种并不冒犯的方式对他们说"不"。

6. 自我奖励学习上的成功。我们可以把完成学习任务后就可做自己喜欢的其他活动作为激励条件,来提高自己的注意力。但关键要保证各种奖励是在学习目标实现之后才可以得到的。

第四章　化解冲突　和谐交往
——大学生人际关系提升

学习导读

　　人际交往是人的基本需求,生活在一个社会群体中的个体,总会同社会广泛接触,同他人建立各种各样的联系,产生人际交往。人际交往不仅是维护和发展人与人之间关系的纽带,是形成舆论、士气、时尚等社会心理现象的前提,同时也是个体心理正常发展的基础和必要条件。在社会生活中正是由于人们不断地进行人际交往,传播社会思想,吸收有关信息,个体心理才由低级向高级发展。同时,良好的人际关系是一个人获得快乐和获得成功的重要因素。处于由学校向社会过渡阶段的大学生,更需要发展人际交往的能力,掌握人际交往的智慧,消除人际困扰,以便将来更好地融入社会生活。通过本章学习,我们可以认识到良好的人际关系对大学生身心发展的重要意义,熟悉人际交往的理论,掌握人际交往与沟通的技巧和方法,学会利用人际资源在合作和竞争中实现双赢。

第一节　拉近心的距离
——人际关系概述

心理体验

【不能没有你呢!】

　　请你和此时此刻在你身边的人一起做个游戏吧。游戏规则是给你们5分钟的聊天时间,你们可以随意聊任何你们喜欢的内容,聊天的过程中不能使用"你"这个字。当然,也不允许使用英文 you 或相应的古汉语来代替。只要一方说出"你"这个字,另一方就可以刮他的鼻子一下或弹他的脑门儿一下,以示惩戒。

　　好了,开始吧!

　　……

　　怎么样?你的鼻子或者脑门儿很受伤吧?呵呵,你有没有发现,在我们的生活中,的确"不能没有你"呢?是的,我们很多时候并没有意识到,我们远比我们以为的更需要和人在一起。

丰富多彩的大学生活使来自五湖四海的大学生相聚一堂。大学期间的人际交往直接影响着大学生的学习与生活,影响着他们的心理健康。能够正确地处理人际关系也是每个人必备的社会生存能力。因此,对大学生人际交往能力的培养显得至关重要。

心理解读

一、人际关系的概述

在汉语中,交往的概念最早见于《孟子·万章下》:"敢问交际,何心也?"后来,交往就泛指人与人之间往来的这种表现形式。在心理学上,人际关系又称为人际交往,是指在人与人的交往活动中所发生的直接的、可感知的心理关系。它反映人际交往双方的情感距离和相互吸引与排斥的心理状态,而它的发展变化取决于双方社会需要的满足程度。

人是社会性动物,人际关系作为社会关系的一种,是人类特有的需求和表现。只有不断地与人交往,人才能健康成长,心理才能得以发展。我国心理卫生先驱丁瓒教授认为,"人类的心理适应,除了对自然和环境的适应之外,就是人际关系的适应了"。

人际关系具有以下三个特点:首先,人际关系以人们的需要为基础。有了需要,才有建立人际关系的动力。其次,人际关系以交往活动为手段。它借助于交往活动使双方渐渐消除陌生感从而拉近心理距离。交往活动的频率是人际关系亲疏的一个指示器。一般来说,交往的频率越高,人际关系越密切;交往频率越低,人际关系越疏远。最后,人际关系以情感为纽带。人们在交往活动中呈现出来的喜欢、亲近或疏远、淡漠的情绪状态是人际关系好坏的又一个评价指标。

从心理学角度来看,人际关系的形成包含着认知、情感和行为三种心理因素的相互作用。认知成分反映个体对人际关系状况的认识和了解,包括对他人和自我的认知;情感成分是指交往双方在情绪上的好恶程度,以及他们对交往现状的满意度等;行为成分则主要包括交往双方在活动中的外在表现和结果,如行为和举止风度、表情、手势以及言语等。认知、情感和行为是人际关系中的三个相互联系、相互影响的心理因素,其中认知成分是人际关系发展的基础,决定了人际关系的性质;情感因素制约着人际关系的亲密程度、深浅程度和稳定程度,是人际关系的主导成分;行为因素既是人际关系的结果,又是人际关系的表现。一般来说,人际关系如果不一样,我们对人的认知和理解、情绪体验以及各种行为也会有所不同。反过来,它们又会影响我们与他人的人际关系。

二、人际关系的重要性

(一)满足心理需要

人的各种需要离不开人际交往。美国心理学家马斯洛把人的需要由低到高分为五个层次,依次是生理的需要、安全的需要、归属和爱的需要、尊重的需要、自我实现的需要。这些需要无论是物质的还是精神的,都要在交往和关系中才能得到满足。生理的需要离不开与他人的合作、交换,安全感的建立需要依赖他人和群体,归属和爱的需要只有在交往中才能够得到满足,尊重的需要则要在得到他人的认可和尊重后才能够得到满足,自然也离不开交往。而且,马斯洛所说的自我实现的人也不是孤立的个体,而是与他人和社会密切联系的人。

(二)促进个性发展

人际交往是个性发展和完善自我的必要手段。《学记》中说:"独学而无友,则孤陋而寡闻。"在人际交往的过程中,个体通过与别人的交往、比较,提高对自己、对他人的认识,了解自己和周围的环境。而且随着交往范围的扩大和交往深度的增加,个体对自己的认识越来越深刻,对他人和环境的认识也越来越完整,这样才能形成良好的自我概念,塑造完美的人格。心理学家奥尔波特发现,个性成熟的人都同别人有良好的交往与融洽的关系,他们可以很好地理解他人,具有给他人温暖、关怀、亲密和爱的能力。

(三)有利于身心健康

现实治疗法的创始人威廉·格拉塞认为,所有的心理问题都是因为缺乏或没有满意的人际关系。新精神分析学家霍妮认为,神经症是人际关系紊乱的表现。人类的心理病态主要是由人际关系失调引起的。也就是说,人际关系紧张的人不但会事业受阻,而且心情会不好,还会陷入极大的痛苦之中。许多研究表明,良好的人际关系是心理健康的重要表现。良好的人际关系可以为人们提供社会支持,使人们获得他人的情感与关怀、信任与友谊;遇到困难或挫折时,来自他人的精神援助、心理慰藉和各种支持可以帮助个体舒缓压力、消减消极情绪、维护身心健康。

心理案例

【我糟糕的人际关系导致挫败的职场体验】

小兰今年23岁,目前在一家公司从事财务统计工作,工作内容比较枯燥机械。由于她的人际关系出现了问题,影响到了她的精神状态,最终她不堪忍受痛苦,向心理医生在线咨询。

小兰诉说到,我从小就不太合群,朋友极少,到现在差不多没有朋友,从毕业到现在4年了,一直在找工作与换工作之间。一般都是我的人际关系问题,因为不合群,老板都认为我没有团队精神,所以试用期一结束就被炒掉。

到现在为止,我的自信与自尊差不多已经降到了零,同事觉得跟我在一起压抑很闷,不怎么跟我说话。我就是对什么都没兴趣,除了电脑以外。我喜欢与电脑有关的一切,喜欢上网下象棋。总是没什么高兴的事,很无聊提不起情绪,年轻轻的没点朝气和活力,都快忘了应该怎样笑了,成天脸上没什么表情,反应有点慢,记忆力下降。

所以,良好的人际关系对每个人真的很重要!

三、大学生人际交往的特点

随着社会的发展,信息化浪潮汹涌而至,当代大学生的人际交往也出现了多元交往与开放交往的新趋势和新特点,主要表现在交往范围、交往方式、交往动机、交往内容、交往手段几个方面。

(一) 交往范围扩大

进入大学以后,因为现实条件和每个人的心理发展需求都发生了很大变化,所以大学生的交往范围也发生了很大变化。大学生与父母、教师的空间距离明显增加,相处时间明显减少,大学生的人际交往更多是在同龄人之间进行,交往对象由以前的亲缘、朋辈转向更广泛的社会交往群体,不仅包括家人、教师、同学,还包括同辈群体和其他社会角色群体。

(二) 直接交往与间接交往并重

大学生每天的生活基本都是教室—餐厅—图书馆—寝室"四点一线",因此,大学生的人际交往以日常面对面的接触为主。大学生往往会淡化班级的概念,寝室是他们在校期间生活和学习的主要场所。在寝室,大学生可以畅所欲言,可以相互帮助、相互照顾。在这种亲密的接触和交流中,舍友之间能够自然地产生纯朴的同窗情谊,建立良好的同学关系。但随着交往和了解的深入,不同的成长环境、家庭背景、生活习惯都有可能成为继续交往的障碍。

随着信息技术的迅猛发展,加之网络具有自由性、平等性、共享性、隐蔽性、弱规范性、开放性等特征,大学生可以自由地、平等地在网络上表述自己的情感、思想、观念,而不受现实生活中有关人际交往的社会规范的制约,因此,利用网络与他人进行交往逐渐成为当代大学生人际交往的重要方式。网络交往打破了时空限制,扩大了交往范围,大学生的信息流量和存储量空前增加。

(三) 情感型交往与功利型交往并重

大学生对人际交往有强烈的动机,希望通过交往获得"一生的知己"。大学生在人际交往中十分注重感情的交流,讲究情投意合和心灵共鸣。但是,随着社会的发展和变化,大学生的交往目的也趋于"理性化、世俗化",交往动机变得复杂,开始注重交往中的互惠互利,注重交往的后果与效益,选择与那些能促进自身发展的人交往。因此,大学生的人际交往在注重情感交流的同时,也越来越注重与自身社会利益相关的务实性,呈现出情感型交往与功利型交往并重的趋势。

（四）交往内容具有丰富性

大学生的许多交往活动都是围绕学业展开的。共同的兴趣和爱好,互相促进和帮助使很多同学逐渐获得了友谊。同时,他们也热衷于社会问题的调查研究,他们还关心时事,积极参加社会实践,通过参加公益活动、勤工助学等增加对社会的了解,扩大社会交往的范围,提高独立谋生的本领。当然,大学生往往思想单纯、阅历尚浅、面对纷繁复杂的社会交往情境时更要加强自我保护意识。

（五）交往手段具有多样性和灵活性

当代大学生不仅采用互访、聊天等传统手段进行交往,还利用社团活动、聚会、体育活动、结伴出游以及其他集体活动认识朋友、发展友谊。现代科学技术使得网络人际交往成为一种新型的、重要的人际交往手段。学生们通过电子邮件、论坛、聊天软件等在虚拟世界中聊天、交友、游戏,人际交往变得更方便、更快捷,交往范围也更广阔了。

心理体验

【心有千千结,也有千千解】

在"心有千千结"这个活动中,人与人看似结成了复杂的"人结",但是,经过一番穿梭、跨越,人与人的关系开始变得简单、明了。这个游戏告诉我们,在人际交往过程中,不论是多么复杂的心结,只要双方积极地沟通、交流,误会总会被消除。

（一）活动名称

心有千千结,也有千千解。

（二）参加人数

每组10~20人,可分成若干组。

（三）活动时间

20分钟。

（四）活动场地

室内或室外,周围空旷,没有障碍。

（五）操作规则

若分组,则用时最少的组获胜。

（六）活动内容

活动时,组员手牵手围成一个大圆,大家面向圆心。请组员一定要记住自己左手和右手牵的人是谁。然后松开手,组员们在小范围内随意走动,走动一定时间后,组员们站定,在不改变位置的情况下去牵原来左右手牵的人（如果实在够不着,可稍微挪动）。现在,手与手之间、人与人之间结成了一个异常混乱的"死结",要求在不松手的情况下把结打开,并恢复成最开始手拉手的状态。当出现"结"很难打开的情况时,应继续。只要每个人左右手牵的人是刚开始的同伴,这个结是肯定能打开的,并且能恢复原貌。

（七）体验分享

在生活中，每个人都会和同学发生一些小摩擦，可能因为怕丢面子或其他原因而没有很好地解决问题，其实，只要一方主动找对方和解，把事情说开，解释清楚，心结自然会被打开。

同学们，你们在交往中存在什么问题？遇到过类似的事情吗？你是如何解决的？请大家分享和讨论你的故事，分析交往中存在的问题及原因，一起找到解决的办法，并尝试制订改变计划或方案。

（八）拓展训练

同学们的讨论对你有什么启发？

_____

_____

心理保健方法

一、宿舍人际关系维护

在大学里，宿舍关系是最基本的人际关系，也是最容易产生冲突的人际关系之一。宿舍关系质量会对大学生的学习、生活产生重要影响。有研究表明，大学生的宿舍关系与其主观幸福感、学习态度和学习效能存在显著正相关。

宿舍关系问题大概可以分为两类：一是矛盾多，二是关系冷淡。宿舍关系是大学时期时空距离最近的人际关系，也是矛盾、纠纷比较集中的人际关系。来自五湖四海的室友朝夕相处，每个人的行为习惯、性格特征、文化背景都在宿舍这个狭小的空间中完全凸显出来，在这些方面存在较大差异的大学生就会不可避免地产生矛盾。由于网络的普及，很多同学沉溺于网络游戏、网络聊天等，很少与身边同学进行交流，这也在一定程度上导致了宿舍关系的淡漠。

处理好宿舍关系需要全体成员共同努力。首先，要制定一些宿舍规则，如作息时间表、值日表以及其他日常事务管理规则等。制定规则时要把常常引发争论的问题摆出来，大家一起讨论，每个人都要参与规则的制定，这样大家才愿意遵守。其次，要多沟通交流。宿舍成员要积极参与宿舍的讨论和活动，了解别人的成长经历、生活背景，认识到大家在性格和习惯上的差异。多一分了解，就少一分误会。最后，有问题要及时沟通解决。有的同学和舍友产生了冲突、矛盾，心里不愉快，嘴上不说，但在交往中却表现出回避、拒绝、厌恶的行为或情绪，把小矛盾扩大化，而对方可能还不知情，感到莫名其妙。及时沟通，让对方知道你的感受，澄清事实，厘清问题，多一些包容和谅解，少一些误会和误解，不愉快也就烟消云散了。

二、学会说"不"

喜剧大师卓别林说过："学会说'不'吧！那你的生活将会美好得多。"良好人际关系的建立并不意味着一味迎合对方。在人际交往中,适当的拒绝也很重要。盲目地顺从对方会使交往变成一种负担,从而给自己造成不必要的压力。如何拒绝是一门艺术,一般有以下一些方式:

(1) 直接拒绝。要陈述清楚拒绝的原因,尽量避免态度生硬、说话难听。

(2) 婉言拒绝。用温和委婉的语言来表达拒绝,在更大程度上顾全了被拒绝者的尊严,如"这个活动非常有意思,但……"

(3) 回避拒绝。就是避实就虚,既不说"是",也不说"否",搁置起来,转而议论其他事情。遇到别人过分的要求或难以回答的问题时,可以使用这个方法。

(4) 沉默拒绝。当别人的问题很棘手,甚至具有挑衅性、侮辱性时,不妨以静制动,一言不发,这种不说"不"的拒绝往往会产生很强的心理威慑力。

心理训练

【你的建议是什么?】

小雯(化名)是某大学二年级的学生。她特别渴望能够与舍友融洽和睦地相处。她觉得大家住在一起,交流也多,成为好朋友最好不过。所以她对舍友可谓有求必应,同时她也渴望得到别人的关注和帮助。很多时候舍友的请求让她感到为难,但她无法拒绝,因为她怕如果自己拒绝了别人的请求,别人会觉得自己不合群、自私,会有人在背后说自己的坏话。这些想法使她承受了很大的心理压力,试图逃避这种"复杂"的宿舍关系。

宿舍关系是大学生活中最重要的人际关系之一,每个大学生都渴望处理好宿舍关系。针对小雯的困惑,你有什么建议呢?

我建议的行动方案:＿＿＿＿＿＿＿＿＿＿＿＿＿＿＿＿＿＿＿＿＿＿＿＿＿＿＿

＿＿＿＿＿＿＿＿＿＿＿＿＿＿＿＿＿＿＿＿＿＿＿＿＿＿＿＿＿＿＿＿＿＿＿＿＿

心理小贴士

美国芝加哥大学的社会心理学家在该大学的300名大学生中,调查什么行为最令人厌烦,其中名列前八位的是:

1. 经常向别人诉苦,包括个人健康问题、经济困难、工作情况等,但对别人的问题却从不感兴趣,不予关注。

2. 经常唠叨,只谈论一些琐事,或不断重复一些肤浅的见解及一些空话。

3. 言语单调,喜怒不形于色,对任何事都漠然视之,情绪上毫无反应。

4. 过于严肃,不苟言笑。

5. 缺乏投入感,在社交场合中悄然独立,既不参与别人的活动也不主动与人沟通。

6. 态度过激,或语气浮夸粗俗、满口脏话。

7. 过分以自我为中心,不断向人诉说自己。

8. 过分热衷于取悦别人,不惜花言巧语,以博得别人的好感。

任何人都可能会出现令人厌烦的行为，我们不可能让所有人喜欢自己。如果你偶尔有这些行为，不必大惊小怪，但如果这些行为经常出现，就需要加以注意了。

第二节　沟通你我他
——人际网络的构建

心理实验

【一个人究竟能单独待多久?】

1959 年，美国心理学家沙赫特进行了一项实验来回答这个问题。

他设计了一个封闭的房间，里面有一桌、一椅、一床、一马桶、一灯，除此之外，没有其他物品。一日三餐有人送，但不和里面的人接触。实验报酬非常优厚，而且待的时间越长报酬越多。有 5 名大学生自愿加入该实验，其中，最短的一个人呆了 20 分钟就受不了了，要求放弃实验，而最长的一个仅呆了 8 天。

在衣食无忧，还有可观报酬的情况下:

为什么要放弃实验?

一个人单独待着就这么让人难以忍受吗?

不与人交往难道就不可以吗?

美国心理学家沙赫特的"人际剥夺"实验结果表明:

作为社会性的人，离不开与别人的交往。也就是说，人际交往是人的一种需要，就像人需要吃饭、睡觉一样。人的身心要想正常工作就需要不断地从外界获得新的刺激。

理论知识

一、人际吸引

人际吸引是人与人的相互接纳和喜欢，是人与人建立感情关系的基础。心理学家阿伦森通过调查，提出被别人喜欢的方面包括:一是信仰和利益与自己相同;二是有技术、有能力、有成就;三是具有令人愉快或崇敬的品质;四是自我悦纳。怎样才能成为一个受人欢迎的人呢? 心理学家通过广泛的研究提出人际吸引的条件主要包括以下几个方面。

(一) 接近性

俗话说"近水楼台先得月""远亲不如近邻"，这说明空间距离是形成亲密人际关系的一个重要条件。菲斯汀格对麻省理工学院已婚学生眷属宿舍的邻里友谊与空间距离远近的关系进行调查后发现，被调查者入住一段时间后所结交的新朋友几乎离不开四个接近性特征:① 是被调查者的邻居;② 和被调查者同楼层;③ 和被调查者的信箱靠近;④ 和被调查者走同一个楼道。在大学里,同学、舍友、老乡或同一个社团的成员经常接触、交往频繁,容易建立起比较亲密的人际关系。

(二) 相似性

所谓"物以类聚,人以群分",是说兴趣、爱好、价值观、经历、背景相似或相同的人比较容易形成亲密的人际关系。有人通过实验研究也证实了人际交往的这一规律。他向参加研究的大学新生提供 16 周的免费住宿。在入住之前,研究人员先测量了互不相识的新生的态度、价值观和个性等心理特征,把心理特征相似或不同的大学生安排在一间宿舍,然后定期测量他们对一些事情的态度、看法以及对室友的喜欢程度,研究的最后阶段让这些大学生自由选择愿意和谁住一个房间。结果发现,入住初期,空间距离是决定彼此交往频率的重要因素,但到了后期,态度、价值观和个性上的相似性超过了空间距离的重要性而成为建立亲密人际关系的基础,持相同意见和态度的大学生往往选择住在同一个房间。因此,态度、个性相似的人的分歧会比较少,友谊的发展就更容易。

(三) 互补性

与相似性相联系的是互补性。研究发现,需要的互补、社会角色的互补、某些人格特征的互补可以增加喜欢和吸引的程度,如开朗外向者喜欢与沉默内向者相处,依赖性强的人更愿意与独立性强的人交朋友。交往双方由于有不同于对方的优点或缺点,彼此可以取长补短,满足对方的需要,因此彼此的喜欢程度也会增加。当然,互补性发挥积极作用的前提是双方有相似的态度或共同的目标。

(四) 外在形象

大量研究表明,外在形象会引发明显的"辐射效应",使人们对高魅力者的判断具有明显的倾向性。好的外在形象容易给人带来良好的第一印象,人们往往会武断地对貌美者的其他方面也给予积极的评价。但是,随着交往的深入以及相互之间认识和理解的不断加深,外在形象的作用会越来越少,人格品质、能力等内在因素的作用会更加凸显。

(五) 人格品质

美国心理学家安德森于 1968 年在大学生群体中做了一项关于影响人际关系的人格品质的调查,结果表明:最被喜欢的六个人格品质是真诚、诚实、理解、忠诚、真实、可信,其中后五种品质都直接或间接地与真诚有关,而最不被喜欢的人格品质是不可信、虚假、不真诚,它们也与真诚有关,是真诚的反面。由此可见,真诚的人在人际交往中最受欢迎。

表 4-1　个人品质受到喜欢的程度

高度喜欢的品质	中性品质	高度厌恶的品质	高度喜欢的品质	中性品质	高度厌恶的品质
真诚	固执	古怪	可靠	不明朗	不善良
诚实	刻板	不友好	热情	易动情	不可信
理解	大胆	故意	善良	羞怯	恶毒
忠诚	谨慎	饶舌	友好	天真	令人讨厌
真实	追求完美	自私	快乐	好动	不真实
可信	易激动	狭隘	不自私	空想	不诚实
聪慧	文静	粗鲁	幽默	追求物欲	冷酷
可依赖	好冲动	自负	自责	反叛	邪恶
有头脑	好斗	贪婪	开朗	孤独	虚伪
体贴	腼腆	不真诚	信任别人	依赖别人	说谎

（六）能力

人们对有能力的人的态度往往出人意料，甚至矛盾重重。表面上看似乎一个人能力越高、越优秀，就越受人欢迎，但是研究却发现，在一个群体中最有能力的人往往不是最受欢迎的人，才能出众但会犯小错误的人才最受欢迎。每个人都希望自己周围的人有才能，有一个令人愉快的、能够给予自己支持与帮助的人际网络，但是如果别人的才能使自己可望而不可即，那么个体会产生心理压力。这就是中国人所说的"木秀于林，风必摧之"。显然，能力与被人喜欢的程度在一定范围内成正比，超出这个范围，个体则可能会产生逃避或拒绝，因为任何人都不愿意喜欢一个总显得自己无能和低劣的对象。

二、人际冲突

正如世界上没有两片相同的树叶一样，每个人也是独特的，有着不同的需要、目标、生活习惯、理想和价值观。正是这些不同，使得人际冲突成为人际交往中不可避免的现象。人际冲突主要指的是由人际交往双方的沟通障碍、需要不同、认识差别、个性差异等引起的，发生在人与人之间的一种对立、紧张甚至敌对的状态。它既可以是隐性冲突，表现为心理和情感上的对立，也可以演化为行为上的显性冲突，如对抗和攻击行为。

人际冲突对人际关系的影响具有两面性，既可以是挑战，也可以是机遇。一方面，人际冲突的发生往往会给交往双方带来负面的影响和消极的情绪，当冲突升级为行为上的对抗和攻击时，还会给身心健康带来伤害，导致关系的破裂。另一方面，人际冲突也有其建设性的作用，正所谓"不打不相识"。冲突致使人际关系中隐藏的问题凸显、表达出来，从而促使双方意识到问题，并着手解决这些问题；冲突能够使双方宣泄不满、愤怒等消极情绪，以免这些情绪过度积累最终造成不可弥补的后果。辩论、争论可以澄清、化解冲突双方的误解、不满,从而消除隔阂,增进理解,加深关系。

当人际冲突发生时,我们该如何应对呢? 美国心理学家托马斯提出的五种冲突解决策略最为有名。① 回避策略,就是既不满足自身利益也不满足对方的利益,试图不做处理,置身事外;② 强迫策略,就是只考虑自身利益,为达到目的而无视他人的利益;③ 迁就策略,就是只考虑对方利益而牺牲自身利益,或屈从于对方的意愿;④ 合作策略,就是尽可能满足双方利益,即寻求双赢局面;⑤ 折中策略,就是双方都有所让步,达到冲突解决。

大学生的自身发展尚不成熟,情绪不够稳定,比较容易发生人际冲突。张翔、樊富珉对中国大学生人际冲突的研究发现:大学生人际冲突的来源主要是沟通障碍、习惯差异、被侵犯、认识差异、情绪态度、制度结构和利益争夺。沟通障碍是大学生人际冲突的首要来源,而利益争夺是大学生感知最少的冲突来源。大学生采用的冲突处理策略主要有合作折中策略、迁就回避策略和抗争策略。其中最常用的是合作折中策略,其次是迁就回避策略,最少采用抗争策略。大学生的人际冲突行为主要表现为直接攻击、拒绝合作和问题解决。面对冲突时,大学生最常采用问题解决行为,其次是拒绝合作行为,最少采用直接攻击行为。

三、大学生的人际交往困惑

大学生青春洋溢、充满活力,他们往往有着强烈的交往愿望,希望能够与其他人一起分享自己的体验和感受,同时也非常希望自己的友谊能够长久。但是,由于多方面的原因,大学生在人际交往中往往存在一些困惑。

(一) 缺乏交往的勇气和信心

有些大学生虽然有强烈的与同学交往的愿望,希望自己能够有些知心朋友,但是个性、家庭背景、生活环境等多方面的不同往往使得一些同学缺乏交往的勇气和信心。这些同学总是担心自己在交往中不会被别人接纳,因此他们往往在人际交往中处于被动地位,不能主动与同学交流自己的想法、分享自己的快乐,甚至有一些同学对人际交往存在一定的恐惧心理和不同程度的交往焦虑。与同学、教师缺乏正常交往,给这些大学生的学习和生活带来了很多烦恼。

(二) 不愿与他人交往和相处

有些大学生受到成长环境的影响,自高自大、孤芳自赏,他们瞧不起别人,很少顾及他人的感受,也缺乏与别人合作的精神。他们通常以自我为中心,对周围的人和事从不关心。还有的大学生由于自卑、害羞、多疑、敏感等,从小就不善言辞,总觉得与人交往是比较麻烦或困难的事情,对他人缺乏必要的信任与理解,总希望独来独往。人与人只有相互帮助、相互支持才能生活得更美好。不愿意与人交往和相处也势必会给他们的身心健康以及个人生活带来问题。

（三）缺乏交往的技巧和方法

人际交往是一门学问，也是一门艺术。很多大学生愿意与其他人交往，希望多一些朋友，但是由于缺乏必要的人际交往技巧和方法，往往事与愿违。在与他人交往过程中，有的同学过于生硬、刻板、木讷；有的同学不注意沟通的技巧、方法和原则，显得过于热情；还有的同学不注意时间和场合乱开玩笑，对别人不够尊重，甚至过于自我暴露等。他们虽然有与人交往的美好愿望，但是往往无法收获长久的友谊。

（四）沉溺于网络交往，忽视现实交往

网络交往打破了时空限制，为大学生人际交往提供了一种新的途径和体验。它扩大了大学生的交往范围，满足了他们多样化的交往需要。网络具有匿名性、虚拟性等特点，使得一些大学生沉溺于网络交往，渐渐忽视现实交往。特别是当一些学生在现实生活中受到挫折和打击的时候，他们往往不愿意寻求周围同学和朋友的帮助，而是通过网络获得帮助、关心，甚至通过网络发泄以寻求心理的慰藉和平衡。虽然这种形式的交往在一定程度上可以帮助人们渡过心理上的难关，但是长此以往，人们在现实生活中的交往技能将逐渐退化。因此，长期沉溺于网络的同学在现实生活中往往会有一定的人际交往困惑。

心理测验

【人际沟通类型自测】

对下列各题做出"是"或"否"的选择。

1. 我碰到熟人时会主动打招呼。（　　　）

2. 我常主动联系友人表示思念。（　　　）

3. 我旅行时常与不相识的人闲谈。（　　　）

4. 有朋友来访，我从内心里感到高兴。（　　　）

5. 没有人引见，我很少主动与陌生人谈话。（　　　）

6. 我喜欢在群体中发表自己的见解。（　　　）

7. 我同情弱者。（　　　）

8. 我喜欢给别人出主意。（　　　）

9. 我做事总喜欢有人陪伴。（　　　）

10. 我很容易被朋友说服。（　　　）

11. 我很注意自己的仪表。（　　　）

12. 约会迟到，我会长时间感到不安。（　　　）

13. 我很少与异性交往。（　　　）

14. 我到朋友家做客从不感到不自在。（　　　）

15. 与朋友一起乘公共汽车，我不在乎谁买票。（　　　）

16. 我和朋友联系时，常诉说自己最近的烦恼。（　　　）

17. 我常能交上新的知心朋友。（　　　）

18. 我喜欢与有独到之处的人交往。（　　　）

19. 我觉得随便暴露自己的内心世界是很危险的事情。（　　　）

20. 我对发表意见很慎重。（　　　）

参考答案如下：

1. 是　2. 是　3. 是　4. 是　5. 否　6. 是　7. 是　8. 是　9. 是　10. 是　11. 是　12. 是　13. 是　14. 否　15. 否　16. 是　17. 是　18. 是　19. 否　20. 否

评分标准：各题答对记 1 分，答错不记分。

将 1 至 5 题得分相加，其分数说明交往主动性水平。得分高说明交往偏于主动型，得分低则说明交往偏于被动型。

将 6 至 10 题得分相加，其分数说明交往支配性水平。得分高表明交往倾向于领袖型，得分低则说明交往偏于依从型。

将 11 至 15 题得分相加，其分数说明交往规范性程度。得分高意味着交往讲究严谨，得分低则意味着交往较为随便。

将 16 至 20 题得分相加，其分数说明交往开放性程度。得分高表明交往偏于开放型，得分低则表明交往偏于闭锁型。

如果得分不是偏向最高分和最低分两个极端，而是处于中等水平，则表明交往倾向不明显，属于中间综合型的交往者。

心理保健方法

每个人都希望自己的友谊能够天长地久，都希望自己的生活充满阳光。然而在生活中，我们总会因为种种原因与他人发生矛盾和冲突。如果这些问题不能及时处理，就可能会给我们的友谊蒙上阴影，甚至让友谊破裂。因此，在人际交往中，学会解决冲突是十分必要的。

一、客观了解冲突的产生原因

即使是最好的朋友，也可能因为每个人的经历、背景、观点的不同而发生分歧。在发生冲突时，我们可能都会带有一定的情绪，都会认为冲突的发生是对方的原因。"一个巴掌拍不响"，冲突的发生肯定有双方的原因。我们可以试着从主观和客观、自身和他人等多个视角去认识冲突的产生原因。如果我们能够客观地了解冲突的产生原因，就能尽快控制和消除冲突。

二、提出冲突的解决方法

每个人都有自己习惯的解决问题的方式。有些人喜欢以理服人，遇到冲突时总会与别人争辩得脸红脖子粗；有些人喜欢用武力让别人屈服，遇到冲突时总会拳脚相加；有些人喜欢冷处理，遇到冲突时总会默默走开……其实，解决冲突的方法不止一种。当问题出现时,我们可以试着提出不同的解决方法,并思考每种解决方案的利弊,这样更有利于我们有效地解决冲突。

三、学会沟通与批评

在冲突发生的过程中,双方有一些争执是正常现象。但是,大家都知道争论的结果往往是两败俱伤,让双方的心里都觉得不舒服。因此,在发生冲突的过程中,我们要学会运用沟通的艺术,不能得理不饶人,也不能对对方进行人身攻击,尤其不能一味地指责、抱怨和批评对方,因为这样会让对方的自尊心和自我价值受到贬损。我们可以委婉、客观地提出自己对事情的想法,即对事不对人。在沟通过程中要让对方感受到你是为了解决问题,而不是为了批评或者指责对方,只有这样才有利于问题的解决。

四、勇于承认自己的错误

在冲突发生时,我们自身或多或少也会有错误。为了冲突的顺利解决,我们要勇于承认自己的错误。勇于承认错误不仅是解决冲突的明智之举,也是良好人际关系的润滑剂。因为承认错误不是自我否认、贬低自己、向对方低头,而是一个自我成长的过程,是能够承担责任的表现。在发生冲突的过程中,如果我们能够做到自己先承认错误,相信很快就会化干戈为玉帛。

成长链接

【距离也是一种美】

生物学家在研究刺猬的习性时做了一个有趣的实验。在寒冷的冬天,研究人员将十几只刺猬放到户外的空地上。这些刺猬冻得瑟瑟发抖,为了取暖,它们只好紧紧地靠在一起。相互靠拢后,刺猬身上的长刺又会让彼此难以忍受,很快它们就会各自分开。挨得太近,身体会被刺痛;离得太远,又冻得难受。没过多久,刺猬又逐渐靠拢,经过多次摸索,它们逐渐找到了一个适中的距离,既可以相互取暖,又不至于被刺痛。这个实验被心理学家称为"刺猬法则"。其实,人与人在交往中也需要保持恰当的距离。我们每个人都需要一个私密的空间,不容许任何人"侵犯",包括我们的伴侣、朋友和父母。当这个空间受到他人触犯时,我们就会变得惶恐不安。为了维持我们美好的友谊,让我们给彼此一个独立的空间吧!

心理小贴士

【人际冲突应对法】

大学生来自五湖四海,生活经历、行为习惯和性格各不相同,难免发生矛盾、冲突。发生人际冲突时可以使用如下调节方法:

1. 在自己发脾气时,可以赶快离开冲突环境。

2. 把自己闷在心里的愤怒通过其他方式发泄出来。

3. 用理智抑制自己的愤怒情绪,使自己逐渐恢复平静。例如,当你气愤时,先数到10,然后再说话。

4. 以专注、倾听、接纳、理解、尊重、真诚和积极关注的态度化解矛盾,重建更为友善的关系。在交流中要不断澄清双方的共同点与不同点,理解冲突的实质。

5. 学习交往技巧,适当地站在对方的角度思考问题。

心理训练

我们在与其他同学交往时,不可避免地会发生冲突。这些冲突就像平静湖水中泛起的涟漪、美妙旋律中不和谐的音符,总会让我们的友谊失色。面对人际冲突,我们该怎么办呢?

张文(化名)是某大学三年级的学生,性格外向、直爽,但说话不注意场合,经常因为小事与舍友或同学发生冲突。有一次他留宿朋友在宿舍,晚上很晚了他仍然和朋友大声谈笑,使其他同学睡不了觉。第二天早上,他以命令的口气要求在其桌子上洗脸的同宿舍同学挪开,于是双方扭打在了一起。

你的建议及行动方案:

_____

_____

第三节　有你真好
——人际交往中的合作与竞争

一个没有交际能力的人,犹如陆地上的船,是永远不会漂泊到人生大海中去的。希腊的船业大亨奥纳西斯说过:"要想成功,你需要朋友;要想非常成功,你需要的是比你更强大的对手。"由此可见合作与竞争对个人成长具有重要意义。当今社会是合作与竞争并存的社会,我们要合理利用身边的人际资源,培养竞争意识、合作意识,提高竞争能力,不断完善自己,在合作与竞争中实现双赢。

案例导入

【龟兔赛跑】

大家都熟悉龟兔赛跑的故事。现在,这个故事的新编又有了新的内涵。第一次,兔子在半路睡着了,输给了乌龟,兔子很不服气。第二次,兔子没有睡觉,一口气跑到终点,兔子赢了,但乌龟不服。第三次,乌龟要求按自己指定的路线跑,兔子同意,但这条路的中间有条河,兔子只好停下来,乌龟游过去赢了,兔子不服但也无奈。第四次,它们想了个办法,优势互补,龟兔合作,兔子把乌龟背在背上跑到河边,然后乌龟又把兔子驮在背上游过河去,这就是龟兔双赢理论。

俗话说"一个篱笆三个桩,一个好汉三个帮"。想成就一番大事,必须靠大家的共同努力。竞争对手不能相互排斥,这样会两败俱伤,而是要相互促进、共同提高,这才是竞争中合作的真谛。龟兔双赢理论给我们的启示就是:实现双赢是竞争最理想的结果,良好的合作能够创造竞争中的双赢。

理论知识

一、合作与竞争

物竞天择,人先天就具有竞争的倾向。但是,竞争的是结果,而合作的是过程与方法。大学生需要明白合作与竞争的特点以及两者的关系,要充分利用身边的人际资源,学会合作与竞争,才能开创美好的未来。

(一)合作能促进人际和谐,提高团队工作效率

合作就是相互配合,共同把事情做好。马克思说过,协作能提高个人的生产力,并且能"创造一种生产力",还能产生"一加一大于二"的神奇效果。对大学生来说,与他人友好相处、合作共事是拥有和谐人际关系的关键。无论是在各种社团活动中还是在体育活动中,合作能够提高团队的工作效率。例如,篮球队内部各成员之间必须是合作的关系,投篮手在其他成员的密切配合下才能提高自己的投篮命中率,学会合作不仅在大学阶段对个体成长具有重要的意义,也是个体在未来人生路上获得成功的必备素质。

(二)竞争有利于提高工作效率

心理学研究发现,竞争有利于提高工作效率。竞争通常是一种激发自我、提高动机的活动形式。虽然竞争中存在着一定的风险,但参与竞争会给我们提供超越自我、开发潜能、激发学习热情的机会。同时,为了在竞争中获胜,实现追求的目标,我们能够把这种压力化为动力,提高自己的工作和学习效率。但竞争有时也会带来一些消极作用。例如,竞争获胜可能会滋长获胜者骄傲自大的情绪,而失败者可能会丧失信心,产生挫败感。因此,我们要正确对待竞争,合理利用竞争的激励作用,把竞争看作促进自我成长的一种手段,而不是战胜别人的一种方法。

(三)人先天具有竞争倾向

合作与竞争各有特点,那人到底是天生喜欢合作还是天生喜欢竞争呢? 从 20 世纪 40 年代开始,社会心理学家对合作与竞争问题进行了大量研究。结果发现,即使合作是解决问题的最好策略,许多人却宁可选择竞争而不愿意合作。例如,在多伊奇和克劳斯的卡车竞赛实验中,被试两人一组,分别充当甲、乙两家运输公司的经理,实验要求是

被试让自己的车辆以最快的速度通向终点,速度越快赚钱越多。每个人有两条路线可选:一条路线是个人专用的,但是较远;另一条较近,但是两个人共用且很窄,每次只能通行一辆车。显然,为了多赚钱,双方应该合作,轮流走近路,节省时间,然而实验的结果却是双方都试图抢先通过,结果狭路相逢,谁也不肯让步。对大学生竞争合作策略取向的研究也发现,大学生也更偏好竞争策略。

(四) 合作与竞争相互依存

合作与竞争在我们的生活中无处不在,但两者并不是截然对立的。可以说,合作、竞争永远是紧密相连的一对兄弟,两者相辅相成、密不可分。只有竞争,没有合作,竞争缺乏潜力;只有合作,没有竞争,合作也会缺乏动力。一方面,我们在合作中可以鼓励良性竞争,激发动力,增强活力;另一方面,竞争中也会有合作的机会,成员之间互帮互学、相互提高、携手共进。竞争本身并不是我们的目的,而是我们达到更高目标的一种手段。因此,在竞争中双方也不能相互排斥,而应该体现合作的双赢原则,相互促进,共同进步。

二、大学生不愿意合作的原因

与人类的先天倾向一致,在大学生中不愿意合作的现象普遍存在。例如,在学习和生活中,很多同学斤斤计较、争名夺利,缺少互帮互助,甚至采用各种手段进行恶性竞争。大学生不愿意合作的原因有很多,如社会竞争激烈,求职就业压力增大等。除此之外,大学生自身的一些心理特点也容易使他们不愿合作。

(一) 自恃清高

有些大学生有一定的能力或特长。他们在大学里找到了展示自己的舞台,参加各种活动并崭露头角,显示了多方面的才能,也获得了很多肯定和奖励。这些同学有时会认为自己很了不起,认为他人一无是处,应该随意受自己指使。他们对别人没有耐心,不会充分尊重别人的意见,通常以自我为中心,不愿意与他人合作。这些同学的表现很容易引起其他同学的不满和反感,也容易与同学发生矛盾和冲突。

(二) 嫉妒心强

一部分大学生在学习、交往以及社团活动中希望自己能够超越别人。同时,他们非常担心和害怕别人抢了自己的风头,不能容忍别人比自己更加出色。这些学生的嫉妒心理很强,因此他们通常不会顺利地与别人合作,而是会不时地采取一些非正常手段打击、排挤别人。例如,在寝室,故意疏远比自己学习好的同学,主动向老师打报告说别人坏话,等等。显然,这些同学长期这样做肯定会使自己陷入孤立无援的境地。长期生活在对他人的敌意与不安情绪中,也会严重影响自身的身心健康。

(三) 合作意识淡漠

有些大学生是独生子女,家庭条件较优越,处处有家长照顾,长期以来受到了过度的保护,因此他们很少能够感受到人与人之间需要相互帮助、相互合作。来到大学后,当这部分同学在生活、学习上遇到困难时,他们或者向父母求助,或者自己解决。他们不知道在很多事情上自己可以向他人求助,也需要与他人合作。这种独来独往、不能与他人合作的情况会导致这些学生无法与周围同学和睦相处,也无法交到知心朋友。

(四) 过分看重竞争

合作与竞争本来是相互依存的关系,但是一些大学生却会认为现在社会资源非常有限,每个人必须处处争名夺利,极力为自己争夺各种机会。我们说,每个人都希望自己能够获得好的发展和成长,良好的竞争有利于激发自己的潜能,提高自己的能力,但是如果我们不能正确对待竞争,认为竞争就是"你死我活",并与他人展开恶性竞争,那么我们的人际关系就会变得紧张,自己也会长期处于紧张、不安之中。

三、合理利用人际资源

我们常常感叹知音难觅。的确,从出生到现在,我们除了有一些知心朋友之外,还有很多点头之交,有些人天天见到,但是从来没有深入交流。不过,我们千万不要无视这些宝贵的人际资源,因为当我们遇到困难的时候,这些"陌生的熟人"很可能会带给我们意外惊喜。例如,求职时,如果你有一位师姐或者师兄在你心仪的公司表现较好,而你在面试中又提及了这位师姐或者师兄,那么这很有可能为你的表现加分。无论我们从事什么职业,只要学会合理利用人际资源,我们就已经在成功的路上走了很长的路程了。由此可见,拥有并学会利用人际资源对我们成功非常重要。

在生活中,我们不仅要有几个知心朋友,更需要把握交往机会,不断扩大自己的交际范围,学会合理利用自己的人际资源。首先,我们要学会管理自己的"朋友档案",不能有事情才想起找别人帮忙。平时没有事情时也要与别人多联系、多沟通。长此以往,陌生人就变成了熟人,熟人慢慢就变成了朋友。其次,我们要学会充分了解并合理利用每个人的特点,当需要朋友帮忙时,我们就不会强人所难了,而是会直接向那些真正有能力帮助我们的人求助,发挥这些朋友的特长,提高解决问题的效率。最后,我们与他人交往也不能带有太多功利色彩。如果我们总是一味地考虑别人能为自己做什么,而从来不为别人做任何事情,那么,我们宝贵的人际资源也很难发挥作用,当我们真正遇到困难时,很可能就会孤立无援、束手无策了。因此,我们在交往中还要把握互惠性这一重要的原则,即有来有往才称为交往。

心理体验

【孤岛求生】

一、活动目的

我们每个人生活在这个世界上都需要他人的帮助,都要学会与他人合作。竞争不一定是"你死我活"。面对各种竞争,我们要学会团结,保护自己和同伴都不受伤害才是最佳的手段。下面是一个"孤岛求生"的游戏,同学们一起做做看,体会一下合作的力量。

二、活动要求

在活动开始前,各个小组准备一张报纸,代表本小组拥有的一艘救生艇。诸小组组员一起想办法,让更多人获救(站在报纸上)。每个人都必须踩在报纸上。获救者最多的一组获胜。

三、思考与分享

心理学家设计了一个有趣的实验:在一个大玻璃瓶内放入几个纸做的圆锥体,每个圆锥体都系在一根细线上,要求每个被试者通过拉细线把圆锥体拉出瓶外,用时最短的组获胜。前面几组同学都争着把自己的圆锥体拉出瓶外,结果你争我抢,不仅没有把圆锥体拉出,反而弄倒了瓶子。最后一组同学却很快地拉出了圆锥体,秘诀只有一个"你第一,我第二,他第三……"大家井然有序地拉动细线,自然很快达到了目的。这个实验充分体现了竞争中合作的双赢原则。

1. 看了这个故事以及活动中的体验,此刻你有哪些发现和感受?

_____

2. 你在学习和生活中是否也有过双赢的经历? 与小组同学分享一下,并谈谈你是如何实现双赢的。

_____

3. 同学们的回答对你有什么启发?

_____

四、心海扬帆

国际 21 世纪教育委员会在向联合国教科文组织提交的报告《教育——财富蕴藏其中》中指出:学会共同生活是面向 21 世纪的四大教育支柱之一。任何人在这个世界上都不是孤立的,合作是未来工作及适应社会的基础。因此,大学生也应该不断培养和提高自己的合作能力,学会合作可以从以下几个方面入手:

（一）设定一个共同的目标

成功的合作要求我们有共同的目标,这样人们才能够朝着共同目标努力。如果两个人的目标不同,就没有办法实现合作。对于实现一个较为宏大的目标而言,一个人的力量就会显得过于渺小,而经过合作,我们才会看到无比强大的团队力量。例如,在抗洪救灾和地震救援中,正是多方力量的合作才挽救了无数人的生命。

（二）学会对团队负责

每个人都生活在一定的社会团体之中,如寝室、班级、学校。在这些社会团体中,每个人又都扮演着自己的角色,承担着自己的责任。要想学会合作,首先就要学会对团队负责,如果我们能够处处考虑集体的利益,我们就会积极主动地与别人合作。例如,在完成小组作业时,小组中的每位同学都需要为完成小组任务而付出努力,团结协作,最后把小组作业整合好。当每个人都能够为集体贡献力量的时候,合作的效果就会显露出来。

(三)学会接纳和信任别人

杂技演员在表演高难度动作时,为什么总能笑对观众,丝毫不会流露出担心和恐惧? 除了他们自身有着高超、精湛的技艺外,还有一个重要的原因就是他们充分相信队友能够很好地配合自己完成表演。正是这种信任,让他们合作完成了一个又一个高难度动作。要想与他人合作,首先要学会接纳别人,信任别人。一个团队只有在接纳、信任的氛围中才能高效地工作,即使出现不同意见,也可以心平气和,开诚布公地讨论问题。因此,学会接纳别人和相信别人是双方合作的前提条件。

(四)学会独立思考

英国作家萧伯纳说过,如果你有一种思想,我有一种思想,彼此交换,我们每个人就有了两种思想,甚至多于两种思想,这说明合作交流对成长具有重要意义。学会合作,并不是要求大家异口同声、人云亦云,而是要求每个人都要有独立思考和处理问题的能力。在合作中,如果我们每个人都能独立地表达自己的想法,然后再进行合作交流,就能够更好地提高合作的效率和质量,最终达到合作的目的,实现双赢。

成长链接

【怎样做一个快乐的人?】

一位青年访问一位年长的智者。

青年问:"我怎样才能成为一个既能使自己愉快,也能使别人快乐的人呢?"

智者说:"我送你四句话。第一句是把自己当作别人,即当你感到痛苦、忧伤的时候,就把自己当作别人,这样痛苦自然就减轻了;当你欣喜若狂时,把自己当作别人,那些狂喜也会变得平和些。第二句话是把别人当作自己,这样就可以真正同情别人的不幸,理解别人的需要,在别人需要帮助的时候给予恰当的帮助。第三句话是把别人当作别人,要充分尊重每个人的独立性,在任何情形下都不能侵犯他人的核心领地。第四句话是把自己当作自己。"

青年问:"如何理解把自己当作自己? 如何将四句话统一起来?"

智者说:"用一生的时间,用心去理解。"

每个人都希望自己能多一些朋友,特别是多一些能够同甘苦、共患难的知心朋友。只有认识到人际吸引的原因,了解人际冲突对我们的影响,掌握冲突的解决策略,走出人际交往的困惑,我们才能与朋友携手共建良好的人际网络,使友谊之花绚丽绽放。

心理保健方法

古罗马名士奥维德说过："一匹马如果没有另一匹马紧紧追赶着并要超过它，就永远不会疾驰飞奔。"这句话充分地阐释了竞争的重要性。竞争能够激发人的潜能，也能够推动社会的进步。但是，恶性竞争容易导致人际关系恶化，使人们变得自私、狭隘，有时也会使人承受巨大的压力，感到无所适从。因此，面对竞争激烈的社会，我们必须要培养良好的心态，正确面对各种竞争。

一、正确认识竞争的目的

在现实生活中，总有一些人不能正确认识竞争的目的。他们通常会认为竞争是非常残酷的，总是要分出高低上下，导致两败俱伤。更有甚者将竞争看作报复对方的手段，通过作弊、拆台、破坏对手形象和名誉、人身攻击等方式展开恶性竞争。其实，我们面对的大多数竞争是检验自我能力的机会。因此，竞争其实只是一种了解自己的手段，并不是为了证明自己一定会成功或者一定会失败。如果我们能够将竞争看作激发潜能、认识自我的一种手段，那么我们在竞争中就能够放下成败的包袱，更好地发挥出自己的水平。

二、正确面对竞争的结果

竞争的结果是输赢，但竞争的本质是提高。我们不能根据一次竞争的成败论英雄。成功了，我们不骄傲自大，而是要再接再厉，继续努力；失败了，我们也不轻言放弃，而是要寻找失败的原因，把失败当作一个契机，重新认识自己的不足，并为下一次的成功努力。

三、正确面对竞争对手

"没有岩石的拦阻，哪能激起美丽的浪花。"在竞争中我们面对竞争对手时还需要有良好心态。因为有对手，我们才会睿智；因为有对手，我们才会拼搏；因为有对手，我们才会走向成功。竞争对手是敌人更是朋友，应该永远对对手心存感激，最起码不能有恶意，因为对手是我们努力拼搏的动力。可以说，没有对手是悲哀的，有对手却不尊重对手是狭隘可鄙的。即使竞争失败，我们也要为对方送上真诚的祝福，表达敬意和尊重。我们的大度也可能会赢得一个朋友。

心理小贴士

【怎样做才能解决不愿与他人合作的问题呢？】

1. 学会给别人机会。"独脚难行，孤掌难鸣"，我们在锻炼自己、提高自己能力的同时，也要给其他同学提供锻炼的机会。其实这样也是一个双赢的过程，因为你可以节省时间去放松、休息,而不至于过于劳累。

2. 学会相信别人。用人不疑,信任是合作的基础,每个人都有很多潜能可以开发,我们要学会相信别人。

3. 减少自我中心。我们在生活中要减少自我中心,多考虑他人的感受,多听听别人的建议,这样会增加我们与其他人合作的机会。

第四节 朋友一起走
——学会人际交往

人际交往是一门科学,需要我们运用一些心理效应,了解一定的原则;人际交往是一门艺术,需要我们学习掌握一定的技巧,消除导致沟通障碍的不利因素,改善人际关系,增加魅力,使我们的友谊更长久、更稳定。同时,人际交往能力也是个体能力结构的重要组成部分,直接关系到个体的生存与发展、成功或失败。大学生人际交往能力的提高,有助于协调自身与周围人的关系,快乐融洽地完成大学学业,也为将来步入社会打下良好的基础。

心理案例

王欣(化名)是某大学二年级的学生。一天,她愁眉苦脸地找到了班主任,惴惴不安地说:"老师,我再也不想在寝室里住了。"说完,她便哭了起来。老师安慰她几句,让她敞开心扉,说出其中的缘由。原来,在大一时,姜欣与寝室同学关系还不错。由于大家来自不同的地方,每天有很多新话题,彼此都很感兴趣。随着时间的流逝,同学之间逐渐了解了,每个人的个性也逐渐显露了出来。有的同学喜欢晚上在寝室"煲电话粥",有的同学喜欢在寝室看电影,还有的同学喜欢宅在寝室吃零食、看小说。寝室经常非常嘈杂、脏乱。而王欣比较勤快,经常主动帮她们打饭、打水、打扫寝室。时间长了,大家习以为常了,甚至有时还会指使王欣帮助自己做其他事情。一开始王欣还觉得自己本来就是一个热心人,多做点事情也没有什么,但是时间久了,她也有一些委屈,觉得这样也耽误了自己不少时间。有时她会拒绝这些同学提出的要求。这样一来,寝室同学就觉得王欣不愿意帮自己了,不够朋友,于是开始渐渐疏远王欣。甚至有一个同学趁王欣去上自习,故意把王欣的床弄得又脏又乱,王欣每次回去都得默默地重新收拾。如果她稍有不满,那个同学就破口大骂,这让王欣非常难受。

[案例分析]

当我们刚刚来到一个新环境的时候,每个同学肯定都想尽快交到好朋友。因此,刚开始大家都会将最好的一面展示给他人,但正如本案例一样,时间久了,每个人的缺点就逐渐暴露出来了。在交往中有些人比较强势,而有些人却容易"被欺负",案例中的王欣看起来正是后者。导致王欣目前状况的主要原因有以下三点:第一,王欣过于热心。

我们看到王欣刚开始在寝室同学面前表现出了无原则的帮助。这种无原则的帮助很快就被几位同学"利用"了，导致大家都对她的热心习以为常。当她一旦不这样做时，大家就"忍受"不了了。第二，王欣没有有效解决冲突的方法。当别人开始欺负王欣的时候，她总是默默忍受，这不能从根本上解决问题，反而会让她感到委屈。第三，寝室同学也有问题。在这个案例中，除了王欣自身的原因外，寝室同学随意指使王欣做事情、"欺负"王欣也是不对的。

理论知识

一、人际交往中的心理效应

在人际交往中，交往的效果往往受到交往双方的交往技巧和交往方法的影响，也受到交往双方的个性、背景、价值观、态度的影响。同时，人际交往中还有许多有趣的心理效应。

（一）首因效应与近因效应

在社会心理学中，最初获得的信息比后来获得的信息影响更大的现象称为首因效应；在总的印象的形成上，新近获得的信息比原来获得的信息影响更大的现象称为近因效应。

心理学研究发现，与一个人初次会面时，第一印象在45秒内就能形成。我们常说的"给人留下一个好印象"实际上指的就是第一印象。这其实就是首因效应的作用。首因效应对人际交往的影响主要表现在两个方面：一是它使人际认知具有表面性。第一印象常常是对一个人表面特征的认知，根据对方的外貌、表情、姿态、谈吐等做出初步的判断与评价，容易以貌取人，使认知表面化。二是它使人际认知具有片面性。由于先入为主，第一印象鲜明而强烈，对后来获得的信息的理解和组织起到强烈的定向作用，造成对他人认知的主观片面性，从而影响以后的交往。因此，首因效应在人际交往中有着决定性的作用。当然，第一印象也并非完全不能改变。如果你给别人留下的印象不那么良好，也不要自暴自弃，你可以通过长期的交往，让对方更加了解你。记住，真诚才是人际交往的重要原则。

与陌生人交往时，人们往往关注首因效应，而与熟人交往时，近因效应起很大的作用。熟人在行为上表现出某种新异性，这会影响或改变我们对他的原有看法。例如，你对某位同学一向有好感，但最近他做了一件不好的事，你就彻底改变了对他的看法，产生了"我过去真是看走眼了"的想法。又如，你一向不喜欢的人最近做了一件让你感动的事，你可能会说"我以前都错怪他了"。其实，人总是在不断成长发展。认识一个人，凭借他的某个表现就对他做出定性的评价是不合理的。因此，我们在与他人交往时，不但要注意给对方留下良好的第一印象，也要注意在平时给对方留下一个值得信赖的印象，更要给对方留下一个诚笃的印象。

（二）晕轮效应

晕轮效应也称为光环效应，是指在人际交往中往往会将他人的某个突出品质泛化到其他特性上，从而忽视这个人其他真正的特点和品质。社会心理学家戴恩等人做过这样一个实验，他们给人们呈现了相貌漂亮、相貌一般、相貌丑陋三类人的照片，然后让人们评价这些人的婚姻状况、职业状况、社会和职业幸福感等。结果发现，在这些与相貌无关的特征上，相貌漂亮的人几乎都得到了较高的评价。仅仅因为长得漂亮就被认为具有所有积极、肯定的品质，这就是晕轮效应。在多数情况下，晕轮效应常使人出现"以偏概全""爱屋及乌"的错误认知。"晕轮"虽然美丽，但在人际交往中我们更需要透过现象看到本质，冷静、客观地面对和选择交往对象。

（三）刻板印象

刻板印象是我们在交往中对某类人形成的比较固定、概括、笼统的看法，主要表现为在人际交往中主观、机械地将交往对象归于某一类，不管他是否呈现出这类人的特征，都认为他是这类人的代表，而把对这类人的评价强加于他。例如，有人认为农村来的同学都比较朴实，城市来的同学都比较娇气，因此，他可能就会经常戴着"娇气"的有色眼镜去看待城市来的同学。这种先入为主的成见虽然有时会有利于我们快速地对陌生人做出判断，但是也常使人以点带面、固定化地看人，忽视了人与人之间的差异性，容易使我们产生偏见与歧视，阻碍我们与他人进行深入细致的交流。

（四）投射效应

投射效应是指在人际交往中，把自己具有的某些不讨人喜欢、不为人接受的观念、性格、态度或欲望转移到别人身上，认为别人也是这样的。"以小人之心度君子之腹"就是一种典型的投射效应。大学生群体有很多类似的表现。例如，疑心比较重的同学可能并没认识到自己不相信他人，反而可能经常怀疑他人不相信自己。如果经常用自己的态度、价值观和想法推测他人，甚至强加于他人，就很容易引发人际交往问题。

（五）登门槛效应

登门槛原意是指推销员只要能把脚踏入别人家的大门，最后就能成功地让别人买他的东西。在人际交往中，我们感觉一些人是"得寸进尺"型的。为什么这些人的要求总能不断得到满足呢？其实，这些人在人际交往中就运用了登门槛效应。这种效应指的是，在提出一个较大的要求之前先提出一个小的要求，从而增大了他人接受较大要求的可能性的现象。为什么会这样呢？社会心理学家通过实验发现，当我们直接向他人提出一个较大的要求时，对方一般无法接受，而当这些要求是逐步被提出的时候，对方往往比较容易接受。这是因为人们都喜欢在他人面前保持良好的形象，不喜欢被看作喜怒无常的人，因此，在接受他人的一个个逐渐升级的小要求时，也就在无形中接受了他人的大要求。

二、人际交往的原则

人的行为都是在一定观念的指导下进行的，构建良好人际网络需要遵循一些基本原则。

（一）真诚原则

真诚是人际交往的最重要的原则。以诚待人是人际交往得以延续和深化的保证。美国一位心理学家曾列出若干描写品质的形容词，让大学生说出最喜欢的和最不喜欢的，结果学生评价最高的品质是真诚，而评价最低的品质是虚伪。古人云："以诚感人者，人亦诚而应。"只有真诚才能使人产生情感的共鸣，获很真正的友谊。

（二）平等原则

平等是建立良好人际关系的前提。这里所说的平等是指交往双方在人格上是平等的，两个人之间是互相独立的对等关系。平等不仅需要交往双方在情感上的对等，还需要尊重。友谊不存在高低贵贱之分。在交往中要尊重别人与我们的不同，尊重他人的独特性，平等交往，这样才能使彼此感到安全、放松，才能发展出更持久、稳定的友谊。

（三）宽容原则

宽容表现为对非原则性问题不斤斤计较，能够以德报怨。每个人都有自己的长处和短处，对朋友，我们不能事事斤斤计较、苛求他人，一味地挑剔和指责对方，而是应该以包容的态度去对待他人。即使是别人的原因导致了冲突，我们也不能得理不饶人。这个时候应该学会换位思考，以包容的态度宽容、理解别人。每个人都有犯错误的时候，学会原谅别人是美德，学会宽容别人是高尚。有了这样的心境，就会有良好的人际关系。

（四）信用原则

人际交往中的"信"包含以下五个含义：一是言必信，行必果。与人交往要说真话，不说假话，还要说到做到，信守诺言，实践诺言。二是信任。不仅要信任别人，还要争取赢得别人的信任。三是不轻易许诺，不说大话，不做毫无把握的许诺。四是诚实。自己能办到的事要答应别人的请求，办不到的事要讲清缘由，以获得对方的理解。五是自信。要有自信心，相信自己的能力，给他人信任感和安全感。讲信用反映了一个人的品德，每个人都应该讲信用。失信于人会让他人产生一种极强的不信任感，是人际交往中的大忌。

（五）互惠原则

互惠是指交往双方在满足对方需要的同时又得到对方的回报，这样双方的交往就能继续发展。如果一方只索取不给予，交往就很难持续下去。人际互惠包括物质和精神两个方面。合作互惠是人际交往不能缺少的一个重要原则。一段关系能否长期稳定地维系下去，往往取决于这段关系是否能够满足双方的需要。

三、人际交往的技巧

我们在人际交往中不仅需要了解相关的心理效应，掌握一些基本的人际交往原则，也要学习和掌握一些技巧。

（一）学会积极倾听

人有一张嘴，却有两只耳朵，仿佛也在提示我们在人际交往中要多听少说。倾听并不是被动地听别人说。所谓积极倾听，是指不仅要听到，还要听懂，更要真正听到对方所表达的情感和感受，这样才能够把握对方要表达的有意义的信息。要对对方的话有所反应，不要打断别人的话。如果不想继续听对方所说的话题，可以巧妙地转移话题。

（二）善于运用非语言艺术

根据沟通专家梅拉宾的研究，人际沟通只有约7％是借助语言来进行的，另外93％是通过非语言信息来进行的，其中，38％取决于声调等，55％依赖肢体动作。而且非语言沟通比语言沟通更能反映一个人的真实情况。由此可见，人与人之间的沟通是否成功不仅取决于语言的表达，更取决于彼此能否准确接收、回应非语言信息的意义。我们在日常生活中不仅要留心观察和总结别人的声音、面部表情和身体语言等非言语信息的意义，还要了解自己的非言语信息的特点。在人际交往中如此"明察秋毫"，我们的沟通会更顺畅、有效。

（三）学会换位思考

在人际交往中，我们要做到能够理解和支持他人，急人之所急，需人之所需，要经常从对方的角度去思考问题，学会换位思考，特别是当我们的观点和态度与他人不一致的时候，能够站在对方的角度去考虑问题就显得尤为重要。此外，我们也要懂得"己所不欲，勿施于人"，不能强人所难，不能让朋友一味地理解自己、包容自己，要知道每个人都是不同的。因此，我们在与朋友相处时要求大同、存小异。

（四）学会欣赏别人

心理学家威廉·詹姆斯说，人性中最深刻的禀赋，是被人赏识的渴望。可见，我们每个人都希望得到他人的关注和肯定，而在人际交往中学会欣赏别人刚好可以满足人们的这种心理需要。"良言一句三冬暖"，一句真诚的赞美会给他人带来一整天的好心情。在人际交往中，我们要善于发掘他人的闪光点，让对方感受到你对他的真正欣赏。赞美他人时要真诚，切忌夸大其词、虚伪做作。

延伸阅读

【人际交往中的犯错误效应】

是不是一个人的能力越强，就越受大家欢迎呢？社会心理学家阿龙森通过实验证明了什么样的人更受欢迎。一个竞争激烈的演讲会上有四位选手，两位才能出众，不相上下，另外两位才能平庸。才能出众的选手中有一位不小心打翻了桌子上的饮料，而才能平庸的选手中也有一位打翻了饮料。如果是你，你会更喜欢哪个人呢？实验结果表明，才能出众而犯小错误的人最受欢迎，才能平庸而犯同样错误的人最缺乏吸引力。

这个研究表明，一个很有才能的人，如果犯一点儿小小的错误或者暴露一些个人的缺点，反而让人觉得可爱、有吸引力，更喜欢接近他，这就是犯错误效应。为什么会这样呢？俗话说高处不胜寒。一个人如果能力超群，会使人倍感压力，因为，这可能会让别人感觉自己无能或低劣，从而产生不平衡或嫉妒心理，或者产生屈尊感，觉得这个人高不可攀，因此敬而远之。聪明能干的人不经意间犯一些小错误，反而让人觉得他和别人一样会犯错，也有平凡的一面，从而使人感到安全。

总之，聪明能干的人比平凡庸碌的人更招人喜欢，能力超群的人犯一些小错误会更招人喜欢。因此，在人际交往中，我们需要表现自己的才能，但无须让自己完美无瑕或十全十美。

心理测验

【人际关系综合诊断表】

本量表共 28 个问题，每个问题做"是"或"否"回答。请你认真完成，然后参照计分及分析方法，对测试结果做出解释。

1. 对于自己的烦恼有口难言。（　　）

2. 和陌生人见面感觉不自然。（　　）

3. 过分羡慕和嫉妒别人。（　　）

4. 与异性交往太少。（　　）

5. 对连续不断的会谈感到困难。（　　）

6. 在社交场合感到紧张。（　　）

7. 时常伤害别人。（　　）

8. 与异性来往感觉不自然。（　　）

9. 与一大群朋友在一起，常感到孤寂或失落。（　　）

10. 极易受窘。（　　）

11. 与别人不能和睦相处。（　　）

12. 不知道与异性相处如何适可而止。（　　）

13. 当不熟悉的人对自己倾诉他的遭遇以求同情时，常感到不自在。（　　）

14. 担心别人对自己有什么坏印象。（　　）

15. 总是尽力使别人赏识自己。（　　）

16. 暗自思慕异性。（　　）

17. 时常避免表达自己的感受。（　　）

18. 对自己的仪表（容貌）缺乏信心。（　　）

19. 讨厌某人或被某人所讨厌。（　　）

20. 瞧不起异性。（　　）

21. 不能专注地倾听。（　　）

22. 自己的烦恼无人可倾诉。（　　）

23. 受别人排斥。（　　）

24. 被异性瞧不起。（　　）

25. 不能广泛地听取各种意见、看法。（　　）

26. 常因受伤害而暗自伤心。（　　）

27. 常被别人谈论、愚弄。（　　）

28. 与异性交往不知如何更好地相处。（　　）

【计分方法】

"是"计 1 分，"否"计 0 分。

【结果解释】

总分在 0～8 分，说明你善于交际，性格开朗，主动关心别人，对朋友很好，愿意与他们在一起，彼此相处得不错。

总分在 9～14 分，说明你与朋友的相处存在一定困扰，人缘一般，与朋友的关系时好时坏，经常处于起伏变动之中。

总分在 15～28 分，说明你与朋友的相处存在严重困扰。分数超过 20 分，表明你的人际关系困扰程度很严重，而且在心理上出现较为明显的障碍。你可能不善交谈，也可能是个性格孤僻的人，不开朗，或者有明显的自高自大、讨人嫌的行为。

心理保健方法

很多人都为社交时的害羞而烦恼。美国斯坦福大学社会心理学家津巴多教授对人的害羞心理进行研究后发现，40%的人认为自己有害羞的心理弱点，甚至包括美国前总统卡特和卡特夫人、英国的查理王子、电影明星凯瑟琳·丹纽芙等人。如何克服害羞心理？不妨从以下几个方面试一试。

一、勇于接受自己害羞的事实，正确评估自己

每种性格都有优势和不足，害羞的人也许不善于表达自己，但他们一般很细心，善于为别人考虑。如果自己的性格已经比较害羞了，那也不必刻意追求奔放和外向，不必迫使自己去做不擅长的事情，而是要正确地评价自己，了解自己的优点和缺点，勇敢地承

认自己害羞,但并不会因此而认为自己一无是处、一无所成。虽然不能做一个善于言辞的说话者,但是可以成为一个良好的倾听者,这样想或许可以更自然地、放松地表达自己。

二、拓展自己的知识领域

有些大学生害羞不完全是由过分紧张引起的,而是和一些比较陌生的朋友交流时突然发现朋友们谈论的话题自己所知甚少,甚至根本不知道他们在说些什么。这是由于知识面过于狭窄,或对当前发生的事情知道得太少,所以空闲时我们应该多读课外书籍、报刊,了解社会上的热门话题,开阔自己的视野,丰富自己的阅历,这样在社交场合就可以毫不费力地表达自己的意见,建立自信,克服羞怯。

三、不要过分忧虑和担心

害羞的人对其他人总怀有戒备心理,总觉得别人在注意自己,总怕出错,害怕他人讥笑自己,经常把自己置于不信任和不真诚的假定环境中。其实,人人都倾向于更关注自己,大可不必总是担忧别人是否注意自己、会怎样对待自己。一般来说,与陌生人打交道时,他人是不会轻易嘲笑你的。平时要多注意培养良好的情绪和情感,相信大多数人是以信任和诚恳的态度来对待自己的。要相信自己在他人心目中的形象并不差,自己是一个同他人一样有思想、有性格、有自尊的独立和完整的人。

四、多参加社会活动,增加与他人接触的机会

古希腊著名演说家狄摩西尼斯小时候是一个十分害羞的孩子,在众人面前一说话就口吃。为了改掉口吃的毛病,他常常独自跑到海边练习讲演。通过刻苦努力,他终于可以在大庭广众之下从容淡定地说话了,并最终成了口才出众的人。狄摩西尼斯的经历说明了实践和练习的意义。我们要想克服害羞心理,就要勇于去交朋友,多参加一些社会活动,并通过观察、模仿他人的表现,逐渐学会同各种各样的人打交道,在实践中消除羞怯的弱点。

心理小贴士

【克服羞怯的运动方法】

1. 调整呼吸,放松肌肉,可以试着握紧拳头再放开,如此重复多次。

2. 用两脚平稳地站立,然后轻轻地提起脚跟,坚持几秒后放下,每次反复做 30 次,每天做两三次,可以消除心神不定的感觉。

3. 害羞使人呼吸急促,因此,要强迫自己做数次深长而有节奏的呼吸,这样可以使紧张的心情得以缓解,为建立自信心打下基础。记住:别人并没有盯着你看,人人都倾向于关注自己。

4. 与别人在一起时,不论是正式的还是非正式的聚会,开始不妨手里握住一样东西,比如一本书、一块手帕或其他小东西。握着这些东西会使害羞的人感到舒服和安全。

第五章　调适情绪　向快乐出发

——大学生情绪认知与管理

学习导读

　　情绪让我们的生活变得五颜六色、丰富多彩；情绪又像一个调味瓶，让我们的生活有了酸甜苦辣。了解和认识情绪，可以让我们做情绪的主人；学会应对压力，可以提升我们的抗逆力和耐挫力；让积极情绪为我们领航，我们会一路向着快乐进发；当我们拥有良好的心态时，我们终将收获幸福的人生！

第一节　心情调色盘

——情绪概述

　　在生活中，人人都有开心、快乐、喜悦、兴奋的时候，也有难过、悲伤、痛苦、郁闷的时候。这些情绪就像空气一样，每时每刻都在影响着我们。而正处于青年期的大学生，心理上正经历着急剧的变化，情绪起伏波动大，情感体验复杂而丰富，经常会面临各种各样的情绪困扰，尤其是由挫折引起的不良情绪更严重危害大学生的身心健康。你听过这样的话语吗？

　　"学校管得太严了，这让我非常郁闷，觉得什么都不愿意干，真没意思。"

　　"我的舍友天天晚上玩电脑，我都没办法睡觉，真是烦死了。"

　　"听大二的学长说，我们这个专业将来很不好找工作，哎呀，这怎么办啊，想想觉得一点希望都没有……"

　　这些话是不是有些熟悉？看似各不相同，究其根本都说着同样的话。既然学校、舍友、专业或者社会手里握着让我欢喜快乐的钥匙，却为什么不给我呢？这着实可恶至极。

　　钥匙到底在哪里呢？

　　情绪是怎么产生的？又对人们的生活有什么影响呢？应该如何面对和疏导自己的情绪，做情绪的主人呢？让我们一起来揭开情绪的面纱。

心理实验

【疤痕实验】

心理学家征集了 10 位志愿者,请他们参加一个名为"疤痕实验"的心理研究活动。10 位志愿者分别被安排在 10 个房间里,并被详细告知此次活动的研究方法:他们将通过以假乱真的化妆,变成一个面部有疤痕的丑陋人,然后在指定的地方观察和感受不同的陌生人对自己产生怎样的反应。

心理学家们请电影化妆师在每位志愿者左脸颊上精心地涂抹上逼真的鲜血和令人生厌的疤痕。然后用随身携带的小镜子使每位志愿者都看到自己脸上的疤痕。当志愿者们在心中记下自己可怕的"尊容"后,心理学家收走了镜子。之后,心理学家告诉每一位志愿者,为了让疤痕更逼真、更持久,他们需要在疤痕上再涂抹一些粉末。事实上,心理学家并没有在疤痕上涂抹任何粉末,而是用湿棉纱把化妆出来的假疤痕和血迹彻底擦干净了。然而,每一位志愿者却依然相信,在自己的脸上有一大块令人生厌的伤疤。

志愿者们被分别带到了各大医院的候诊室,装扮成急切等待医生治疗面部疤痕的患者。候诊室里,人来人往,全都是素昧平生的陌生人,志愿者们在这里可以充分观察和感受人们的种种反应。

实验结束后,志愿者们各自向心理学家陈述了感受。他们的感受出奇的一致。

志愿者 A 说:"候诊室里那个胖女人最讨厌,一进门就对我露出鄙夷的目光。她都没看看她自己,那么胖,那么丑!"

志愿者 B 说:"现在的人真是缺乏同情心。本来有一个中年男子和我坐在同一个沙发上的,没一会,他就赶紧拍屁股走开了。我脸上不就是有一块疤吗?至于像躲避瘟神一样躲着我吗?这样的人,可恶得很!"

志愿者 C 说:"我见到的陌生人中,有两个年轻女人给我的印象特别深。她们穿着非常讲究,像个有知识、有修养的白领,可是我却发现,她们俩一直在私下嘲笑我!如果换成两个小伙子,我一定将他们痛揍一顿!"

志愿者们滔滔不绝,义愤填膺地诉说了诸多令自己愤慨的感受。他们普遍认为,众多的陌生人,对面目可憎的自己都非常厌恶、缺乏善意,而且眼睛总是很无礼地盯着自己的伤疤。

这一实验结果,使得早有准备的心理学家们也吃惊不小:人们关于自身错误的、片面的认识,竟然如此深刻地影响和改变他们对外界的感知。如我们所知,他们的脸上是干干净净的,没有丝毫的疤痕。之所以产生这样的感受,是因为他们将"疤痕"牢牢地装在了心里。正是由于心中的"疤痕"在频频作怪,才使得他们自己的言行、对陌生人的感受与以往大为迥异。

事实上,我们每个人心中,纵然没有心理学家为我们设置的"疤痕",但或多或少都会有一些这样或那样的"疤痕"。可怕的是,这些心中的"疤痕"都会通过自己对外界和他人的言行,毫无遮掩地展现出来。比如,如果我们认为自己不够可爱甚至令人生厌、认为自己卑微无用、认定自己有种缺陷……那么，我们在与外界交往中，一定会在不知不觉间用我们的言行反复进行佐证，直到让每个人都认定我们确实就是那样的一个人。

这个心理实验真切地告诉我们：一个健康、积极的心态对人生何其重要。

理论知识

一、情绪和情商

（一）情绪

情绪是指伴随着认知和意识过程产生的对外界事物的态度，是对客观事物和主体需求的关系的反映，是以个体的愿望和需要为中介的一种心理活动。他们具有独特的主观体验和外部表现形式，不仅影响心理健康，而且对身体健康的影响也非常明显。

对于情绪的定义，我们一般可从三个方面理解：

首先，随着情绪的发生，个体会产生一系列生理变化，主要表现在呼吸系统、循环系统、消化系统和腺体活动的变化上，这些变化都可以作为情绪变化的指标。例如，人紧张时会手心出汗、心跳加快，严重时还会出现肾上腺素升高、尿频的现象。

其次，我们产生某种情绪时会有表情的变化，主要包括面部表情、姿态表情和言语表情。面部表情是指个体五官的变化，如眼神温柔、横眉冷对、咬牙切齿、面红耳赤等，都是个体通过面部表情表达情绪的方式。除了面部表情外，人的全身动作也有表达情绪的作用。比如，恐惧发怒时全身发抖，高兴时手舞足蹈，悲哀时动作缓慢、步履沉重，以及趾高气扬、垂头丧气、呆若木鸡等，都是形容个体产生情绪表达的一种表现。主要

图 5-1　人类的表情

是通过说话时的声音、语调、节奏等体现。例如：悲哀时语调低沉、节奏缓慢，高兴时语调高昂、节奏加快，爱抚时语言温柔，愤怒时语言生硬。

最后，情绪还包括主观体验，指的是个体对不同情绪的自我感受。每种情绪都有不同的主观体验，如高兴时心情愉悦，哀伤时心情沉重。人的主观体验和表情反应存在着某种相应的关系，如愉悦体验必然伴随着欢快的面部表情或者手舞足蹈的姿态表情。

（二）情商

与情绪相关的一个概念是情商，这一概念是由哈佛大学的心理学博士丹尼尔·戈尔曼提出的。情商是情绪智力商数（emotional intelligence quotient）的简称，也就是EQ。它是衡量个体情绪调节能力和社会适应能力的一个指标。

情商通常包括五类能力：① 了解自己的情绪，能及时察觉自己的情绪，了解产生情绪的原因；② 控制自己的情绪，掌握情绪调节的各种方法，善于摆脱消极情绪；③ 自我激励，懂得整理情绪，确定切实可行的目标，并朝着一定的目标努力，培养克服困难的信心和能力，善于自我鼓励、自我监督、自我教育；④ 善于了解他人情绪，理解他人的感觉，觉察他人的真正需要，具有同情心；⑤ 维系融洽的人际关系，能够理解并适应他人的情绪，包容、大度、积极处理人际交往中的问题，主动与人沟通。

二、情绪的种类

关于情绪的类别，我国古代将人的情绪分为喜、怒、忧、思、悲、恐、惊七种基本形式。现代心理学一般把情绪分为快乐、悲哀、愤怒和恐惧四种基本形式。

（一）快乐

快乐是指在现实生活中盼望已久的目标达到之后，或者是从对某一事物的极度紧张中解脱出来的一种情绪体验，即享乐带来的心理上的愉悦、快乐和舒适，最高的快乐是满足和幸福感。例如，当我们背起行囊去向往已久的地方旅行时，幸福感会油然而生。

（二）悲哀

悲哀是最普遍、最一般的负性情绪。在人的一生中，从出生到死亡，痛苦是不可避免的。一般来说，悲哀与自己喜爱事物的落空有关。引发人悲哀的事情可能是轰轰烈烈、惊天动地的大事，也可能只是一桩不起眼的小事。悲哀的程度取决于失去的事物对自己的价值。失去的东西的价值越大，引发的悲哀程度越大；反之，价值小的事物引发的悲哀程度较小。

（三）愤怒

愤怒是在人类进化过程中遗留下来的基本的情绪，是指个人目的不能达到或一再受到妨碍从而逐渐积累到紧张时而产生的情绪。挫折不一定引起人的愤怒，但如果个体认为阻挠是不合理的甚至是恶意的，则最容易引起愤怒，这种愤怒有时会引起攻击行为。

(四) 恐惧

恐惧是个人企图摆脱、逃避某种情境而又无能为力时产生的情绪。恐惧与快乐、愤怒不同,快乐和愤怒都会使个体接近对方的情绪,而恐惧是一种会使个体企图摆脱危险的、产生逃避行为的情绪。例如,在遇到大地震时,人们往往会恐惧万分。引起恐惧的关键因素是个体缺乏处理可怕的情境的力量。此外,熟悉的环境发生了意想不到的变化也会引发恐惧情绪。

看看我们都经历过什么样的情绪吧!

图 5-2　我们经历的情绪

三、情绪的功能

虽然情绪是心理学家关注比较晚的一个心理过程,但是它对个体的影响是非常巨大的。《黄帝内经》就曾经指出,"怒伤肝""喜伤心""思伤脾""忧伤肺""恐伤肾",并提出"百病之生于气也,怒则气上,喜则气缓,悲则气消,恐则气下……惊则气乱,劳则气耗,思则气结"。情绪作为脑内的一个监测系统,对个体的心理和生理都有影响。

(一) 情绪对心理活动的作用

情绪对心理活动具有组织的作用。一般来说,积极情绪对心理活动起协调、组织和促进作用,消极情绪对心理活动起瓦解、破坏和阻断作用。研究表明,情绪影响认知操作的效果,其影响效果取决于情绪的性质及强度。中等唤醒水平的积极情绪会为认知活动提供最佳的情绪背景,一般来说,学生考试时如果非常焦虑,成绩肯定不理想;相反,如果一点儿也不紧张,成绩也不会太理想。只有把考试当作一种挑战,虽然紧张但并不感到十分焦虑,大脑处于中度唤醒水平,考试成绩才可能是最理想的。但对于消极情绪来说,如痛苦、恐慌的程度越大,操作效果越差。另外,与痛苦、恐慌情绪不同,愤怒情绪由于具有向外指向的惯性,中等强度的愤怒一旦爆发出来,有可能组织个体面对自己的任务,导致较好的操作效果。情绪也会影响个体的记忆效果。心理学家研究表明,当人处在良好的情绪状态时,很容易回忆出那些带有愉快情绪色彩的材料;当人处于悲哀的情绪状态时,更容易回忆起那些带有悲哀色彩的材料;而且人们在愉快状态下回忆愉快的内容比不回忆不愉快的内容更容易,人们在悲哀的状态下回忆愉快的内容比回忆悲哀的内容更难。总之,如果记忆和回忆都发生在同一种情绪状态下,这些记忆的材料更容易被回忆出来。

(二)情绪对生理活动的作用

情绪也会影响个体的生理活动。积极的情绪状态可以增强人的抵抗能力,消极的情绪状态则会对身体造成伤害。我国古代就有"内伤七情"之说,认为当人的喜、怒、忧、思、悲、恐、惊七种情绪过度时,人就会患心理疾病。凡是不能满足人们需要的事物,都可使人产生消极的情绪体验,如愤怒、恐惧、苦闷、不安、沮丧等。现代医学证明,有些疾病的发生并不是器质性病变,而是与精神状态不佳、情绪异常有关。经常、持久的消极情绪引发的长期过度神经紧张,会导致身心疾病。大量研究证明,内心充满矛盾、心情压抑,具有不安全感和不愉快情绪体验的个体,其内分泌紊乱,免疫力低下,容易患癌症。情绪除了通过影响人体免疫系统外,还会通过影响人的行为方式、心理适应、求医行为和社会支持等决定身体健康的重要因素而影响人体健康。

总之,人们的行为常被当时的情绪所支配,一般来说,当人处于积极、乐观的情绪状态时,个体会倾向于关注事物美好的一面,态度和善,乐于助人,并且勇于承担责任;消极情绪状态则使人容易产生悲观意识,失去希望,更容易产生攻击行为。了解了情绪的这些作用,善于调节和把握自己的情绪,尽量发挥积极情绪的作用,减少消极情绪的不良影响,这样才能拥有快乐幸福的生活。

四、大学生情绪的特点

(一)多样性

大学生情感体验丰富,并随自身发展、环境变化及自我意识的迅速发展而表现为情绪情感更加深刻、敏感、细腻、复杂。例如,时而兴高采烈、踌躇满志,时而悲观沮丧、斗志全失,时而心静如水、无欲无求,时而热血沸腾、心高气盛。

(二)冲动性

大学生正值精力、体力旺盛的时期,他们血气方刚、激情四射,情绪反应快而强烈,易受暗示或者环境氛围的影响。他们对一些问题的认识不够成熟,辨别是非的能力还比较有限。有时会因一点小事振奋不已、豪情万丈,有时也会因为一个微小的社会刺激而怒发冲冠、言行过激。例如,对于网络上的一些负面信息,他们有时没有进行任何判断就愤怒地转发。

(三)稳定性

大学生处于未成年人向成年转变的阶段,与高中阶段相比,其情绪日趋稳定,但与成年人相比仍会有大起大落、动荡不安的时候,有时,他们的情绪状态甚至在积极和消极之间快速摆动。例如,对于一场即将到来的辩论赛,他们可能既感到激动,又感到担心。

(四) 掩饰性

随着年龄的增长,大学生的自我控制和调节情绪的能力逐步提高,情绪表现有时也会带有掩饰性和压抑性的特点。大学生会根据不同的情境表现出不同的情感,也会有外在表现和内在体验不一致的情况。例如,当获得一等奖学金的时候,他们可能内心十分骄傲,但是因为顾及其他同学的感受,往往不会轻易表露出来。

心理体验

【情绪体验与表达】

一、活动目的

在一个人的成功因素中,智力占 20% 左右,其余因素则是由情商决定的。虽然情商不像智商那样容易测量,但是却可以通过一些方法来提高情商,第一步就是要学会觉察自己的情绪,即对自己正在发生的情绪具备敏锐度,了解各种感受的前因后果。只有这样,才能适时对自己的情绪做正确的反应,进而对情绪进行调节和控制。

我们可以尝试用以下方法来觉察自己的情绪,让我们试试看吧!

1.“what”:发生了什么事情? 我的感觉怎么样? 我有什么样的反应?

2.“why”:为什么我有这样的感受和反应?

3.“want”:我想拥有什么? 我想要做什么?

二、体验分享

情绪没有好坏之分,只是反映了人们的内在感受,但是如果不能在恰当的时间、场合或者地点表达情绪,则会导致很多问题。例如,很多同寝室同学之间的矛盾是由不良情绪的表达引发的。因此,要想提高情商,就要学会正确地表达情绪。下面介绍一种“我讯息”式的表达,请用这种方式与小组同学分享一种消极情绪。

第一步:描述引起自己消极情绪的行为。注意只能描述行为本身,不要指责当事人,如“你把我交代给你的事情忘了”。

第二步:陈述自己的感受,如“我很失望,也很不高兴”。

第三步:陈述后果,如“这件事情对我很重要”或“我觉得你没把我放在心上”。

以上可以用一句话表达:“当你把我交代给你的事情忘了时,我很失望,也很不高兴,因为这件事对我很重要。”

注意:绝对禁止责骂,尽量避免生气,明确表达情感,表达正向感受。

同学们的分享对你有什么启发?

心海扬帆

【理性情绪理论】

情绪往往是由一定的事件引发的,但是如何看待这一事件才是引发情绪的直接原因。例如,当你的英语 A、B 级考试成绩很低时,你会感到非常失望。为什么会有失望的情绪呢? 很可能是因为你认为自己是一个失败者。美国临床心理学家艾利斯据此提出了理性情绪理论,又叫 ABC 理论。该理论认为,情绪的产生有三个重要因素,即诱发情绪的事件 A,人们对诱发事件所持有的信念、态度或解释 B,以及由此引发的情绪或行为后果 C。

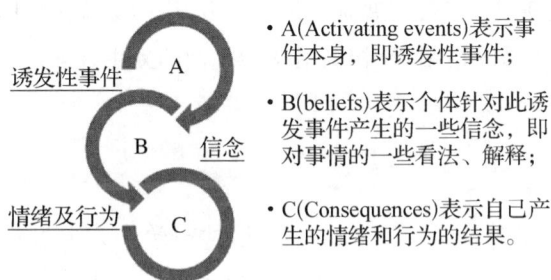

- A(Activating events)表示事件本身,即诱发性事件;
- B(beliefs)表示个体针对此诱发事件产生的一些信念,即对事情的一些看法、解释;
- C(Consequences)表示自己产生的情绪和行为的结果。

图 5-3 艾利斯的情绪 ABC 理论

情绪并非由诱发事件导致,而是通过人们对这一事件的解释或评价引起的。对事件的正确认识一般会导致适当的行为和情绪反应,而错误的认知往往会导致焦虑、沮丧、敌意等不良情绪。这些不合理的信念通常具有以下三个特征:

(1)绝对化。这是一种非黑即白的理念,没有中间地带,个体习惯用"应该""必须""一定""绝对"等要求自己和他人。例如,"我应该得到所有人的喜爱""我应该十全十美,这样才有价值"。

(2)概括化。这是一种以偏概全的理念,个体习惯用"很不好""总是""绝对不可能""就该如此"等要求自己和他人。例如事情都应该是自己所期待的样子,否则就不顺眼;他人若有一点儿不好,就不是好人。

(3)灾难化。这是一种灾难化理念,一旦出错便觉得彻底失败了。例如,过去的经历是目前行为的决定因素,过去的影响永不会消失;一旦失败,便觉得没有任何希望了。

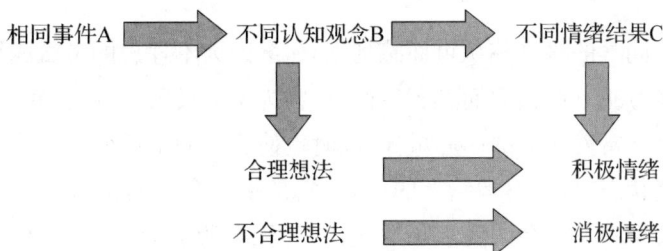

图 5-4 不同的认知观念导致不同的情绪

第二节 打开幸福宝盒
——常见情绪困惑与调适

　　情绪没有好坏之分，都有其存在的必要意义。但是，如果长时间沉浸在消极的情绪中，还是会对身心健康产生一定的破坏性影响的。一般认为，适度的、情境性的负性情绪反应，如考试中的紧张和焦虑，失忆后的悲伤等情绪是正常的，但是，如果大学生不能很好地处理生活和学习中的各种问题，长期处于消极的情绪状态，就会影响身心健康和发展。积极情绪有提升幸福感、拓展认知范围的作用，对我们的身心健康是有益的，因此，我们要学会调试自己的情绪，让积极情绪为我们的人生领航。

心理案例

　　小沈现在某高校学习服装设计专业。她气质好，学习成绩也不错，但是比较容易情绪化。当心情好的时候，见了谁她都热情洋溢地主动打招呼；当心情不好的时候，她就很容易对别人发脾气。有一天，她和寝室同学莉莉大吵了一架。原因很简单，就是莉莉在晾衣服时不小心把她快干的衣服弄湿了。每次当她发脾气或者跟其他同学吵架时，谁都不敢理她，否则她就会迁怒于人，暴跳如雷。其实，小沈平时不发脾气时也十分喜欢乐于助人，但是就是因为她的脾气太大，无法控制自己的情绪，同学们都不敢与她走得太近。

　　你在大学时遇到和小沈一样的情况了吗？你对小沈的行为和反应如何分析呢？

_____

_____

理论知识

一、情绪健康的标准

　　我们会因为同学的接受和认可而感到高兴，会因为不理想的考试成绩而感到沮丧，会因为自己不经意犯下的错误而感到后悔，会因为挑战极限、突破自我而感到骄傲……各种各样的情绪丰富着我们的内心世界，同时也使我们的生活变得五彩斑斓。

　　良好的情绪状态，首先是情绪上的成熟，它是指一个人的情绪发展、反应水平和自我控制能力与其年龄及社会的要求相适应，并为社会所接受。个体拥有健康的情绪应符合如下标准：

（一）接纳自己情绪的变化

情绪就像一条流动的河，会有风平浪静的时候，也会有波涛汹涌的时候。无论喜怒哀乐，我们都要欣然接受自己的情绪。尤其是当出现负面情绪时，我们要用平常心来接纳它，不苛求自己，不过分追求完美。

（二）情绪表达的目的明确、方式恰当

情绪的发生总有一定的缘由，因此情绪的表达也一定与此相关，并有一定的目的性。例如，我们表达愤怒，可能是让别人知道他人的行为侵犯了我们的利益，如寝室同学未经你的允许就用了你的毛巾。这种情绪的表达也需要有恰当的方式，即用被自己和社会所接纳的方式对某种刺激做出适当的情绪反应。这种情绪反应的方式可能是言语的，也可能是行为的。上述例子中的愤怒情绪是由生活中的一件小事引发的，其反应强度一般会比较低，可能只是语言的表达，但不至于因为这一件小事而大打出手。

（三）积极情绪多于消极情绪

积极愉悦的情绪不仅有益于身心健康，而且会增加行为的动机，有助于目标的实现和幸福感的提升。因此，在生活中要尽量保证大部分时间都处于高兴、希望、愉悦、自豪等积极的情绪状态，当遇到消极情绪时要采取适当的调节方法加以克服，这是保持情绪健康的关键。

二、大学生的常见情绪问题

丰富多彩的校园生活给大学生的生活增添了无限乐趣。然而，大学生在学习、交往、求职就业过程中，可能也并不是一帆风顺的，有时也会有困惑、苦恼，甚至可能有情绪问题，如自卑、焦虑、郁闷、孤独、纠结、失落、迷茫、沮丧、抑郁、冷漠、愤怒和嫉妒等。其中，焦虑和抑郁是大学生中最常见的两种情绪问题。

（一）焦虑

焦虑情绪是指一种缺乏明显客观原因的内心不安或无根据的恐惧，是人们遇到某些事情（如挑战、困难或危险）时出现的一种正常的情绪反应。通常情况下焦虑与精神打击以及可能的威胁或危险相联系，主观表现出感到紧张、不愉快甚至痛苦，以至于难以自制，严重时会伴有自主神经系统的变化或失调。

大学生产生焦虑的原因主要有新生适应困难、考试、失恋，对身体健康状况过分关注等，其中考试焦虑是较常见的情绪表现。考试焦虑一般在考试前数天表现出来，随着考试的临近而日益严重。研究表明，大学生的自信水平、对自身能力的评价以及对考试的期望与焦虑情绪有密切的关系。那些自信水平越低、认为自己能力差和对考试期望比较高的学生更容易出现考试焦虑。

值得注意的是,焦虑并不一定是有害的,适度的焦虑能促进大学生在学习和课外活动中的表现,但较为严重的焦虑反应要进行调适。例如,要增强自己学习上的自信心,正确认识面临的困难和挑战,客观分析自身的能力,减少不必要的焦虑。但是,对自己无法控制的、比较严重和持久的焦虑情绪,应及时向学校里的心理咨询人员寻求帮助。

心理测验

【焦虑自评量表(SAS)】

你的焦虑如何,咱们来测测吧。

焦虑自评量表有20条文字,请仔细阅读每一条,把意思弄明白,然后根据您最近的实际感觉,选择问题的答案。在回答时,注意,有的题目的陈述是相反的意思,例如,心情忧郁的病人常常感到生活没有意思,但题目之中的问题是感觉生活很有意思,那么评分时应注意得分是相反的。这类题目之前加上＊号,提醒各位检查及被检查者注意。

每一条文字后有四个格,表示:A没有或很少时间;B小部分时间;C相当多时间;D绝大部分或全部时间。

1. 我觉得比平常容易紧张或着急;	A B C D
2. 我无缘无故地感到害怕;	A B C D
3. 我容易心里烦乱或觉得惊恐;	A B C D
4. 我觉得我可能将要发疯;	A B C D
＊5. 我觉得一切都很好,也不会发生什么不幸;	A B C D
6. 我手脚发抖打颤;	A B C D
7. 我因为头痛、颈痛和背痛而苦恼;	A B C D
8. 我感觉容易衰弱和疲乏;	A B C D
＊9. 我觉得心平气和,并且容易安静坐着;	A B C D
10. 我觉得心跳得很快;	A B C D
11. 我因为一阵阵头晕而苦恼;	A B C D
12. 我有晕倒发作,或觉得要晕倒似的;	A B C D
＊13. 我吸气呼气都感到很容易;	A B C D
14. 我的手脚麻木和刺痛;	A B C D
15. 我因为胃痛和消化不良而苦恼;	A B C D
16. 我常常要小便;	A B C D
＊17. 我的手脚常常是干燥温暖的;	A B C D
18. 我脸红发热;	A B C D
＊19. 我容易入睡并且一夜睡得很好;	A B C D
20. 我做噩梦。	A B C D

计分:正向计分题 A、B、C、D 按 1、2、3、4 分计;反向计分题按 4、3、2、1 计分,反向

计分题号:5、9、13、17、19。

SAS 的主要统计指标为总分。将 20 个项目的各个得分相加,即得到粗分;用粗分乘以 1.25 以后取整数部分,为标准分。按照中国常模结果,SAS 标准分的分界值为 50 分,其中:轻度焦虑:50～59 分;中度焦虑:60～69 分;重度焦虑:70 分以上。

(二) 抑郁

抑郁是一种感到无力应付外界压力时产生的消极情绪,常常伴有厌恶、羞怯、自卑等情绪体验。个体长时间处于抑郁状态容易患上抑郁症。抑郁与性格特点有一定的关系,内向、逃避交际、多愁善感的人更容易出现抑郁情绪。

抑郁在大学生中是一种比较普遍的不良情绪。生活中遇到的困难和挫折,如失恋、考试失败、人际关系不和谐等,都可能是大学生抑郁的诱因。失恋和就业不顺利是导致大学生出现抑郁情绪的比较常见的两个原因:一方面,爱情让大学生的生活变得很美好,但是失恋也会给大学生带来很多痛苦。如果不能及时摆脱这种痛苦,严重的抑郁也可能会导致大学生出现心理扭曲、自杀、伤人等情况。另一方面,大学生背负着家庭和社会的双重期望,但是在激烈的社会竞争中,不少大学生找不到理想的工作,现实和理想的冲突让即将走出校门的大学生感到茫然和无力,产生了巨大的心理压力,从而出现了抑郁情绪。为了避免和减少抑郁情绪的出现,每个人要与同学建立和谐、稳定的人际关系,当出现心理困惑时,及时与朋友沟通,向朋友寻求安慰和帮助。同时,我们也要培养乐观、积极的心态,正确看待学习和生活中遇到的挫折,遇到问题不悲观、不消沉,努力寻找解决问题的方法。当有消极情绪时,要学会合理表达和宣泄自己的情绪,不要总是压抑自己的不满、愤怒等消极情绪。如果长期处于抑郁状态不能自拔,我们应及时向学校里的心理咨询人员寻求帮助。

三、积极情绪的作用

随着积极心理学的兴起,积极情绪的相关研究日益增多。积极情绪是一种能够反映与环境相关的愉快情感,包括高兴、喜悦、兴奋、愉快、满足、轻松等。按照弗雷德里克森的观点,积极情绪还包括爱的成分。新近的研究表明,积极情绪与个体的身体健康、心理健康和社会适应均有密切的关系。

首先,对健康人群来说,积极情绪可以促进个体采用更多的健康行为方式,减少患病的危险因素;对患病个体而言,积极情绪可以通过作用于个体的生理系统以促进其健康状况的改善,这种方式尤其有利于患病个体从疾病中恢复,降低个体的患病率和死亡率,提高个体的身心健康水平和生存质量。研究表明,一方面,积极情绪能够通过增强个体的免疫功能水平,降低感染传染性疾病的风险;另一方面,积极情绪能够影响非传染性疾病的病情、病程及死亡率。例如,积极情绪能够降低糖尿病、冠心病和心肌梗死的死亡率。

其次,积极情绪能够降低个体心理疾病的易感性,使个体更好地应对负性或压力事件。一方面,积极情绪能够有效保护压力事件中的个体,减少事件引起的压力;另一方面,对经历了严重负性事件的个体而言,作为一种社会心理保护因素,积极情绪能够降低其物质滥用率和患精神病症的可能性。例如,积极情绪对抑郁有着保护和缓解的作用。此外,积极情绪也与个体的主观幸福感存在一定的联系。研究表明,积极情绪还能够缓冲歧视或者生活压力对个体幸福感的损害。

最后,社会适应是个体为与环境取得和谐的关系而产生的心理和行为的变化,包括个体改变自己以适应环境,也包括个体改变环境使之适合自己的需要。积极情绪对个体的社会适应的作用主要体现在两个方面:一方面,积极情绪可以增加个体的人际资源(友谊、社会支持网络等);另一方面,积极情绪还有助于个体更好地应对生活事件。

20世纪末,随着积极心理学的兴起,弗雷德里克森提出了积极情绪的扩展和建构理论。他认为某些积极情绪,如快乐、兴趣、满意、自豪和爱,虽然表现出来的现象不同,但它们都有扩展人们短暂的思维行动倾向的功能。从进化的角度来说,积极情绪不是为了解决迫切的生存问题,而是为了解决个人成长和发展的问题,因而积极情绪能拓展人们的思维行动倾向。例如,快乐时产生游戏的需要,个体会冲破局限,变得更具创造性;有兴趣时产生探索的需要,个体就会留意新的信息,进行新的体脸。这些积极情绪都会以某种方式提高思维的创造性与灵活性,使人们对环境的处理方式也更积极,人际关系也会得到相应的改善,从而给人们带来间接的、长期的适应价值。

心理体验

【情绪梳理】

一、活动目的

认识自我,接纳自我的情绪,并与之共存。

二、活动准备

1. 准备情绪梳理卡片、放松音乐。

2. 室内较为适宜。

三、活动流程

1. 冥想放松。伴随舒缓的音乐,选择舒适的姿势,放松肌肉,回想近一时期生活中发生的事件,并注意自己情绪上的变化。

2. 每人填写一张卡片,完成下列句子:

最近让我感觉高兴的事情是＿＿＿＿＿＿＿＿＿＿＿＿＿。当时我的心情是＿＿＿＿＿＿＿＿＿＿＿＿。现在想起这些事情,我的心情是＿＿＿＿＿＿＿＿＿＿＿＿。

最近让我感到不高兴的事情是＿＿＿＿＿＿＿＿＿＿＿＿＿。当时我的心情是＿＿＿＿＿＿＿＿＿＿＿＿。现在想起这些事情,我的心情是＿＿＿＿＿＿＿＿＿＿＿＿＿＿＿＿＿＿。

每当心情好的时候,我会觉得＿＿＿＿＿＿＿＿＿＿＿＿＿＿＿＿＿＿＿。

每当心情糟的时候,我会觉得＿＿＿＿＿＿＿＿＿＿＿＿＿＿＿＿＿＿＿。

3. 小组内交流、分享,感受不同情绪对生活、行为、健康的影响,认识到积极情绪的重要。

_____

_____

心理保健方法

培养个体的积极情绪,必须重视情绪上的个体差异性。由于遗传、环境、教育等多方面的影响,不同个体对同一事件往往有不同的情绪体验;情绪体验基本相同时,情绪反应的特点、强度可能也不一样;情绪产生后,个体的情绪调节能力、情绪处理方式也可能不同。因此,大学生要充分了解自己,知道自己和他人的差异,并且不要和他人去比较,只要觉得自己处于舒服的状态就可以了。一味地寻求和他人的一致性,虽然能够和他人融为一体,但会让自己心力匮乏,难以形成健康的生活方式。

积极情绪对个体的学习和生活发挥着重要作用。大学生的情绪会受到自身和外在环境等方面的影响,因此,大学生在培养积极情绪方面应该从以下几个方面努力:

第一,学会积极归因。拥有更多积极情绪的学生更易看到事件蕴含的积极意义,更倾向于对事件进行积极归因。情绪发生后,积极归因又有助于个体的情绪调节,因此大学生应学会关注自己或他人成功或失败的事件,和同学一起讨论、分析成败的原因,从中汲取成功的经验和失败的教训,通过一系列的反馈、强化,最终使自己形成积极归因的倾向。

第二,提高情绪调节能力。情绪调节能力高的学生能更快地从低落的状态中恢复过来,产生积极情绪。要想提高情绪调节能力,就要学会一定的情绪调节方法,如认知调节法(改变对事件的认知视角、认知方式以产生对事件的积极认知从而调节情绪)、注意力转移法(把注意力从引发消极情绪的事件上转移到其他令人愉快的事件上以调节情绪)和合理宣泄法(以恰当的方式将不良情绪表达出来)。

第三,激发和维持内在动机,增强自我效能感。情绪是动机的重要表现,尤其是内在动机强的学生视学习本身为动力,因而更能在学习、活动中得到满足,更易保持积极的情绪状态。自我效能感也是动机的表现。一般自我效能感越强,动机越强,个体也越容易保持积极的情绪状态。大学生从自己的兴趣和需要出发,联系生活实际,做具有一定挑战性但需要通过努力才能解决的学习任务,让自己在任务解决中逐渐接近目标,每一步都体验到成功。

当自己努力取得进步后,学会鼓励自己,学会通过观察他人,特别是相同特征较多的他人的替代经验,强化自身内在动机,提升自我效能感。此外,在学习和生活中形成正确解决问题的策略,使自己取得优异的成绩,也会获得学业成功的快乐。

情绪具有感染性的特点,因此培养自己的积极情绪除了需要自身的努力外,还需要他人的帮助。影响自身情绪状态的重要他人包括父母、同学、朋友、教师等。当我们经常与快乐的人在一起时,我们也会被他们的快乐感染;当我们经常与悲伤的人在一起时,我们也会变得黯然神伤。因此,大学生在生活中要多与那些快乐、阳光、积极向上的朋友在一起，多安慰那些忧伤、抑郁、自卑的朋友。

心理案例

在大学中，每个人可能都会遇到各种困难与挫折。阅读下面的案例，大家一起开动脑筋，想一想应该如何帮助小赵同学摆脱抑郁情绪，重拾快乐的心情，积极面对自己的选择。

小赵是某大学金融专业三年级的学生。他上大学以来一直都热衷于参加各种社团实践活动，但是专业课的成绩并不是特别突出。面临毕业，小赵还想继续深造，他报了专升本的考试，但是因为成绩原因，最终失败了。这对小赵来说是一个不小的打击。面对继续求学还是就业，他心神不定，整日郁郁寡欢。他知道自己非常留恋美好的大学生活，还没有做好求职就业的准备，但又因专升本失败，对未来更加没有信心。这几天小赵的心情十分低落，每天都愁眉苦脸。

你建议的行动方案：_____

_____

第三节　做情绪的主人
——树立积极心态

自信、乐观、热情、豁达等是积极的心态，而自卑、抑郁、悲观、失望等是消极的心态。成功人士的重要特征在于他们有积极的心态，能够在遇到困难和挫折时敢于面对问题、接受挑战。当困难在积极的心态下迎刃而解的时候，我们会体验到更多的愉快情绪，此时幸福感也会油然而生。

理论知识

一、积极的心态

心态，即心理态度。简单地说，心态就是性格和态度的统一，态度是心态的表现。心态有两种，即积极心态和消极心态。例如，杯子里有半杯水，有的人会说："哎，只有半杯水了！"有的人则会说："啊，还有半杯水呢！"这是两种截然不同的心态，前者是消极心态，后者是积极心态。心态决定了你对事情采取什么样的态度，所以人们通过你的态度能够看到你的心态。正如美国石油大王洛克菲勒在给儿子的信中提到："如果你视工作为一种乐趣，人生就是天堂；如果你视工作为一种义务，人生就是地狱。"同样，与其把问题当成痛苦和折磨，不如尝试着快乐地解决。同样一件事情，当你换一种心态面对的时候，也许情形就发生了反转，就有了天壤之别的变化。心理学家经过长期研究证明，有积极心态的人能够妥善地应对烦恼。下面是几种积极的心态：

（一）乐观的心态

乐观的心态是指无论在什么情况下都能保持良好的状态，相信不好的事情总会过去，能够应对当前的问题和困难。积极情绪较多的个体遇事常抱有乐观的心态。例如，有些人虽然身患重病，但仍然乐观地与病魔抗争，最终战胜了疾病。在某种程度上，这种乐观的心态可以提高人体的免疫力。

（二）自信的心态

自信是相信自己能够应对并且处理好问题，对自己有信心。个体开始从事某项活动时很可能缺乏信心，因为此刻个体缺乏经验，不知道这次活动能否成功。一旦成功，下次面临相同或者相似的境况时，个体就能够坦然面对，对自己充满信心。所以自信的心态建立在成功的经验之上。

（三）平和的心态

平和的心态是一种至高的人生境界。心态平和的人能够做到面对金钱和诱惑时不为所动、宠辱不惊，是一种豁达和坦然的心态。一般来说，经历丰富的人容易抱有这种心态，因为他们已经经历了人生的波动起伏，知道了自己存在的意义。

（四）感恩的心态

感恩的心态是指感恩周围的一切，包括坎坷、困难以及竞争对手。事物不是孤立存在的，没有周围的一切，就没有个体的存在，所以要以感恩的心态对待周围的人和事，谢谢他们在我们成长的道路上给予的帮助和支持。

综上所述，一个人的心态如何，可以影响他的整个人生。消极心态是心灵的毒药，容易使人萎靡不振，不仅会让人排斥成功，也会让人不断地排斥快乐和健康，甚至会毁掉一个人的一切。相反，具有良好心态的人面对喜怒哀乐能够泰然处之、沉着应付，做到荣辱不惊、临危不乱；碰到高兴的事情，不会欣喜若狂、手舞足蹈、忘乎所以；遇到烦心的事情，不会牢骚满腹、心情沮丧、萎靡不振。积极的心态是保持最佳精神状态、拥有健康心理的法宝。

二、心态与情绪

心态和情绪是两个不同的概念，心态更倾向于人们对事物的认识，而情绪更倾向于人们对事物的体验。虽然心态和情绪是两个不同的概念，但是两者存在着必然的联系。

（一）心态决定情绪反应

情绪虽然与个体的生理唤醒状态有着密切的关系，但它并不是单纯地由生理唤醒状态决定的。情绪的产生来自客观现实,但又不是由客观现实直接、机械地决定的。人们的心态才是情绪产生的直接原因。同一事件发生在不同人身上或者发生在不同的时间、条件下,人们可能有不同的评估或设想,从而产生不同的情绪。正是由于过去经验制约着个体对当前事件的认识和评价,所以当个体以乐观的心态看待当前的事件时,就产生了积极的情绪。例如,乐观的心态使人们认为自己能够最终战胜困难,个体就会产生希望和快乐的情绪。但是,如果没有自信、乐观的心态,总是认为有什么倒霉的事情将要发生在自己身上,这时就容易产生消极情绪,如沮丧、担心等。

(二)情绪对个体的心态也有影响

当一个人情绪好的时候,他更愿意把事情往好的方面想,心态自然也会好;而当情绪不好的时候,就会看什么都不顺眼,觉得什么事情都不如自己所愿,这个时候的心态自然也不会好。

三、保持积极心态的方法

(一)保持积极进取的精神

要想拥有积极的心态,首先就要有积极进取的精神。积极进取的精神也会让人们有明确的人生目标并努力为之奋斗。大学生正处于人生中精力和体力最好的阶段,然而有些学生却不思进取。这些同学看起来好像过得很逍遥,实际上,当多年之后回忆起大学时光时,他们往往会后悔自己虚度了光阴。

(二)对自己充满积极的期待

拥有良好的心态也需要大学生对自己充满积极的期待。古希腊神话中有一个名叫皮格马利翁的国王,他十分钟情一座美女雕像,日夜思恋,希望雕像能够变成真人。后来,他的真诚打动了神明,神明让雕像变成了真人并嫁给了皮格马利翁。虽然这只是一个神话故事,但是在现实生活中,期待也有非常奇妙的作用。美国心理学家罗森塔尔做过一个著名的实验,证明了教师的期待会影响学生的学习。心怀美好的愿望会让我们更加乐观、干劲十足、不断进步。

(三)学会调节消极情绪

成功的路上多坎坷,有时我们也会遭受一些打击。这个时候就要学会缓冲失败带来的低落情绪,适度地降低期望,以平和的心态看待周围的人和事,要保持乐观的心态,也要学会与朋友多沟通、多交流。遇到想不通的问题时,可以通过与朋友聊天、写日记等方式释放自己压抑的情绪。总之,一定要想办法将心结打开,这样才能让自己释然,获得快乐。

（四）适度地进行体育运动

积极的心态有利于身心健康,适度的体育运动有利于培养积极的心态。运动可以释放身体中过多的能量,可以锻炼意志。研究也证明,运动会使体内的多巴胺、血清素和肾上腺素增加。其中,多巴胺是和积极情绪有关的物质,会增加个体的快乐体验。因此,适度地进行体育运动有利于培养积极的心态。

（五）经常保持微笑

大笑时,大脑会释放一种化学物质——内啡肽。这种物质可以消除紧张感,使人心旷神怡。心理学研究发现,即使人们不是真的有什么开心的事情,只是强颜欢笑,被迫做出笑的表情,人的心境也会改变。情绪与心态相互影响,在好心情的影响下,自然会有积极的心态。

心理测验

【压力测试】

请回想一下自己在过去一个月内是否出现过下述情况:

1. 觉得手上工作太多,无法应付。

2. 觉得时间不够用,所以要分秒必争,如过马路时闯红灯,走路和说话的节奏很快。

3. 觉得没有时间消遣,终日记挂着工作。

4. 遇到挫败时很容易发脾气。

5. 担心别人对自己工作(学习)表现的评价。

6. 觉得上司和家人都不欣赏自己。

7. 担心自己的经济状况。

8. 有头痛、胃痛等毛病,难以治愈。

9. 需要借烟酒、药物、零食等抑制不安的情绪。

10. 需要借助安眠药入睡。

11. 与家人、朋友、同学的相处令你发脾气。

12. 与人倾谈时,打断对方的话题。

13. 上床后觉得思潮起伏,很多事情牵挂,难以入睡。

14. 太多工作,不能每件事做到尽善尽美。

15. 当空闲时轻松一下也会觉得内疚。

16. 做事急躁、任性而事后感到内疚。

17. 觉得自己不应该享乐。

【计分方法】

从未发生计 0 分,间有发生计 1 分,经常发生计 2 分。

【结果解释】

0～10分,精神压力程度低,但可能显示生活缺乏刺激,比较简单沉闷,个人做事的动力不高;11～15分,精神压力程度中等,虽然某些时候感到压力较大,仍可应付;16分或以上,精神压力偏高,应反省一下压力来源和寻求解决办法。

心理保健方法

晨露、晚霞、希望和梦想都有可能让我们感到舒适和愉悦,也都可以成为幸福感的来源。大学生可以通过改善学习心理、人际关系、归因方式、自我效能感等来提升幸福感。具体来讲,大学生面对全新的学习方式和学习环境,若没有掌握有效的学习策略,或因缺乏兴趣而没有形成良好的学习心理,就会导致学习效率低下,从而产生自信心水平下降等消极情绪体验,进而影响幸福感。调整心态可以帮助大学生摆脱消极因素对幸福感的影响。例如,如果我们将学习看作一个宝贵的机会,认为学习是对严谨思维方式的培养,是对记忆力和注意力的锻炼,是为了走向成功打基础的过程,那么就会以积极的心态面对课堂、面对教师,会更加努力、刻苦地学习。当个体获得了学习上的成功后,就容易在内心生出一种幸福感。

人际关系是影响大学生幸福感的主要因素。缺乏人际支持或人际关系出现问题(尤其是恋爱问题)会严重影响大学生的幸福感,而和谐的人际关系有助于大学生保持愉悦的心情,提升幸福感。当我们体验到成功的喜悦且有人与我们分享时,我们会感到幸福;当我们有了困难且有好朋友及时向我们伸出援助之手时,我们会感到幸福;当我们伤心、难过但有好朋友主动安慰我们时,我们会感到幸福。

采取何种方式对事件进行解释也对大学生的幸福感有重要的影响。将积极生活事件归因于努力等可控的因素时,大学生的幸福感较高。例如,如果你将自己在社团竞选中的成功归因于自己做了充分的准备,你的幸福感就会较高;如果你将自己在实习中受到奖励归因于自己努力学习、不断提高实践能力的结果,你也会感到很幸福。相反,如果把失败归因于内部的、不可控的因素,大学生会产生自我怀疑、自我否定的心理,从而有较低的幸福感。大学生自我效能感是大学生根据自身的身心发展水平以及已有的认知、情感、能力水平等方面的经验,对自己即将做出的行为的一种能力判断和对行动过程中的自我生成能力的信念,是个体自身潜能的主宰。拥有较高自我效能感的大学生相信自己有能力应对难题和挑战,战胜挑战后的积极反馈容易让他们产生积极的情绪体验,提升主观幸福感。

此外,为了提升幸福感,大学生要培养积极的心态,学会调整自己的情绪,同时也要结交更多朋友。

心理案例

大学生是祖国的未来、民族的希望。即将步入社会的大学生面对即将开始的新生活时,往往对未来的生活充满了憧憬和向往,然而小李却对自己的未来充满了担忧。请阅读下面的案例,给小李提出一些建议。

　　小李是一名大三的男生,从小与爷爷生活在一起。小学和初中时他经常和同学打架,高中和大学时他不和同学打架了,但和同学的关系一直比较冷淡。在大学,他与舍友的关系十分紧张,经常因为别人动了自己的东西而大发雷霆。一位舍友很不客气地说:"大不了我们赔给你,用得着发这么大火吗? 你看你回宿舍有谁搭理你。"小李听后心情十分低落。他回忆了从小到大的经历,除了爷爷之外,自己没有什么亲近的人,也没有什么好朋友。想到未来,小李有些恐慌,不知道做些什么准备,也不知道自己的幸福在哪里。

　　你的建议及行动方案:＿＿＿＿＿＿＿＿＿＿＿＿＿＿＿＿＿＿＿＿＿
＿＿＿＿＿＿＿＿＿＿＿＿＿＿＿＿＿＿＿＿＿＿＿＿＿＿＿＿＿＿＿＿＿＿＿
＿＿＿＿＿＿＿＿＿＿＿＿＿＿＿＿＿＿＿＿＿＿＿＿＿＿＿＿＿＿＿＿＿＿＿

第六章　突破逆境　扬帆远航

——大学生压力管理与挫折应对

学习导读

在繁忙的现代社会中,每个人都承受着不同程度的压力。与工作着的人群一样,大学生在日常生活、学习中,也承受着来自各方面的压力,从而产生紧张的情绪状态。适度的压力能转化成动力,提高我们的学习和工作效率,而过度的压力则会在一定程度上影响我们的身心健康。同时,大学生在学习、生活、求职就业的过程中不可避免地会遇到各种各样的困难和挫折,影响着我们的身心健康状况。大学生要学会正确应对环境适应压力、学业压力、人际压力、经济压力和求职就业压力,学会理性地面对挫折和积极地化解挫折,提升抗逆力和耐挫力,掌握身心调节的方法,保持良好的身心状态。

第一节　不能承受之重

——压力概述

心理案例

小沈,女,19岁,某校大一年级学生。小沈入学时的成绩比较好,性格比较外向。开学不久,小沈曾向辅导员老师透露其家庭经济状况较差,希望能够得到学校的帮助。由于小沈比较胆小害羞,在参加各种社团竞选活动中屡屡受挫,很是失落。以前在中学因为成绩很好,深得老师器重和同学们的信任。进入大学后看着其他同学积极的表现,对自己的能力和信心产生了怀疑,再加上家境困难,所带来的压力和挫折导致小沈不能在校正常学习和生活,有时甚至会产生幻觉。

案例中的小沈承受着经济和学业的双重压力,严重影响了正常的学习和生活,心理健康也遭受了一定程度的损害。大学生的压力来源多种多样,要想有效地去应对压力,最首要的还是要了解压力是什么。

心理解读

一、压力的概念

(一) 压力的定义

在车文博主编的《当代西方心理学新词典》中,有一个词条即应激(stress),其含义是:应激亦称压力、紧张,指个体身心感受到威胁时的一种紧张状态。应激结构有:① 应激源,即造成应激或紧张的刺激物;② 应激本身,即特殊的身心紧张状态;③ 应激反应,即对应激源的生理和心理反应,亦称生理应激与心理应激。个体对应激的反应有两种表现:一种是活动抑制或完全紊乱,甚至发生感知记忆的错误,表现出不适应的反应,如目瞪口呆,手忙脚乱,陷入窘境;另一种是调动各种力量,活动积极,以应对紧急情况,如急中生智,行动敏捷,摆脱困境。在应激状态下,生化系统发生激烈变化,肾上腺素以及各腺体分泌增加,身体活力增强,使整个身体处于充分动员状态,以应对意外的突变。长期处于应激状态,对人的健康不利,甚至会有危险。故要尽量减少和避免不必要的应激状态,并学会科学地对待应激状态。这一解释强调了压力对身心两方面的作用。

从心理学角度看,压力是心理压力源和心理压力反应共同构成的一种认知和行为体验过程。通俗地讲,压力就是一个人觉得自己无法应对环境要求时产生的负性感受和消极信念。压力是个人在面对具有威胁性情境中,一时无法消除威胁,脱离困境时的一种被压迫的感受。如果这种感受经常因某些生活事件而持续存在,就会演变成个人的生活压力。如此看来,所谓"压力",事实上是指"压力感"的意思。这是我国台湾著名心理学教授张春兴先生的界定。而台湾学者蓝采风也认为压力是指我们的身体在适应不断改变的环境时,对此环境变迁所感受到的经验,包括肢体与情绪的反应,它能造成正面或负面的效应。正面的反应能激励我们采取行动,也能带来新的认知、新的观念与对事物的看法。当压力带来负面的经验时,则我们会对别人不信赖、拒绝、愤怒及忧郁。这些情绪上的负面反应很容易引起健康问题,如:头痛、肠胃不舒服、皮肤发炎、失眠、溃疡、高血压、心脏病及中风等。

综合上述观点所形成的共识是,压力应该包含三个部分:压力源,即指现实存在的具有威胁性的刺激;压力反应,即指人对压力事件的反应;压力感,即指由威胁性刺激带来的一种被压迫的主观感受。这三个部分是相互联系、互相影响的,表现为认知、情绪、行为的有机结合,是个体的一种综合性心理状态。由于压力源的存在,使得个体意识到压力,伴随着对压力的认知,同时又会有持续紧张的情绪、情感体验。压力必然引发行为反应,积极应对,化解压力就会减少压力反应;逃避压力情境,消极应对,则会形成心理障碍,加强压力反应,形成恶性循环。

（二）压力的特点

1. 压力具有情绪性

个体有压力时总带有明显紧张的情绪体验的特性。紧张是人在某种压力环境的作用下所产生的一种适应环境的情绪反应。如果个体认为压力事件能满足自己某方面的需要，便可能产生积极的情绪，如探险者就乐于冒险，否则就产生消极的情绪。情绪反应往往是消极的，因为压力事件往往是不符合我们的需要的。此外，这种情绪性的紧张度和负面性还受两个因素的制约：一是受压力的大小制约；二是受个体心理承受力大小制约。所谓心理承受力，一般是指个体对挫折、苦难、威胁等非自我表现性环境信息的处理理性程度。更简明地说，心理承受力就是对心理压力应对的理性程度。当心理承受力一定，压力越大，形成的负面情绪越强烈，心理越紧张，易出现忧郁、痛苦、惊慌、愤怒等情绪；反之，若压力小时，只会出现短暂的、微弱的负面情绪，如不悦、冷淡等，心理紧张度低。当压力一定，若心理承受力越小，则心理越紧张，负面情绪越大。反之，心理承受力大时，负面情绪也小，心理不紧张；当压力和心理承受力相当，或略大于心理承受力时，这种压力也称为适度压力，或轻度压力。适度压力下个体情绪虽有些紧张，在良好的教育和积极的引导下，往往能精神振奋，产生热情，有利于意志的锻炼和能力的提高。总之，心理压力的情绪性是显而易见的。

2. 压力具有动力性

动力性是压力的另一个重要特性。压力对个体行为的调节作用就是压力的动力性。在日常生活中，人们常说要变压力为动力。之所以能变压力为动力，是由于个体一有压力时，不会无动于衷，而会采取一定的行为处理所处的具有威胁性的刺激情境。

压力的动力性表现为对适应行为的积极增力作用和对不适应行为消极减力作用两个方面。当个体心理压力过大时，人的理智一般难以控制，个体常表现出两种极端的行为反应，要么呆若木鸡，完全停止行动，要么攻击。中度心理压力一般会使人的行为能力降低，产生重复和刻板动作。心理压力较小时，情况就较复杂化，一般适应行为增多。在适度压力或轻度压力状况下，个体可能在理智的控制下，充分发挥主观能动作用，对压力事件较妥善处理，从而也使自己心理承受力得到增强，使个体生物性行为和正向的适应性行为增多，动力性随之增长。但在适度压力或轻度压力状况下，个体若不能理智控制或失去理智，不能发挥主观能动作用，而对压力事件漠然置之，不及时妥善处理，只会使自己心理承受力得不到增强，动力性将随之降低。没有一定的心理压力，人难以增长心理承受力，人的正向适应性行为得不到学习提高。一旦面临较大压力，将不知所措，容易造成心理障碍，在无法承受的压力面前，还会导致个体情绪的困惑、身心的疾病甚至死亡。如果只看到心理压力的情绪性，并夸大其负面影响，忽视心理压力的动力性，或者只看到其消极减力作用方面，这是不切实际的，也是错误的。因此，压力的动力性使得压力对人们来说既是积极的"推动力"，如果处理不当，也可能表现为消极的"破坏力"。

（三）压力的表现

人在压力状态下,会出现一定的生理反应和心理反应,这些身体和心理信号提示人们要关注自己的压力水平。

压力的生理反应,主要表现在自主神经系统、内分泌系统和免疫系统等方面,如颤抖或神经抽动、便秘、心跳加快、腹泻、背痛、心悸、食欲大增、疲倦、头晕眼花、全身紧张等。这些症状有时同时发生,有时单独发生。微小的生理症状不断积累会导致严重的疾患。压力状态下的生理反应分为三个阶段:

阶段一:警觉。刺激的突然出现而产生情绪的紧张和注意力提高,体温与血压下降、肾上腺分泌增加,进入应激状态。阶段二:抗拒。企图对身体上任何受损的部分加以维护复原,因此产生大量调节身体的激素。阶段三:衰竭。压力存在太久,应付压力的精力耗竭,身体各功能突然缓慢下来,适应能力丧失。

压力的心理反应主要从认知、情绪和行为三个方面表现出来。

1. 压力的情绪反应

压力过大或长期处于压力状态会使个体出现焦虑、抑郁、愤怒、恐惧、悲伤、挫折感、内疚感和羞耻感。

2. 压力的认知反应

压力有时候会让人的注意力难以集中、记忆力变差、思路模糊不清、思维不合逻辑或意识混乱、健忘、听觉受到阻碍、噩梦缠身。压力的认知症状有时候会与情绪症状尤其是惧怕、焦虑、抑郁和愤怒联系在一起。

3. 压力的行为反应

压力的行为反应比压力的情绪和认知反应更为明显,包括直接反应和间接反应。直接反应包括冲动行为、演讲时吞吞吐吐或结巴、对他人施以语言攻击、语速变快、易受惊吓、不能静坐、很难长时间从事某项活动。间接反应包括抽烟增多,对咖啡、茶、可乐、巧克力等消费增加,喝酒增多,使用非法药品等。

压力的生理和心理反应有明显的性别差异。一项重要的研究结果显示,面对压力,男性多以生理疾病的形式表现,譬如心肌病和溃疡;女性却多表现在情绪上,譬如焦虑、沮丧等。面对压力男女性大脑的反应不同:男性左脑血液充足,启动"攻击/逃跑"机制,他们想要独处;女性启动情绪机制,更想找人聊一聊。

心理小贴士

【心理压力的 10 种无声信号】

快节奏的生活,压力无处不在,让你身心疲惫,别以为自己扛得住,其实你平常生活的身体各种表现已经出卖了你,想要有效减压放松,就必须了解压力。以下是 10 种无声的压力信号,快来看看你有没有。

1. 周末头痛。华盛顿大学头痛研究中心主任托德·施韦特博士表示，从高压力状态下突然放松会诱发偏头痛。周末保持平时的睡眠和饮食模式，有助于最小化其他头痛诱因。

2. 痛经。哈佛大学研究发现，压力太大的女性发生痛经的危险是一般女性的两倍。健身有助于缓解痛经和压力。

3. 口腔疼痛。美国牙科协会消费顾问马修·米斯纳博士表示，口腔上颚部疼痛可能是夜间磨牙所致，而压力会加重磨牙症状，可试戴保护牙套。

4. 怪梦。压力过大会导致睡眠中多次惊醒，干扰"好梦"后还可能出现不愉快的怪梦。睡前避免咖啡因及酒精，以保证充足的优质睡眠。

5. 牙龈出血。巴西研究发现，压力大的人罹患牙周病的危险更大。经常锻炼和充足睡眠有助于解压，也有助保护牙齿。

6. 突然出现痤疮。维克森林大学皮肤病学教授吉尔·尤斯帕维齐表示，压力会增加患痤疮炎症的几率。可用水杨酸清洗创面，并抹上不致粉刺的保湿霜。如果几周治疗仍无效，则应看医生。

7. 偏爱甜食。宾夕法尼亚大学研究发现，与雌激素相比，压力更可能是女性偏爱巧克力等甜食的诱因。

8. 皮肤瘙痒。日本一项涉及2 000多人的研究发现，身体长期瘙痒者比正常人发生压力过大的几率高两倍。焦虑紧张也会加剧皮炎、湿疹和牛皮癣症状。

9. 过敏加重。美国俄亥俄州立大学医学院的试验发现，过敏患者焦虑后，症状更多更严重。

10. 肚子痛。除了头痛、背痛和失眠之外，焦虑和压力也会导致肚子痛。一项涉及1 953名男女参试者的研究发现，压力水平最高的人比放松的人发生肚子痛的几率高3倍。

二、压力源

压力源是导致压力的刺激、事件或环境，可以是外界物质环境、个体的内环境及心理社会环境。压力源广泛地存在于我们的生活之中。有些压力源是稍纵即逝的，它引起瞬间的兴奋和欢欣；有些压力源则持之以日、月、年，造成习惯性的高压反应，使人经常处于一种戒备状态，导致心理失衡。

压力源可以按照内外来分。外压力源指学业、就业、贫困、人际关系、情感等各方面的客观事件，而这些客观事件是否成为真实感受到的压力，还要看个人内在的抗压素质。压力大小是由压力源事件的客观性和自我感觉的主观性两种因素共同决定的。在这两个重要因素中，起主导作用的还是人们的主观态度。同样一个事件，不同的承受力感受到的压力大小是不一样的。当然，生活事件大小的不同带来的压力感受会有所不同，而对压力的承受力则决定了压力事件最终的影响力。

内压力源是指痛苦、疾病、记忆、罪恶感、不良的自我概念等来源于自身的压力。内压力源分为挑战性压力源和阻碍性压力源。挑战性压力源所带来的压力，个人认为能够克服,对自己的绩效与成长具有积极意义。阻碍性压力源所带来的压力,个人认为难以克服,对自己工作目标的实现与职业生涯发展具有阻碍作用。研究证明,个人在面对挑战性压力时,更多采取问题解决导向的应对策略,如通过提高努力程度或调整工作状态来克服此类压力。

人类最主要的压力源是人,人际关系是压力最主要的来源。如果我们对造成压力的各种因素进行大致分类,可以划分为躯体性、心理性、社会性和文化性四大类压力源。

1. 躯体性压力源

躯体性压力源是指通过对人的躯体直接发生刺激作用而造成身心紧张状态的刺激物。如冷热刺激、药物刺激、饥饿、疼痛、疲劳、失眠、疾病、手术、内分泌失调、衰老、进入青春期等。

2. 心理性压力源

心理性压力源是指来自人们头脑中的紧张性信息。例如心理冲突与挫折、不切实际的期望、不祥预感,以及与工作责任有关的压力和紧张等。心理性压力源与其他类压力源的显著不同之处在于,它直接来自人们的头脑,反映了心理方面的困难。生活中的压力事件处处可见,但为什么有的人无动于衷,有的人却耿耿于怀,区别常常源于人们内心对压力的认知。如果过分夸大压力的威胁,就会制造一种自我验证的预言:我会失败,我应付不了。长此下去,会产生所谓的长期性压力感,畏惧压力。

3. 社会性压力源

社会性压力源主要指造成个人生活方式上的变化,并要求人们对其做出调整和适应的情境与事件。社会性压力源包括个人生活中的变化,也包括社会生活中的重要事件。个人生活的改变常常会给人带来压力。这里的生活方式是指组成一个人的日常生活方式的许多经验和事件,包括居住地及居住环境、工作的类别及工作场所的环境条件、饮食情况、个人生活习惯、娱乐活动的种类与事件、体力活动的程度、社会联系等。

4. 文化性压力源

文化性压力源指要求人们适应和应付的文化变化问题。最为常见的是"文化性迁移",如由一种语言环境进入另一种语言环境,或由一个民族聚居区、一个国家迁入另一个民族聚居区或另一个国家。在这种情况下,一个人将面临全新的环境、生疏的生活方式、陌生的风俗,从而不得不改变自己原有的生活方式与习惯,以顺应新的变化。如一些从南方到北方学习生活或出国留学的大学生,由于对面临的文化环境改变缺乏充分的心理准备,因压力过大而引发疾病、中断学业的事例时有发生。

总之,引发压力的因素普遍存在于我们生活的方方面面。我们面对不同压力源的反应是不同的,这些反应可能是短促的,也可能持续一段相当长的时间。所有的压力反应都具有累计的效应,必须引起我们的重视。

三、大学生的主要压力

大学生是一个特殊群体,正处于由青春后期向成人期的转变阶段。这一阶段标志着他们逐渐走向独立和成熟，需要面对来自各方面的压力。大学一年级学生可能会有适应新环境的压力，中年级学生可能会有来自恋爱、交往、学习等方面的压力，高年级学生通常会有升学、就业等方面的压力。

（一）环境适应压力

刚刚跨入大学校门的新生，面对全新的环境往往会有一个适应的过程。在这个过程中，有些同学没有掌握自我调适的方法，不能很快融入新的生活，很容易感受到环境适应方面的压力。走进大学这个人才聚集地，大一新生若依旧沉醉在过去的光环中不能自拔，很容易迷失前进的方向。一些原来成绩很好的同学，到大学后成绩一落千丈，逐渐自暴自弃，有的甚至出现心理疾病。出现这种现象的原因主要是他们对新环境、新人际关系、新学习模式和新生活方式不适应。陌生的校园和群体、不同的饮食习惯和作息制度、远离家乡和亲人、很多问题需要自己决定和解决是大学新生环境适应困难的主要原因。

（二）人际关系压力

进入大学后，大学生离开了原来的亲人和同学，刚开始会产生或多或少的孤独感。当人际关系不和谐的时候，这种孤独感会变得更强烈，从而产生焦虑和心理压力。大学生人际交往的压力主要来源于日常生活中与老师、同学、寝室关系的处理上，表现为不会独立生活，不知道怎样与人沟通，不懂得基本的交往技巧与原则。一些学生对人际交往和自我缺乏正确认识，不注意尊重他人和理解他人，不顾及他人感受；一些学生又谨小慎微，生怕与同学发生分歧或矛盾，宁可自己不舒服也不愿意表达真实感受，而一旦同学之间发生不愉快，就束手无策，不知如何处理，从而产生人际关系的压力。

（三）学习压力

学习是大学生群体最基本的任务，尽管这一压力的强度有张有弛，并非永恒不变，但由于持续时间很长，其影响之大不可低估。传统的中学学习方法已不适用于大学，当大学生不能找到适合自己的学习方法时，也容易产生心理压力。特别是当课业比较难、成绩不理想，甚至出现挂科的时候，有些同学会倍感焦虑。另外很多大学生为了适应社会激烈竞争的需要，必须进一步创造条件，还要做出进一步努力。或是努力学习创造升学条件，或是参加各种技能的培训班努力获取各种证书。过多的学习头绪、过重的学习任务，都给大学生带来巨大的压力。

（四）恋爱压力

大学生处在由青春后期向成人期的转变阶段，对异性有强烈的兴趣、好感是正常的，有恋爱的要求也是自然的。追求爱情的恋爱过程是最让大学生心动，同时也最令大学生心烦的问题。大学生在追求异性的过程中会面临压力，处在这种状态的大学生情绪波动比较明显，时而兴奋不已，时而心情沮丧。处在恋爱阶段中的大学生也会面临压力，主要是如何保持和发展这段感情，如何处理恋爱与学业的关系，以及如何处理恋人与同学之间的关系等。通常这个阶段的大学生心理状况是十分复杂和敏感的,而最大的压力是由失恋所带来的,很容易因失恋而全盘否定自己,如不能及时排除对爱的绝望,则会出现一系列的负面情绪,造成巨大的心理压力。

(五) 经济压力

大学生面临的经济问题可能是不同的。一方面,有的同学觉得自己已经是成人了,要实现经济独立,自己养活自己,于是开始到处打工,感受到学业和生活的双重压力;另一方面,大学生中有一部分同学家庭贫困,走进大学后他们的消费习惯与来自城市的大学生不同,由于近年来社会的发展和生活水平的变化,大学所需费用明显提高,特别是对于来自贫困地区的学生则影响更大。在一些贫困地区甚至出现了"高中生拖累全家,大学生拖垮全家"的现象,这对于尚未自食其力的贫困生会造成更大压力。

(六) 求职就业压力

当今时代的一个重要特征便是竞争加剧:竞争择业,竞争上岗,适者生存,不适者淘汰,整个社会处于激烈竞争之中。在这一背景下,连续多年的扩招本来已经加大了大学生竞争就业的力度,由于大量农村剩余劳动力涌入城市,特别是城市里大量下岗职工的出现,使得就业问题变得更加尖锐。一方面很多冷门专业很难找到相匹配的工作岗位;另一方面,一些大学生对工作的薪资期望过高,也无法找到自己满意的工作。还有些大学生出身寒门,背负着父母的期望,希望能够尽快出人头地,一旦找不到自己理想的工作,他们就会有较大的压力。就业已经成为大学生普遍关注的话题,也是形成大学生诸多压力中最主要的压力源。

面对着如此多的压力,许多大学生由于心理压力而产生各种生理、心理以及行为方面的危害,如精神失常、自杀、心理变态……而且在近几年,大学生的心理压力呈上升的趋势,关于大学生承受不住压力自杀、残杀他人、精神失常的事件更是频繁发生。这已引起了政府、学校和社会大众的广泛关注,所以解决、缓解大学生的心理压力刻不容缓。

四、压力与身心健康的关系

压力是现代社会人们最普遍的心理和情绪上的体验。所谓人生不如意十之八九,谁的人生,都不可能总是一帆风顺,坎坷挫折时有发生,面对种种不如意,人们常常会焦虑不安,内心体验到巨大的压力。压力存在于社会生活的各个方面,人人都经历过。例如第一次上台演讲、第一次求职面试、亲人患病或死亡、工作变动或丧失。承受压力是生活中不可避免的,压力能够促使我们去努力和成长,但是过度的压力总是与紧张、焦虑、挫折联系在一起,久而久之会破坏人的身心平衡,造成情绪困扰,损害身心健康。由此可见,心理压力对人的身心健康的影响是广泛而普遍的。

压力通常被认为对人体有害,可引起种种疾病,如神经衰弱、溃疡病等,但适度的压力其实可以提高警觉水平,激发人们的潜能,让人们高效率地完成任务,帮助人们更好地应对生活的挑战。适当的压力是维持人们正常心理功能和生理功能的必要条件,同时有助于人们适应环境、提高能力。压力是我们生活的一部分,"人没压力轻飘飘,井没压力不喷油",生活中如果没有压力我们就无法适当地成长,不管在生理、心理还是社会方面。当生活中没有足够的刺激来引发生理激活状态时,我们通常会觉得厌烦,于是就去寻找一些能造成压力的刺激,假如工作学习缺乏压力,我们也难以保持适当的效率。理想压力水平可以激发人的热情、敏锐度,让人充满干劲,从而获得较好的绩效。那些考场上超常发挥的同学、实践项目中表现出色的同学以及在运动比赛中取得优异成绩的运动员,都是将压力调适到适度水平的例子。

如果压力超过了人们的承受限度,会带来严重的后果,影响人们的身心健康。研究发现,无论是长期的心理压力,还是短期的心理压力,都会影响免疫系统的活力。心理压力可能会让人处于情绪低落、焦虑、恐慌、不耐烦、易激怒等情绪状态,行为表现可能是学习、工作效率的下降。压力引起的一系列心理和生理反应过于强烈,就会以临床症状和体征的形式出现,并成为人们身体不适、虚弱、精神痛苦的根源。心身医学研究发现,心身疾病是由多种因素引起的,但更多是由个人遭到的紧张刺激以及生活境遇所决定的,由紧张刺激而引起的生化改变最终导致自我损害是心身疾病发病的重要原因之一。也就是说,心理性、社会性、文化性的压力引起紧张状态过于强烈、持久,会通过生理渠道导致躯体病变或直接导致心理疾病。

因此,压力是把双刃剑,它能提高个人潜能,但过大又会影响健康,关键是要将压力调节至适当的水平。

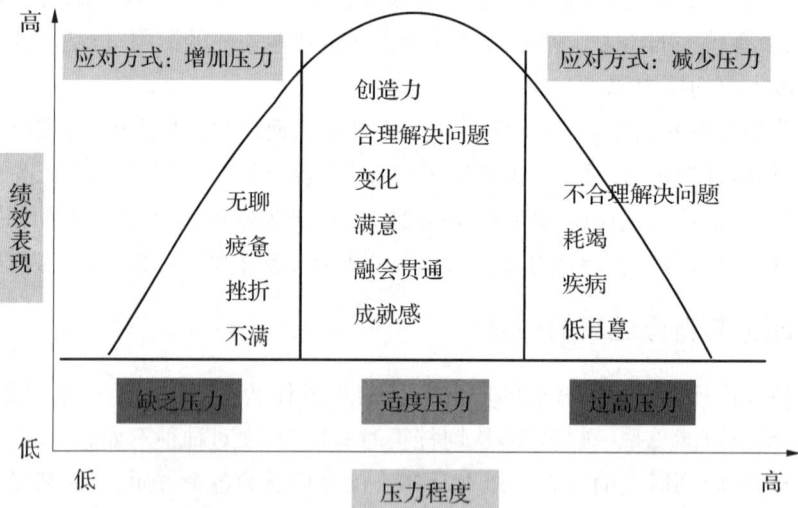

图 6-1　压力适当论

心理体验

【我的压力圈】

1. 在下图中的大小圈中写下你的各种压力(大圈代表大压力,小圈代表小压力)。

鸭梨山大

2. 分享与交流

(1) 你的压力源有哪些?

_____

(2) 它为什么给你带来这么大的压力?

_____

(3) 每个压力圈给你的感觉是什么?

_____

第二节　与压力做朋友

——压力管理

　　当今社会竞争日益激烈,生活和工作节奏明显加快,在如此巨大的竞争态势中,每个大学生都在寻找适合自己生存与发展的坐标,压力普遍增大。近年来,因人际交往、学业、经济、恋爱、就业等问题,大学生的心理健康问题常常处于漩涡之中。在压力过大的状态下,很多大学生产生了严重的情绪、行为和性格上的异常反应。西方有一句谚语:问题本身不是问题,怎么面对问题才是问题。压力是我们日常生活中的一部分,无论我们处于人生的哪一阶段,我们都会面临着各种不同的压力,因此压力的管理将伴随我们的一生。压力管理的目标应该是控制压力,而不是要去消除压力,因为压力是我们无法消除的。世界上没有包治百病的良药,大学生的压力管理也是一样,没有一种方式会适合所有的人。每个大学生都有自己独特的人格特征和外在环境,需要找到适合自己的压力管理方式。

心理解读

一、压力的调节因素

　　基于压力的定义,我们看到,生活在同样的情境下,接受同样的刺激,个体的反应却不同,这说明有调节因素的作用。调节因素揭示了压力因果系统是如何运作以及为何这样运作,它联结压力源和压力反应,在一定程度上影响压力状态下压力反应的严重程度。认识压力调节的因素,有利于我们进一步探究如何有效地进行压力应对和管理。

(一) 压力反应的阶段

个体从面临压力到解决问题一般要经过三个不同的阶段:

第一阶段为冲击阶段。发生在压力来临之时。如果刺激过强过大,会使人感到眩晕、发懵、麻木、呆板、不知所措,常会出现类休克状态。比如,突然听到亲人过世,大多数人发愣、惊慌,甚至歇斯底里,只有少数人能保持镇定和冷静。

第二阶段为安定阶段。当事人在经历了震惊、冲击之后,努力想恢复心理上的平衡,设法控制焦虑和情绪紊乱,恢复受到损害的认知功能,运用心理防卫机制或争取亲友的帮助。

第三阶段为解决阶段。当事人将自己的注意力转向产生压力的刺激,冷静地分析压力产生的原因,或逃避和远离产生压力的情境事件,或提高自己的应对能力,直接面对压力去解决问题。一般而言,应对压力的策略有两类:处理困扰与减轻不适感。处理困扰指直接改变压力来源减轻不适感不直接解决问题,而是调节自己,消解不良反应。

(二) 压力与认知评价

压力源是否使人产生身心紧张并进而引发一系列的心理、生理反应,以及反应的程度如何,这首先取决于个体对刺激物的认知评价。认知评价是个体一贯的思维方式,它决定了个体对所见、所思事物的应对风格。

当你应付一个压力情境时,实际上你的第一步是判断它们是怎样对你造成压力的。认知评价是对应激源的一个认知解释和评估的过程。应激事件可以有多种定义方式,主要取决于你的生活状况、核心目标与特定需求之间的关系,你应对需要的能力,以及你对能力的自我评价。那些给一个人的生活带来剧烈痛苦的情境对另一个人来说可能只是一种日常工作。

基于交互作用模型(图6-2)的压力评价理论认为,压力的产生取决于两次评价:在第一次评价中,个体考察所面临的情景事件对自己的重要性,如跟自己有无关系、对自己的重要程度如何;在第二次评价中,个体考察的是自己所具有的压力应对资源,只有当个体做出的评价是应对压力所需要使用的资源超出了自己具备的资源时,心理压力才会发生。当你开始进行应对时,评价还在继续;如果起初的方法不奏效,压力没有消失,你就要拿出新的反应,并对它们的有效性进行评价。

应对也是一个变化的过程,它随着情景的改变而变化,也随着时间的改变而变化;而不是如传统研究者所认为的,应对是一种个性特征或一种固定模式。例如,当个体对所面临的情况评价认为可以由自己的行为控制,问题为中心的应对策略将占主导;而当个体认为自己无法改变局势时,情绪为中心的应对将占主导。

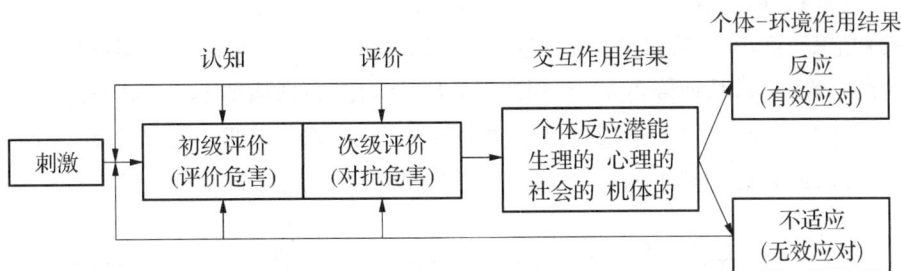

图 6-2　交互作用模型

人们对所发生的事对自己生活的影响的评价方式以及应对问题的方式,影响着人们是否会产生压力以及压力的强度。请尝试去注意并理解,生活事件对于你、你的朋友、你的同学和家人都是不同的:有些情况给你造成了压力,你的朋友和家庭却没事,另外一些则刚好相反,为什么呢?

心理小贴士

【你的压力取决于你的想法】

美国学者 Kelly 曾做过一项研究,连续 8 年追踪了美国 30 000 名成人,询问两个问题:"去年你感受到了多大压力?""你相信压力有碍健康吗?"8 年后,研究人员查看了公开的死亡记录数据,并找出了那些已经去世的参与者,研究结果令人大吃一惊。那些相信压力有害健康的参与者,会经常失眠、内分泌失调,并且诱发癌症或心脏病,最终使死亡的风险增加了 43%,严重影响身心健康。

如果承受极大压力的人,不认为压力有害,死亡的风险就不会升高,甚至比压力较小的参与者死亡风险还低。研究揭示了真正有害的不是压力,而是认为"压力有害"的想法。

(三) 压力与社会支持

社会支持是个体经历的各种社会关系对其的影响,通常是指来自社会各方面包括父母、亲戚、朋友等给予个体的精神或物质上的帮助和支持。

从性质上可以将社会支持分为两类:一类是客观的或实际的支持,这类支持独立于个体的感受,是客观存在的现实;另一类是个体主观上体验到的情感上的支持,指个体感到在社会中被尊重、被支持和被理解的情绪体验和满意程度,与个体的主观感受密切联系,也被称为领悟性社会支持。其中领悟性社会支持通过对支持的主观感知这一心理现实影响着人的行为和发展,更可能表现出对个体心理健康的增益性功能。

在从压力源到反应症状之间的因果链上,社会支持在两个环节上扮演着缓冲的角色:

(1) 社会支持影响着个体对潜在的压力性事件的知觉评价。即个体知觉到他人能够提供应付情景所引起的反应要求的资源,从而没有把潜在的压力源评价为压力事件。

(2)在压力知觉之后,足够的社会支持能够导致压力再评价、抑制不良反应或产生有利的调整性反应,从而降低甚至消除了压力反应症状;或者直接影响生理过程,从而达到了缓冲的效果。例如,通过提供解决问题的方法,降低问题的重要程度,镇定神经内分泌系统;或者提供健康的行为方式等使人减少压力知觉后的反应。

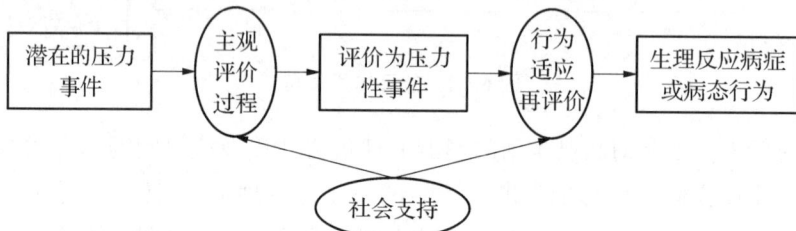

图6-3 社会支持在压力过程中的缓冲作用模式图

研究证实,社会支持能够缓解个体心理压力、消除个体心理障碍,在促进个体的心理健康方面起着重要作用。例如,相同的压力情境对不同的个体产生的影响是不同的,那些较少发病的个体与较多发病的个体相比,有着更多的社会关系。在压力情境下,那些受到来自伴侣、朋友或家庭成员较高心理支持的人比受到较少支持的人,压力小,身心更为健康,同时社会支持的丧失将加重压力对身心健康的影响。

二、压力管理的策略

美国著名的心理学家杰克认为:现代人之所以活得很累,心理很容易产生挫折感和种种焦虑甚至不快,是因为迷失和被淹没在各种目标中。因此,把自己的思绪搞得一团混乱,而且很少有人进行必要的自我调节。人一旦处于这种混乱中,内心会失去平衡,变得没有条理,生活的目标也跟着盲目起来,甚至影响到深层次的心理问题,从而影响到健康。人如果总是这样,就没有幸福可言,并会失去最主要的和丢掉眼前的一些机会,变成为明天而明天的生活痛苦者。

假设你即将面临一场重大考试,你已经对它深思熟虑而且你非常肯定这是一个压力情境。你会怎么做呢?你将如何应对因为考试即将来临而带来的压力?对一种压力情境的预期会带来许多想法和感受,它们本身也导致了压力的产生。进行压力应对的两条主要途径是:直接面对问题,即问题指向的应对;为了减轻压力产生的不适,即情境指向的应对。

(一)问题指向策略

问题指向的应对是一种直面问题的策略。这一策略包含了所有直接对付应激源的方法,无论是外在的行动还是从认识上去解决问题。你关注的焦点是要对付的问题和产生压力的实景。你认识到要采取的行动,对情况和你所拥有的应对资源有所估计,还要采取适当的反应来消除或减轻威胁。经常采取的方法包括斗争(摧毁、消除或削弱威胁)、逃跑(使自己远离威胁)、选择斗争或逃跑(磋商、讨价还价、折中)或避免未来的应激(加强个体的承受能力或降低预期压力的强度)。问题指向策略对于那些可控制的应激源通常是较为有效的,如可以通过努力提高成绩、积极为考试做准备等,因为你可以通过你的行动改变或消除应激源。

(二) 情境指向策略

情境指向策略对于应付那些不可控的应激源产生的影响更为奏效,比如你的亲人生病。在这种情境中,没有什么来自环境的威胁需要你去排除,你无法找到改变外界应激情境的方式。相反,你需要改变自己对于此事的感觉和想法。你可以向亲人寻求情感支持和安慰,或者学习一些放松技术来应对这样的压力。经常采取的方法包括使用抗焦虑药物、放松方法、生物反馈技术,或有意的分心、幻想、自我想象。

成长链接

【学会直面压力】

通常情况下,面对自己无法处理的压力源时,人们都会采取无效策略,比如逆来顺受、紧张、默默承受,但是这种方式并不能够解决问题,反而还会使得自己陷入更加泥泞的沼泽。长此以往,不仅会让自己变得沉默、自卑,而且可能会增加压力的严重程度或者延长压力的持续时间,还可能导致情绪的失控或者身心疾病的发生。面对压力源时,我们可以采取以下策略:

1. 识别压力事件的本质,用自己的话语把问题写在纸张上。
2. 进行理性的思考,将问题带入情境之中,理清问题的来龙去脉。
3. 自我肯定,肯定自己对于问题的解决能力。
4. 寻求一切能够帮助解决问题的资源。
5. 设计解决问题的方案,保持积极向上的乐观心态。

按照以上五步走之后问题还是无法解决,这就表明此问题的解决已经超出了我们的能力范围,需要更长时间的努力才可以解决,除我们坚韧不拔的意志之外,可能还需要向一些专业人士寻求帮助。

三、压力管理的有效方法

(一) 改变认知策略

在同样的环境下,不同的人感受到的压力是不一样的,这一方面跟个体的能力有关,另一方面跟个体对环境的认知有关。一个有效适应压力的方法是改变你对于应激源的评价以及你对于应对它们的方式的自我认知。你需要换一种方式来考虑你的处境、你在其中的角色,以及在解释结果时所采用的归因方式。

1. 学会正确归因

倾向于外归因的人经常认为自己的行为结果是受外部力量控制的,如运气、机会、命运等;倾向于内归因的人则习惯于认为自己的行为结果是受内部力量控制的,支配自己成功、失败的原因是自己的能力和技能以及努力程度等。正确的归因就是要对压力源进行实事求是的分析,搞清楚压力到底是内部的还是外部的,抑或是内外部两种因素共同起作用。正确的归因是应付和缓冲压力的必要基础。

2. 重新评价应激源

学习换一种方式考虑特定的应激源,重新定义它们,或者想象它们处于较小威胁的情境当中,都是用以减小压力的认知再评价方式。你可以通过改变你对自己说的话或改变你的处理方式来控制压力。

认知行为治疗师唐纳德·梅钦鲍姆(Donald Meichenbaum)提出了一种分为三个阶段的应激思想灌输法。

在第一个阶段,人们首先要对他们的实际行为获得更多的认识,是什么引发了它,以及它的结果如何。做到这一点的最佳方法是记日记。在本子上列出你感受到的压力,以及这些压力是怎么出现的。当你能突破坏情绪的影响把你的压力写出来,其实已经治愈一半了。毕竟能写下来,就代表它能被你自己控制。如果实在是自己没办法进行自我压力评估,也可以找信赖的人谈话沟通,通过对话去启发你进行压力评估。通过了解起因和结果,人们会对他们的问题有一个更明确的界定。例如,你会发现你的成绩很低(一个应激源)是因为你几乎没有给课后作业留多少时间,自然无法提高学习成绩。

在第二个阶段,人们开始认同那些可以抵消非适应性及不良行为的新做法。也许你会开始安排一些固定的学习时间,或者限制你每天用于休闲娱乐的时间不超过 1 小时。

在第三个阶段,当适应性的行为已经建立后,个体要对他们的新行为的结果进行评价。

这种三阶段的方式意味着建立与以前挫败性认知不同的反应和自我陈述。一旦走上这条道路,你就会意识到自己正在改变,并对改变充满信心你就可以收获信心,带来更大的成功。

成长链接

【积极的自我对话】

自我对话是非常重要的,因为这些信息决定了你是否应该继续尝试。也就是说,你给自己暗示的信息可以帮助你成功,也可以让你在恐惧中停滞不前。当你面对压力时,这里有 10 个小贴士可以帮助你为自己提供更良好、积极的自我对话。

1. 我可以制定一个计划对付它。

2. 只要想着我可以做什么就行了,这要比只是焦虑好。

3. 不要做消极的自我对话,理智一点。

4. 放松,我已经在控制中了。

5. 保持对当前的关注:我必须去做什么?

6. 别试着完全消除恐惧,让它们可控就行了。

7. 相信自己,我可以一步一步地控制局面。

8. 这还不算最糟的事,想点儿别的吧。

9. 其实没我想得那么糟,我做到了。

10. 我对于自己的进步真感到高兴。

(二) 积极寻求社会支持

社会支持是他人提供的一种资源,告知某人他是被关爱、被关心、被尊重的,他生活在一个彼此联系且相互帮助的社会网络当中。社会支持主要包括四种类型:

1. 信任支持

指那些关于个体被信任和接收的信息。即无论遇到什么困难,无论其个人特质如何,个体的价值经验总会得到承认,这种信息将会提高个体的自信心。内容上包括对个人表示同情、照顾和关心,功能上则是为受支持个人提供安慰、依靠、归属和被爱护的感觉;或者表现为对个人的重视、鼓励或者对个体的想法或情感表示理解以及将个人与他人作积极的比较,功能上则能有效减轻心理应激反应,缓解精神紧张,提高社会适应能力。这种支持也被称为情感性支持或意义性支持。

2. 信息支持

即有利于对问题事件进行说明,理解和应对的支持。内容上包括提出意见、指导、建议或对个人做得怎样作反馈,功能在于相信自己被关心、被爱,能够从社会获取有价值的信息,提升个体在社会中被尊重、被支持和被理解的情绪体验和满意程度。

3. 社会成员身份

即能够与他人共度时光,从事消遣或娱乐活动。这可以满足个体与人接触的需要,转移对压力问题的忧虑或者通过直接带来正面的情绪影响来降低压力反应。

4. 实物或工具性支持

指提供财力帮助、物资资源或所需服务等,内容上包括指个体获得的各种实际可见的工具、援助行为或直接的物质援助,如提供钱物、劳动、服务或直接帮助个体解决问题。这类支持往往客观可见,其功能在于使个体能够从生活困境中解脱出来,或者提供个体得以放松或娱乐的时间来帮助减轻压力反应。

任何一个与你有着明显的社会关系的人——比如父母、朋友、同学、老师等,都可以成为你最需要的社会支持网络的一部分。从大学生所处的人际群体来看,主要包括以下三个方面:师生之间、生生之间以及学生同学校、社会其他成员之间所构成的人际关系。沟通是人际关系中最重要的一部分,是人与人之间传递情感、态度、事实、信念和想法的过程,所以沟通是重要的心理宣泄渠道,能够缓解心理压力,交流学习经验。大学生应该多加强沟通和交流,要善于表达自己的情感,积极参加社交活动,以宽容、真诚、友善的态度与人交往,培养人际交往能力,构建自己的社会支持系统。另外,当你感到心理压力根本不能自行缓解时,一定要学会求助于学校心理健康教育中心的老师和心理咨询专业机构。

作为有效的社会支持网络的一部分,你必须相信在你需要时,他人会给你提供帮助。一定要使自己时刻成为社会支持网络的一部分,千万不要让自己同社会孤立起来。

成长链接

【培养良好人际关系,有效应对压力】

1. 维持健康的人际关系。人际关系的重要性毋庸置疑,就算你是个内向的人,或觉得自己不需要太多朋友。朋友和社交关系对所有人来说都是一种支持的力量。因此,你要维持和亲友的良好关系。

2. 开拓新的人际关系。结识新的朋友,学会判断哪些人能给你带来正能量,和这些人建立更深的联系。他们会给你支持,帮助你培养积极的心态。

3. 和朋友谈心。当你陷入消极情绪中,主动寻求朋友的帮助,不要把消极情绪埋在心里,而是要说出来然后解决问题,这样才能变得开心。

(三)采取有效的放松策略

放松是指身体或精神由紧张状态转向松弛状态的过程。当压力事件出现时,沉重负担不断积累,个人的压力增大时,持续数分钟的完全放松,比一小时睡眠的效果还好。放松主要是消除肌肉的紧张。在所有生理系统中,只有肌肉系统是我们可以直接控制的。如果遇到不如意的事,精神受到干扰,情绪紧张不安,我们可以借助放松的技巧和方法,去缓解压力和紧张。

1. 冥想

冥想是通过人体在一种精神深邃的休息状态下来减小压力所造成的负面作用,进而减轻人体所承受的压力。冥想可以让人进入一种特别的休息状态,能对心智和行为产生正面作用,并使人减少氧气消耗,减缓心脏跳动。冥想能集中我们的注意力,提高我们的思维能力,它的目的是转变个人的状态。在我们清醒着的大部分时间里,我们在不停地思考,忙于某些形式的言语活动或身体内部的对话。我们会因为思考我们昨天、明天或明年要做些什么事情而错过了当前的事情。在冥想中,我们能集中注意力,能投入到一件事情上去。冥想是一种在短时间内能达到深度放松的方式,冥想的状态不仅能引起完全的放松,而且也会降低身体和心理疲劳。在这里,给同学们介绍两种可以由自己操作的简单冥想方法。

(1)呼吸冥想

第一步:在座垫上盘腿而坐。如果你无法盘腿,可以坐在椅子上,建议小腿交叉;同时把手放在膝盖上；挺直腰杆，肩膀放松，头部稍稍往前倾；脸部放松，合上双眼。

第二步：设置一个冥想的宣言目标。例如：冥想可以让我感到平静又放松，也可以让我做事情更有效率、让我更快乐等。并且把这个目标复述三遍。

第三步：开始深呼吸，从一数到十，周而复始。呼吸时把注意力放在鼻尖处，感受空气进出的感觉。刚刚开始冥想的时候，注意力很容易游荡到他处。例如，今天发生的一件烦心事，隔壁有人在说话等，这些都叫妄念。而你需要做的就是把注意力重新找回来，集中在鼻尖处。

第四步：如果你刚刚开始冥想，建议你冥想的时间大约控制在 10～15 分钟的样子。冥想快要结束的时候，重复一下你之前给自己设置的宣言，然后慢慢地睁开双眼。

（2）物件聚集冥想

所谓物件聚集冥想，就是一种将所有的注意力都锁定在一件特定实体对象上的冥想。在选择实体对象方面，你可以就地取材，例如一朵鲜花、一个杯子、一块巧克力等。

第一步：先稳定一下情绪，深呼吸几次，然后再选定进行冥想的对象。

第二步：把所有的注意力都放在这件选定好的物品上。然后让自己的眼睛就像是一台扫描仪一样，认真地去观察这件物品的所有细节。例如物品的颜色、质地、纹路、线条等。

第三步：努力屏蔽大脑当中的各种噪声，放慢思考的速度，只是慢慢地观察眼前的这件物品。也许你会发现，即使是一件平淡无奇的物品，身上也隐藏着很多含蓄的美好。正所谓，一花一世界。

当用手机浏览朋友圈或者是看各种各样的新闻时，我们的注意力总是会被快速地分散。这时，我们的心也很难真正地静下来，进而受累于各种各样的杂念。而当你能够专心致志地进行物件聚集冥想的时候，你会发现自己的心能够静下来，并且能够享受眼前的"无用之美"。

此外，还可以闭上眼睛，试着将生活中一切琐碎、不愉快的事情忘掉，只去想恬静美好的景物，如蓝蓝的海水、金色的沙滩、朵朵白云、高山流水等，都可以起到放松身心、调节情绪、减轻压力的作用。

2. 放松训练

放松训练又称松弛反应训练或自我调整疗法，是一种通过机体的主动放松来增强对机体的自我控制能力的有效方法。它是在一个安静的环境中按一定的要求完成某种特定的动作程序，通过反复的练习使人学会有意识地控制自身的心理生理活动，从而降低机体唤醒水平，增强适应能力，调节那些因紧张反应而出现紊乱的心理生理功能，达到预防和治疗疾病的作用。

3. 运动

适度而有趣的运动可使人的身心处于和谐愉悦之中，从而转移快节奏的现代生活带来的压力。在运动后，由于肌肉收缩结束或激素分泌，还可使人处于更放松的状态。

虽然运动不能改变压力源,运动过后也还要面对压力和紧张,但运动后可暂时转移压力,并将不利于人体的能量物质清除。当人们以比较舒畅愉快的心情再度面对压力时,就会以超越的态度面对压力的挑战。慢跑、健身操、瑜伽都是很好的减压运动,在感觉压力比较大的时候不妨可以试试。

(四) 其他减压方法

1. 培养良好的个性

一个人的个性特征与压力易感性之间存在一定的关系,那些追求完美、易紧张或经常自责的人更容易产生压力。因此,为了减轻压力,应该培养良好的个性。例如,适度容忍自己的缺点,增强自信心,相信自己可以控制自己,都有利于减轻压力对我们的影响。

2. 合理饮食

合理调节饮食可以减轻压力。例如,多吃膳食纤维,少吃油腻的食品,减少饮用含咖啡因的饮料,减少糖分的摄入,多吃新鲜水果和蔬菜,多吃绿色食品,服用维生素与矿物质以补充营养。以丰富的早餐作为一天的开始,饮食中不可缺乏蛋白质、糖类、脂肪等。香蕉、葡萄柚、全麦面包、深海鱼等富含营养物质,有利于人们抵抗压力。

心理保健

【简易的放松练习】

面对来自学习、生活等多方面的精神压力,不少人长期处于亚健康状态。为了缓解和消除精神压力对身体健康带来的不利影响,可以尝试下面的放松练习。

1. 预备(1分钟):找一个舒适的姿势坐或平躺着,放松你的手脚;掌心向上,轻轻转动脚踝,头慢慢侧向一边,感觉整个身体深深沉入地下;闭上双眼,全身放松。

2. 深呼吸(2分钟):开始第一个深呼吸,首先深深吸气,使身体内充满空气,然后让气体从胸腔流动到喉部,再流动到鼻腔;保持(大约5秒钟),然后突然收腹,将胸腔、喉部和鼻腔内的气体全部吐出,感受一下全身放松的感觉;现在开始第二个深呼吸,慢慢地深深地吸气,呼气;然后第三个深呼吸,静静感受全身舒适放松的感觉。

3. 收紧脚趾(1分钟):现在将脚趾弯曲,紧紧抓住地板,保持紧张状态(10秒钟);松开脚趾,放松,深呼吸;然后将脚趾尽量张开,向上向外伸展,保持紧张状态(10秒钟);恢复原状,放松,体会脚部那种舒适温暖的感觉。

4. 收紧腿部(30秒钟):突然收紧双腿的肌肉,保持紧张状态(10秒钟);松开,让双腿充分放松,深深沉入地下,继续缓慢地深呼吸(5秒钟)。

5. 收紧臀部(30秒钟):收紧臀部肌肉,保持(5秒钟),然后松开,让整个身体深深沉入地下,缓慢地深呼吸,全身放松。

6. 收紧腹部(30秒钟):收紧腹部肌肉,挤出那里的紧张感,保持状态(10秒钟);松开肌肉,感受温暖放松的感觉。

7. 收紧双臂和肩膀(30秒钟):高高耸肩,紧握双拳,拉紧手臂肌肉,保持状态(10秒钟);突然松开这部分肌肉,背部沉入地下,感受放松和舒适的感觉。

8. 收紧全身肌肉(1分钟):收紧全身每一部分肌肉,拉紧面部肌肉,皱眉,保持状态(10秒钟);突然同时放松,身体深深沉入地下;全身充分放松,四肢放松;静静地躺上一会儿。

9. 使注意力集中在眉间(30秒钟):现在,让你的头轻轻侧向一边,下巴放松,嘴唇张开;闭上眼睛,将注意力集中在眉间;慢慢地深呼吸,放松;让自己所有的注意力、思想、感觉都集中在眉间;整个人沉入到那个空间中去。

10. 想象自己置身于一个美丽的地方(2分钟):在眼前开始出现你一直渴望见到的最美丽的景色,让景色逐渐变得越来越清晰,慢慢进行,让那个地方聚焦(10秒钟);现在看到你已置身其中,进入了那个仙境一样的地方;感受身临其境的美好感觉,体验全身心的放松和舒适;静静地待在那个地方,像先前那样慢慢地进行深呼吸(60秒)。

第三节　直面人生的低谷

——挫折概述

心理案例

近几年,大学生极端行为事例屡有报道。如:厦门某学院一名大二男生从学校宿舍7楼坠下身亡,调查发现该大学生自杀原因是愚人节女友提分手,由于接受不了此刺激而跳楼;广东某大学一名风华正茂的硕士研究生在宿舍内自尽,该研究生自杀前留有遗书,说明了他选择自杀的原因是,在父母期望、学习和工作上的压力下压得喘不过气,于是走上了不归路。这些恶性事件令社会为之震动,这些事发人深思,一些成年人眼中的"琐事"居然成了年轻大学生轻易自杀的理由,人们不禁要问,大学生的心理为何如此脆弱?

大学生常被称为"天之骄子""幸福的一代",生活水平的极大提高满足了他们的物质需求,而较好的家庭环境和社会条件也使他们的成长道路大多较为平坦和顺利,但是这也在另一个方面减少了他们直面挫折和失败的机会。压力和挫折是大学生在成长过程中必然会遇到并需要加以解决的问题。人生不如意之事十之八九,这句话或许有点夸张,但如果我们真的去计算一下自己生活中所遭遇的不尽如人意的事情,也确实数不胜数。俗话说,挫折是人生的伴侣,谁也不可能一生中一帆风顺。正如人们所说的,顺境和逆境、成功与失败、幸福与不幸、生与死等构成了矛盾的两个方面,在实际生活当中,这两个方面总是相对而言才有意义。在这两个方面中,后者都是某个层面、某个角度、某种程度上的人生挫折。如何认识、对待人生的挫折,如何与挫折进行百折不挠的斗争,直接影响到人一生的成败与发展。

心理解读

一、挫折的概念

(一) 挫折的定义

在《现代汉语词典》(修订本) 中,"挫折"一词的解释为:失败、失利,或因压制与阻碍而导致削弱和停顿。在心理学中,"挫折"一词则定义为:当个体(或群体)在从事有明确目的的活动过程中,遇到障碍或干扰,致使个人或群体动机和目标未能实现,个人和群体的需要未获得满足,表现出的心理、情绪或行为上的异常状态。

深层次分析"挫折"的含义,我们可以看出,其包括三个方面:

一是挫折情境,也称挫折源,指阻碍个体实现目标、满足需要的情境状态和条件。构成刺激情境的可能是人或物,也可能是各种自然、社会环境,比如考试挂科、手机被偷、受讽刺打击等。

二是挫折认知,是指个体对挫折情境的认知、态度和评价。比如有的人认为失败乃成功之母,有的人却认为失败就是对自己能力的否定。

三是挫折反应,是指个体伴随着挫折认知,对于自己的需要不能满足而产生的情绪和行为反应等负面情绪交织而成的心理感受,即挫折感。如烦恼、困惑、愤怒、紧张、焦虑、攻击等。

挫折认知是核心因素,挫折反应的性质及程度,主要取决于个体对挫折情境的认知。一般来说,挫折情境越严重,挫折反应就越强烈;反之,挫折反应就轻微。但是,只有当挫折情境被主体所感知时,才会在个体心理上产生挫折反应。如果出现了挫折情境,而个体没有意识到,或者虽然个体意识到了但并不认为很严重,那么,也不会产生挫折反应,或者只产生轻微的挫折反应。可见,挫折反应与挫折情境两者之间并不总是呈正比的关系,挫折反应的性质、程度主要取决于个体对挫折情境的认知。挫折反应和感受是形成挫折的重要方面,个体受挫与否,是由当事人对自己的动机、目标与结果之间关系的认识、评价和感受来判断的。对某人构成挫折的情境和事件,对另一人不一定构成挫折,这就是个体感受的差异。

心理体验

【我的挫折】

请你根据自己的实际情况,填写表 6-1,仔细分析自己面对的挫折。

表 6 - 1　自我挫折分析表

挫折情境	挫折认知	挫折感受	改变后的挫折认知	改变后的挫折感受
例：期末考试 1 门不及格	真倒霉	沮丧	没有好好复习	平静

（二）挫折的性质及其转化

从挫折产生的基础和过程看，挫折是不可避免的和随时随地都可能发生的，所以挫折具有必然性和普遍性。同时挫折还具有两面性：一方面挫折具有消极性，使人失望、痛苦、沮丧，或引起粗暴的消极对抗行为，甚至导致攻击侵犯行为或失去对生活的追求，给自己和他人造成严重损失；另一方面挫折又具有积极性，给人以教益，使人认识错误，接受教训，磨炼意志，使人更加成熟、坚强，在逆境中奋起，从而获得进一步的发展。

挫折的消极性和积极性都是相对的，也是可以转化的。挫折的转化是指当人们遇到挫折时，以积极的态度向挫折学习，将挫折变为动力，以顽强的毅力继续奋斗，或重新调整目标，从而使需要或动机获得新的满足的心理过程和实践过程，即减少挫折的消极因素，积极寻找挫折积极的一面，促使挫折产生的消极因素向积极方面转化，就会提高挫折的耐受力和排解力，提高挫折的承受力。反之，大学生因为班干部改选落选就投湖，联欢会唱歌跑调就卧轨，听到有关自己的"流言蜚语"便上吊，或者能够忍受学业的失败却不能忍受恋人的背弃，能从容对待孤独、不合群却不能忍受丝毫的自尊心伤害，都是挫折承受力不健全的表现。所以如何发挥挫折的积极作用，使消极影响降到最低，是大学生心理保健的重要内容。

二、挫折的种类

大学生常见的挫折有很多，总体上可概括为：与自我有关、与他人有关、与环境有关。

1. 与自我有关的挫折

大学生遇到的挫折往往来源于理想的我和现实的我的冲突。理想的我是坚强的，现实的我是脆弱的；理想的我是乐观向上的，现实的我是有点抑郁的；理想的我是卓越出众的，现实的我是常有挫败的。

2. 与他人有关的挫折

每个人都生活在关系之中，我们与他人的关系会影响我们对世界的认知方式，更会影响到我们的情绪和解决问题的方式。大学生遇到的挫折很多都来源于与周围人的关系。

📖 **心理案例**

【关系带来的挫折】

小丽是一名女大学生,性格内向。不久前她和一位男生恋爱了,她第一次感受到了爱情的温馨。但是,当她还沉浸在甜蜜的爱情之中,爱得刻骨铭心时,却突然失恋了!男友认为他们之间缺少共同语言,性格不合,如果长此下去,双方感情会淡漠的。小丽目前很彷徨,失望,痛苦。她不理解,为什么昨天他们还是花前月下,而今天却分手了。她的理智和感情无法平衡,不懂如何摆脱失恋的痛苦。

点评: 失恋,从心理学的角度来说是青年时期最严重的挫折之一。失恋者常常会陷入紧张、消极的心理状态,内心感到痛苦和焦虑,忧伤和愤怒,彷徨和惆怅,甚至茶不思,饭不想,精神不振,健康每况愈下。失恋是爱情的悲剧。当恋人中的一方宣布终止恋爱关系时,遭受猝然打击的一方总是不愿接受眼前的事实。诚然,作为恋爱关系的一方,产生这种情感反应,完全是可以理解的。但是,恋爱者在失恋后若不能用理智去冷却炽热的感情,而任凭情感的风暴去冲击一切,必然会产生心理上的偏差,并有可能变得危险和可怕,甚至会走上自我毁灭的道路。大学生因失恋而导致精神失常、报复心理等情况时有发生。

3. 与环境有关的挫折

外在环境带来的挫折很多时候是不可控的,也是最让人感觉无助的。学校、组织环境是大学生最经常、最重要、最直接的学习和生活环境,大学生的教育教学活动主要是在学校环境中进行的。一般说来,这类因素的不良最易引起大学生行为挫折,且对他们的伤害也易深、易重。学校、组织环境不良,主要有:学校管理作风和方式不妥当;学校限制过多、过死,缺少气氛,影响学生的思维发挥;大学在掌握学生对新知识兴趣上了解不够,在适应社会的高新、实用专业上力度不够等。

三、挫折与逆商

逆境商数(Adversity Quotient,AQ)简称逆商,也称挫折商,指当人面对逆境或挫折时的态度和超越困境的能力。它既是预测成功的指标,又是对每个人面对和超越困境能力的心理素质的量化显示。

逆商(AQ)理论是美国一位研究成功的专家——保罗·史托兹先生提出的。他认为,一个人的逆境商愈高,愈能以弹性面对逆境,积极乐观、接受困难的挑战、发挥创意找出解决方案,因此能不屈不挠、愈挫愈勇,而终究表现卓越。相反地,逆境商低的人,则会感到沮丧、迷失、处处抱怨、逃避挑战、缺乏创意,而往往半途而废、自暴自弃,终究一事无成。心理学家认为,一个人事业成功必须具备高智商、高情商和高逆境商三个因素。在智商和情商都跟别人相差不大的情况下,挫折商对一个人的事业成功起着决定性的作用。高 AQ 有助于产生一流的成绩、生产力、创造力,也有助于人们保持健康、活泼和愉快的心情。

AQ 的基本组成要素为：控制力、责任感、影响度、持续性，简称为 CORE。

（1）控制感（Control）指人们对周围环境的信念控制能力。面对逆境或挫折时，控制感弱的人会听天由命，而控制感强的人则会尽最大的力量改变状况。

（2）责任感（Origin & Ownership）指在遭到挫折时，人们是否能主动承担责任，努力改变不利的现状。具有较高 AQ 的人会主动负责处理事务，而不管这件事是否和他有关。相反，AQ 较低的人会把自己的问题全部归结到别人头上，并感到无奈和受伤害。

（3）影响度（Reach）指人们在遇到挫折时，受到影响的领域的大小。具有较高 AQ 的人会将挫折的影响控制在一定范围之内，不让它们干扰到生活的其他领域。AQ 较低的人则倾向于将一时的逆境认定为灾难性的失败，并将这种挫折迁移到其他无关领域。

（4）持续性（Endurance）指一次挫折给人们带来的影响会持续多久。能够超越当前的困难看待问题是维持希望的一项重要能力。

人生就像登山一样，必须一步一个脚印，不断攀登才能达到完满的地步。为什么有的人能坚持，而有的人中途退缩？为什么有的人遭到挫折能采取积极行动塑造自己的命运，而有些人却陷入愤怒和沮丧之中？逆商高的人虽然面对似乎无法超越的困境，却能继续前行，把每个困难看作挑战，让每种挑战充满机会，在人生的旅途上乐于接受变化，勇往直前，直至达到自己的目标。AQ 是人们在困境中是否保持希望、掌控一切的决定因素。AQ 高的人往往表现出这样一些特征：保持乐观态度，积极看待挫折，灵活调整策略，明确奋斗目标，保持自信。

心理测验

【测测你的逆商有多高】

请你根据下面的要求测试一下自己的职场逆境商，了解自己应对挫折、逆境的能力。

本测评每题有 3 个选项，请认真对照自己的情况，在下列选项中选择与你最为相似的选项。（供选项：A 是；B 不确定；C 不是）

1. 我不难相信别的同事或朋友，也很容易跟同学、朋友建立友谊。
2. 学校新规定新制度的颁布和实施，是顺理成章、势在必行的事。
3. 每次在学习、生活和工作中遇到挫折和失败，都会使我长时间感到极度沮丧。
4. 在我的生活费用不高时，照样手头总感到宽裕。
5. 我对生活中某些团体有贡献（如家庭、学校、公司、社区等）。
6. 我在进入大学后路途坎坷、屡遭白眼。
7. 我对自己在学习、工作中实现既定目标的进度感到满意。
8. 对职业发展来说，明智比运气更重要。

9. 运气的来临归功于往日的努力。

10. 如果锲而不舍,最终会创出新的天地。

11. 接连遇到几件不愉快的事,我一次比一次感到苦恼。

12. 对我来说,适应新环境是不难的,比如转学、调工作、搬家。

13. 与性情不同的人一起生活、工作是活受罪。

14. 奖学金原定有我的份,公布名单却换了别人,此时我能坦然以对。

15. 朋友带来一个令人讨厌的人,我感到气愤。

统计方法:

第1、4、5、6、7、8、9、10、12、14题,选A得3分,选B得2分,选C得1分。

第2、3、11、13、15题,选A得1分,选B得2分,选C得3分。

请按照上述规则将你每题的分数累加。

请看一下你的AQ分数反映出的逆境智商水平:

25分以下:你的逆境智商较低。这说明当你面对逆境,会丧失奋斗的力量和解决难题的决心,因而对你的职业发展带来较大的负面影响。通常的你,碰到不如意时会怨天尤人,认为都是别人的错,抱怨过后心情更加沮丧,而问题依旧没有得到解决。你就像温室里的花朵,经不起突如其来的变故和挫折。建议你给自己的生活多一点难度和挑战,例如可以参加一些自我突破的课程和训练,尤其是野外求生训练,通过适应野外的艰辛和甘苦,你可以很快提高自己克服逆境的能力。

26~38分:你的逆境智商为中等水平。你可以处理一般的逆境,在面对较大的改变时,你往往需要较长的时间和较多的努力。当你遇上极大困难时,你会乱了阵脚。对职业发展和人生的逆境,你应该有足够的心理准备,以便当逆境来临时,你可以沉着应对。

39分以上:恭喜你! 你的逆境智商较高。你能面对现实,对来自工作和生活中的困难应对自如,并敢于迎接逆境的挑战。你能经常奋斗,并拥有坚持及乐观的人生态度。你通常来不及抱怨,因为你总是正忙着解决问题。而且,你善于将逆境转化成职业发展的机会。但是,不要在奋斗中忽视了身体健康。

逆商在瞬息万变、险象环生的逆境时代格外显得重要,没有永恒的失败,只有暂时的不成功。应付逆境的能力更能体现一个人的生命价值,使你以不变的心境应万变的逆境,从而立于不败之地。在逆境中的反应会影响个人的效率、表现和成功。认为挫折源于自己、无法控制、范围广大而时间持久的人,往往会受逆境折磨;认为挫折属于一时不顺、影响有限、源自外在的原因、努力便能影响改变的人,则能够继续向前。成功的窍门就在于你怎样看待命运与危机,能否化逆为顺、转危为安。

四、挫折与心理弹性

美国著名电影《阿甘正传》中有这样一句名言——"生活就像一盒巧克力,你永远不知道会得到什么",意思是说,人生难以预料,常常会有一些"意外"在等着我们。等来好运固然可喜,然而,"叹人生、不如意事,十常八九",对我们影响最多的往往是那些挫折。

也许疾病来袭,干扰了你的学业,也许求爱时被意中人拒绝,让你失去了人生的方向。

当人们在遭遇挫折和压力时,做人的差距也凸显了出来。有的人会逃避现实,陷入焦虑、抑郁的情绪漩涡;有的人彻底被困难打败,以极端的方式伤害自己或家人;也有一些人处理得很好,他们从容不迫,迎难而上,终于度过了逆境。对于后者,我们由于难以理解其力量的来源,所以常常认为这是性格和天分使然。但是,科学家们不这么认为。他们发现,在许多遭受过重大灾难的地区,比如遭受原子弹袭击的长崎、经历毁灭性地震的汶川,大部分人都能够迅速安顿,回归正常;即使如智利、阿根廷、墨西哥这样的贫穷国家,都曾在地震的废墟上举办过世界杯。甚至对于儿童来说(他们一般尚未形成非常强烈的性格),他们也能具备相当高的抗逆力。当譬如天灾、亲人去世、恐怖袭击等变故发生时,大部分人最初都会短暂出现心理创伤的状况,如失眠、噩梦、抑郁等。但由于"心理弹性"的作用,创伤对人们心灵的不良反应会逐渐减弱,一段时间之后,除了极少数仍被负面情绪严重困扰的人之外,大部分人都能恢复到正常的身心状态。这就好像一个被外力挤压变形的橡胶球,它总能恢复本来的面貌;人的心理也一样,在遇到变故或逆境后,具备良好"心理弹性"的人会迅速恢复,回到正轨。科学家们相信,"从逆境中反弹"绝不是只有少数幸运人才拥有的"禀赋",反而更像是一种比较普遍的技能,科学家们将这种技能称为心理弹性,又称抗逆力。

心理弹性一词来源于拉丁词根"resilire",意为"反弹",是指一个人面对危机或困难时的适应能力,即当个体遭遇挫折时,能积极自主地摆脱困境并使自己的心理和行为免于失常的能力。心理弹性的核心因素在于复原,即重新回到挫折事件发生前所具有的适应的、胜任的行为模式。具有较强心理弹性的个体通常具有较高的耐挫力。心理弹性不是天才独有的特质,每个人天生就具有一定的心理弹性。人就像一根皮筋一样,在顺境中心理弹性得不到激发,而是以一种潜伏的状态存在着;当挫折和困难袭来的时候,个体的内外保护性因素会自然地抵制危险性因素的伤害,此时心理弹性被激活,帮助个体面对挫折、积聚力量、渡过难关。

心理弹性通过保护性因素的四种作用机制而发挥作用:① 保护性因素通过提高个体自身的自信、自尊、自我效能感等方面发挥保护性作用;② 保护性因素通过抵抗、降低危险因素的影响,使个体更好应对不利处境;③ 减少由于长期的危险因素而产生的负性连锁反应;④ 在个体与困难斗争的心理历程中,一些生活转折点事件将对个体心理发展起重要影响,即为个体获取资源或为个体完成生命中的重要转折而创造机会。换句话说,心理弹性的作用机制就是利用个体自身的积极品质和外在环境资源,钝化不良应激反应,使个体更有能力面对挫折和克服逆境。

心理小贴士

【心理弹性从何而来】

既然说"心理弹性"并非极少数人所有,而是每个人都能从自身挖掘的普遍技能,那么它究竟从何而来?为了弄清楚为什么有的人具备超于常人的"心理弹性",科学家们展开了研究。

科学家发现，就好像动物一旦摆脱捕猎者后血压会迅速回到正常一样，具有良好"心理弹性"的大脑似乎能够更加迅速地消除对于压力的反应，回到正常。也就是说，抗逆力高的人似乎更善于调节或关闭大脑皮层中产生忧虑和恐惧的活动行为。研究表明，社会性疼痛，比如被拒绝和孤独，在大脑中会产生与恐惧相同的活动，也就是说，当一个人被社会拒绝时，其大脑中被激活的区域，与看到一匹狼时被激活的区域是相同的。科学家表示，这是一种进化，因为在远古时期，我们的祖先只能靠群居才能生存下来，所以被孤立就意味着有危险。人类进化到现在，即使狼不再是我们普遍面对的威胁，但在面临日常压力时，大脑中这些区域仍处于活跃状态。

科学家们发现，人们大脑中有一条"心理弹性通道"，这条通道可以控制人们应对压力的能力。这条通路起始于大脑的前额叶皮层（大脑中主管认知能力和计划的区域），终点在杏仁核（大脑中响应威胁、管理情绪的区域）。而大脑前额叶皮层和杏仁核之间的联接越流畅，就意味着面对压力时，前额叶皮层能够越快地让杏仁核平静下来，让心理更快恢复常态。科学家让海豹突击队员和普通人同时观看一系列带有不同情感色彩的图片，并用功能性磁共振成像技术扫描他们的大脑。结果显示，海豹突击队员能够在各种不同类型的情绪之间迅速切换，他们的大脑能更加敏捷地处理情绪；而普通人却很容易陷入图片的情感色彩中难以自拔，很难从一种情绪中解脱出来，于是大脑不断地陷入处理该情绪的过程中。

第四节　在逆境中前行
——提高挫折承受力

大学生大多是刚刚从父母的庇护下走出家门，社会实践少，经受的挫折不够，意志品质的锻炼和培养普遍不足，主要表现为：意志品质的发展不充分、处理动机冲突的能力不强、目标调整的能力差、缺乏韧性、恒心及毅力，容易受外界的影响等。大学生要想发展，实现自己的远大理想和奋斗目标，就必须在实践中不断磨炼自己，努力提高自己的挫折承受力。

一、树立正确的挫折观

提高挫折承受力，首先要对挫折有一个正确认识。挫折既是客观存在，也是一种主观感受。挫折本身并不是导致情绪障碍的直接原因，人们对诱发事件所持的看法、解释、信念才是引起人的情绪和行为反应的直接原因。合理的信念会引起人们对事物的恰当的、适度的情绪反应，而不合理的信念则会导致不恰当的情绪和行为反应。

挫折是普遍存在的，随时随地都可能发生，是人生的组成部分。虽然我们不欢迎挫折，不喜欢挫折，但又总是躲避不开它。"宝剑锋从磨砺出，梅花香自苦寒来"，世界上各行各业有所成就的人都对成功道路上的挫折有深刻的体验。英国物理学家、著名科学家，大西洋海底第一条电缆的设计者威廉·汤姆逊教授曾说过："有两个字能代表我 50 岁前在科学进步上的奋斗，这就是失败。"大文豪巴尔扎克也说："世界上的事情永远不是绝对，结果完全因人而异。苦难对于天才是一块垫脚石，对于能干的人，是一笔财富，对于弱者，是一个万丈深渊。"孟子说："天将降大任于斯人也，必先苦其心志，劳其筋骨，饿其体肤，空乏其身，行拂乱其所为，所以动心忍性，增益其所不能。"因此，大学生应该做好面对挫折的充分的心理准备，这样，一旦遇到挫折就不会惊慌失措，痛苦绝望，而是能够正视现实，敢于面对挫折的挑战。

成长链接

【成功的花】选自《繁星 春水》 冰心

成功的花，
人们只惊美她现时的明艳！
然而当初她的芽儿，
浸透了奋斗的泪泉，
洒遍了牺牲的血雨。

挫折是普遍存在的，随时随地都可能发生，挫折是人们生活的组成部分，是客观存在的。从某种意义上讲，人的一生就是不断战胜困难、化解挫折从而获得发展的过程。困难和挫折对于人们来说，既是一种挑战，也是一种机遇。多数大学生的成长是一帆风顺的，他们在百般呵护中长大，经历的挫折较少。英国著名心理学家布朗曾说过："一个人如果没有任何障碍，则将永远保持满足和平庸的状态，既愚蠢又糊涂，像母牛一样怡然自得。"因此，没有经历过挫折也是一种"逆境"，它意味着成长的机会和尝试的可能性被剥夺了。

因此，我们应当做好面对挫折的充分的心理准备，这样遇到挫折就不会惊慌失措，痛苦绝望，而是能够正视现实，敢于面对挫折的挑战。同时我们也应该看到挫折并不是总会发生，在我们整个生活中还有很多快乐、幸运和幸福的事情，所以，大学生在遇到挫折时，不要只看到挫折带来的损失和痛苦，不要始终停留在挫折产生的不良情绪中，要尽快地从情感的痛苦中解脱出来，以理智面对挫折。

二、增强自我效能感

自我效能感是美国心理学家班杜拉提出来的，是指一个人对自己某种能力的主观判断或评价。当一个人感到自己有能力达到某种目标或取得某一水平的行为结果时，这个人就具有高水平的自我效能感。成功应对挫折的一个重要因素就是要建立自我控制，也就是你对于可改变时间或精力的进程或结果的信念。如果你相信自己可以应对挫折，那么你就有可能更好地去战胜它。

不同个体对外界环境要求有不同的看法,这取决于自我效能感,即个体对自己的应对能力的评判。自我效能感是乐观态度的根基,乐观的人信任自己有能力采取有效行动,促使好事发生,阻止坏事,自己足以影响他人的行为,促使他人协助自己。自我效能感高的人内心有力,认为世界总体上是友善的,没啥可怕的,自己面临的任务是可管理和控制的,问题是可解决的。自我效能感低的人不相信自己能够驾驭环境、处理人际关系,从而产生不安全感,看待问题偏向负面,觉得世道险恶,危机四伏,别人居心叵测,遇到变故时战战兢兢,设想自己成为无助的受害者。这种对环境的怀疑容易转变成敌对,因为环境的威胁对弱小无力的人影响巨大,甚至可能是致命的。例如,自我效能感低的个体收到来自环境的负面反馈时,自卑和攻击的表现尤其强烈。

在学习生活中难免会遇到各个方面的困难和挫折,长此以往,这不可避免地会给一个人的自我效能感带来挑战,也会影响对于成功应对挫折的自信心。大学生可以利用如下方法,增强应对挫折的自我效能感。

1. 增加成功体验

研究发现,先前的成功经验会提高自我效能感,不断的成功会使人建立起稳固的自我效能感,多次的失败经验则会降低自我效能感。如果想拥有"只要去做就能成功"的信念,经历一些小的成功体验是很好的方法。偶尔降低期望值水平,多次重复自己一定能胜任的简单事情,这种方法是非常有效的。

2. 适当奖励,积极反馈

遇到困难和挫折时,要正确分析它们产生的原因,及时寻求老师、同学等人的帮助,找到解决问题的方法,消除它们带来的不良心理影响。同时,当我们取得成绩和进步时,可以对自己进行适当奖励。这种奖励不仅可以强化我们的行为动机,也可以提高自我效能感。如果有人给予"我相信你会成功的""这件事办得不错"这类积极的反馈,我们的自我效能感也会得到提升。

3. 重视榜样的作用

班杜拉认为,仅靠仔细观察成功者的行为和说话方式,就能获得替代体验,从担心自己可能做不到演变为自信地认为或许可以。你可以观察和自己能力差不多的人如何应对挫折来判断自己的行为能力,或者观看励志电影或阅读励志书籍,从他人身上的成功经验中受到鼓舞。

4. 改变动作,振奋士气

在面对困难和挫折,对未来缺乏自信,心情变得低落之时,有意识地改变当前自己的气势,打造出情绪高涨的气氛,也会提高自我效能感。你可以从改变动作开始,增强自信心。人的心理感受和行为动作总是一致的,例如当我们充满信心时,我们会挺胸抬头、扬眉吐气,走起路来又快又有精神;当我们丧失信心时,就会无精打采,走路缓慢无力。所以我们可以利用这个原理,在面对挫折心情低落时,面对镜子给自己一个微笑,或者将身体完全舒展开,因为有了这样的动作,心态也会调整过来。

心理小贴士

【摆脱习得性无助】

"习得性无助"是美国心理学家塞利格曼1967年在研究动物时提出的,他用狗做了一项经典实验,起初把狗关在笼子里,只要蜂音器一响,就给以难受的电击,狗关在笼子里逃避不了电击,多次实验后,蜂音器一响,在给电击前,先把笼门打开,此时狗不但不逃而是不等电击出现就先倒在地开始呻吟和颤抖,本来可以主动地逃避却绝望地等待痛苦的来临,这就是习得性无助。很多实验也证明了这种习得性无助在人身上也会发生,习得性无助指有机体经历了某种学习后,在情感、认知和行为上表现出消极的特殊的心理状态。

生活中的很多人,很多时候也像实验中的那条狗一样,深陷习得性无助里难以自拔。如果学习成绩不好,就认为是因为自己智力不好;如果总是在一项工作上失败,就会在这项工作上放弃努力;如果失恋,就会认为是自己本身就令人讨厌甚至还会因此对自身产生怀疑;他们总觉得自己"这也不行,那也不行",无可救药。其实,这些人只是陷入了习得性无助的状态。事实上,没有谁命中就注定失败,只要你跌倒了敢于站起来,你一定会越挫越勇。如果失败了你就选择了放弃,意味着你也放弃了转机出现的可能,就像实验中的那条狗一样,在笼门打开之前其实就已经绝望了,于是错过了逃脱的机会。

如何走出习得性无助的状态呢?

第一,在认知上要明白自己的状态。如果意识到自己已经陷入了习得性无助的状态,想要走出来,得在心里下定决心去改变。

第二,转变心态。习得性无助的人,往往心态比较消极,对自身评价不高,调节自己的心态很重要,只有心态积极了,你才能有积极的行动。

第三,客观寻找问题的根源,从问题的根源入手。如果创业失败了,要客观地去总结分析失败的原因,而不是把一切问题都归因到自己不行的层面,没有谁天生就行或不行。失败了,也许会有自身的因素影响,但一定还有其他的因素,客观分析问题,客观面对现实,你就会看见另一个自己,看见另一分希望。

第四,提高自我评价。提高自我评价,多想想自己有哪些优点,可以多发挥自己的长处。只有相信自己,心里才会有底气,即使再次失败,也会变得更加坚强。只要心存希望,一切皆有可能。

三、培养积极心理品质

积极心理品质即大学生在学习成长过程中,在家庭背景、生长环境以及教育培养的影响下,形成积极向上、健康的生活态度,拥有较强的自我认同感与幸福感。根据心理学的认知、情感、意志、个性、人际等各因素,大学生的积极心理品质包括积极的认知理念、积极的情绪情感、积极的个性品质、积极的人际关系等方面。一个人所具备的积极心理品质越多,就越能克服成长道路上遇到的困难,以良好的心态对待各种人生境遇。

众多的研究表明,乐观是人格中重要的积极心理资源,它能在个体面对压力或者挫折情境时起到缓冲和保护作用,避免产生心理问题。乐观作为个体对现实和未来的积极态度和人格倾向,这种态度和人格倾向可对个体的认知、情感和行为产生深刻影响。在认知方面,乐观者倾向于积极的认知方式,善于发现事物积极和美好的一面,并以愉悦的心态积极接受现实,坚信不如意的事只是暂时的或者能接纳生活和生命中的不如意,并认为不如意也是生命中的一部分,也坚信通过自己的努力,可以让生命境遇有所改观。在情感方面,乐观者通常豁达开朗,拥有较多的积极情绪,在任何情况下都能保持良好的心态;在行为方面,乐观者勇于面对困难,敢于接受挑战,努力去寻找问题的解决方法和策略。

积极乐观人格的形成受到多种因素的影响。已有研究表明,遗传、环境和积极的认知方式是影响乐观人格形成的重要因素。解释型乐观充分说明了认知方式即解释风格对于乐观心态的重要作用。解释风格(explanatorystyle)表现为个体对成功或者失败进行归因理解、判断时表现出来的一种稳定倾向。个体通过对自己行为、他人行为和外界事件做出解释,找出原因,而且会采取一定的应对措施。解释风格在心理意识中扮演着非常重要的角色,它代表个体对自我或者外部世界潜在的期望或者思维定式,它用来解释"我和世界是什么样子""为什么是这样的""我和周围世界的关系如何"等,即"自我认知风格"。一个人一旦形成一定的解释风格,就会以固定的方式与自我或者外界世界进行沟通对话,如果一个人拥有积极的解释风格,他就会积极地应对自己的内心世界或者周围环境,反之则亦然。多项研究表明,解释风格综合分与心理健康有着密切的关系,积极的解释风格与心理健康存在着正相关。尽管解释风格具有一定的惯性,但解释风格是一种认知方式,通常是后天习得的,也可以通过后天的学习而改变。国外研究者基于认知-行为疗法已经证明,改变一个人的解释风格,乐观水平可以在预见的时间里发生改变。

成长链接

【你改变不了环境,但你可以改变自己】

你改变不了事实,但你可以改变态度;

你改变不了过去,但你可以改变现在;

你不能预知明天,但你可以把握今天;

你不能延伸生命的长度,但你可以决定生命的宽度;

你不能左右天气,但你可以改变心情;

你不能选择容貌,但你可以展现笑容;

你不能延长生命的长度,但你可以决定生命的宽度。

四、合理运用挫折的防御机制

当人遇到挫折时,心理上有所感受,生理上有所反应,行为也会受到影响。这种感受和反应在不同人的身上是不同的,因为人们对挫折的承受能力是不同的。人在遇到挫折时,有意无意地寻求摆脱由挫折产生的心理压力、减轻精神痛苦、恢复正常情绪和心理平衡的自我调节和自我保护的方式,这些方法被称为挫折防御机制。

(一)积极心理防御

积极心理防御是正视挫折、承认挫折,正确分析挫折产生的主客观原因,总结经验教训,争取积极的行为方式,最后战胜挫折。这种积极的行为反应方式是当大学生感受到挫折时,坦然应对、不气馁、不慌乱、承认挫折,从主观、客观和环境等多方面冷静地思考遭受挫折的原因,理性地总结经验教训,在理智状态下所做出的积极的行为方式,以达到最后战胜挫折的目的。大量事实证明,个体成就事业的过程实际上就是他们战胜挫折的过程。挫折有助于增强大学生的忍耐力、磨砺大学生的意志,有利于提高大学生解决实际问题的能力,也可以激发大学生的进取精神。积极心理防御主要表现有坚持、认同、补偿、升华、幽默、自我改变等。

1. 坚持

坚持指个体发现目标难以达到,但鼓励自己加倍努力,并使目标最终实现的过程。有的大学生认识到失败是成功道路上的正常因素,坚信"失败是成功之母",因而坚持不懈,锲而不舍,激发自己的再生能力。

2. 认同

认同指当一个人遭遇挫折时,将自己想象为某一成功者,效仿其优良品质和其获得成功的经验和方法,使自己的思想、信仰、目标和言行更适应环境和社会的要求,增强自信心,减少挫折感并以此求得内心的满足;或者迎合能满足自己需要的人,按照他们的希望去支配自己的思想、行动,来冲淡自己的挫折感,并以此求得内心的满足,来消除个人因挫折而产生焦虑的痛苦。一般而言,大学生认同的对象,常常是自己所喜欢、崇拜的偶像,通过模仿所崇拜偶像的言行来得到内心的满足,或者将一些历史名人、科学家或者小说中所欣赏的人物、老师或者同学作为自己效仿的对象,建立自己心中的榜样,并依照榜样进行积极的自我激励与自我暗示。

3. 补偿

补偿是指个人所追求的目标、理想受到挫折,或由于本身的某种缺陷而达不到既定目标时,改变活动方向,以其他可能成功的活动来代替,从而弥补或减轻心理上的不适感。所谓"失之东隅,收之桑榆"便是这种现象。补偿可以消除个人的不适感或自卑感,降低挫折引起的消极心理,甚至抵消挫折感。如一个相貌平平或有生理缺陷的女大学生,通过刻苦学习,在学业上取得不菲的成就,而获得其容貌不能赢得的声望。

4.升华

升华指个体用一种比较崇高的具有创造和建设性的目标作为替代,使其成为发挥社会标准的高尚的追求,借以弥补因受挫而丧失的自尊与自信,减轻痛苦。升华的作用不仅可以使原来的动机冲突和受挫后的不良情绪得到化解和宣泄,而且能够促使人获得成功。升华是最积极的行为反应,历史上很多著名的科学家、艺术家和领袖人物,都是通过对挫折的升华取得辉煌成就的。如屈原遭放逐而赋《离骚》,左丘失明而写《左传》,司马迁受辱而著《史记》,德国著名诗人歌德于失恋中得到灵感与激情,写出脍炙人口的世界文学名著《少年维特之烦恼》等。现实中一些大学生最初在社交活动中收到制约和挫折,于是他们在学业、个人思想道德修养上下功夫,学习成绩出类拔萃,品德优秀,为同学所瞩目。

5.幽默

幽默是个体面对挫折时的积极行为反应。并不是所有人都能达到这样的境界,必须有积极的生活态度,表现出睿智与从容。高尚的幽默是精神的消毒剂,是有助于个人适应的工具。当一个人发现一种不协调的或对自己不利的现象时,为了不使自己陷入激动状态和被动局面,最好的办法是以超然洒脱的态度去应付。幽默是一种智慧,也是一种能力,如果我们能在挫折失败中运用幽默,就会使自己的心中少一份忧愁多一份愉快,也就能驱散阴霾,迎来阳光。

(二)消极心理防御

消极心理防御是指个人遭受挫折后所表现出来的带有强烈情绪色彩的非理性行为。消极反应是一种破坏性的反应,会加大个体心理的焦虑程度,甚至导致更严重的挫折伤害,因此应最大限度地减轻挫折伤害。受挫后的消极表现形式主要有固执、攻击、逆反、轻生、冷漠、退化、焦虑等。

1.压抑

压抑是指人们在受到挫折后,把意识所不能接受的、使人感到困扰或痛苦的思想、欲望或体验压抑到潜意识中,不再想起、不去回忆、主动遗忘,以保持内心的安宁,使自己避免痛苦。适度的压抑有利于情绪的调整,但长期的压抑会导致更强的挫折与心理不适。

2.固执

固执是指个体遭受挫折后,不去冷静地分析失败的原因,总结经验教训,而是被迫重复某种无效的行为。这种固执不同于坚定,是一种非理智性的、极不明智的、消极的对抗行为。当个体一而再、再而三地遭受到同样的挫折,就会慢慢失去信心,失去随机应变的能力,而形成刻板的反应方式,固执盲目地重复同样无效的行为。一般而言,个体受挫后需要有一种随机应变的能力来摆脱所遭遇到的困境。但部分大学生在多次遭遇同样的挫折后,往往不去分析失败的原因、总结教训、采用灵活多变的态度,而是固执己见,依旧用先前的方法,盲目地解决已经变化了的问题,有意或无意地重复导致其挫折的某种动作,其结果是往往导致更大的挫折和痛苦。

3. 攻击

攻击行为指个体遭受挫折后,引起内心的愤怒,从而产生一种对有关人或物的攻击性的抵触反应,以消除来自挫折的痛苦。攻击是一种破坏性行为,通常表现为直接攻击和转向攻击。直接攻击是对构成挫折的人或事进行打击,把愤怒的矛头直接指向设置障碍的对象。直接攻击多数是采用打斗或辱骂、讽刺、漫画等形式,以侮辱对方人格,发泄自己内心的不满。如大学里发生的打架斗殴、损害公物,偶尔发生的情杀事件等现象就是一种极端的直接攻击行为。这主要发生在自控力较差、行为鲁莽的大学生身上。转向攻击是由于种种原因使之不能攻击使之受挫的对象,于是将愤怒的情绪指向自己或无关的对象,寻找"替罪羊"。有些大学生学习遇到挫折后,将情绪发泄到朋友、家人或是物品上,以解心头之气。在许多情况下,成为转向攻击的目标都是无辜的。

4. 逆反

逆反是指个体遭受挫折后不能理智地思考和对待造成失败的原因,而是放任自己的情绪,对任何事物都盲目或故意地反抗、对立、抵抗、排斥。逆反用通俗的语言来说就是"你要我朝东,我偏朝西"。一般来说,个人的行为方向和他的动机方向应当是一致的。但是,当个体遭到挫折后,如果一意孤行,对正确的方面盲目地持反抗、抵制与排斥的态度,这种行为便是逆反。这是一种极为有害的消极情绪。如某大学生因为上课时受到教师的批评,他便采取逃课或不理睬教师教学的方式来表现自己的不满。持逆反心理的人往往为了排除内心的不满,会采取一些不符合社会规范的愿望和行为,产生一些反社会性行为。

5. 退化

退化又称回归或倒退,是指当个体受到挫折时表现出与自己的年龄、身份很不相称的幼稚行为,如大发雷霆、无理取闹,或盲目地轻信他人、跟从他人等。多指大人小孩状。如某大一男生刚入校,就暗恋上了给自己班上课的某女老师,可该老师毫不知情,一如既往。该生感到很"委屈",无法进行理智分析和对待,起初不吃饭,也不上课,成天蒙头大睡。后经他人劝导后,虽然能正常上课,但每逢该女老师上课时常常以迟到、举手回答问题、在黑板上画漫画来引起女老师的注意。退化是一种由成熟向幼稚倒退的反常现象,其本人并不能意识到。平时举止文雅的成人,面临挫折情境时,有时会表现粗鲁,可能咒骂、大声嚷叫或挥拳相斗。有这种行为表现方式的大学生往往对自己缺乏信心,看不到自己的力量,像孩子一样依赖他人,其根本目的在于发泄心中的不满和博取别人的同情与关注。

6. 冷漠

冷漠是指个体在遭受挫折后表现出的对挫折情境漠不关心、无动于衷的态度或似乎毫无情绪反应。冷漠是一种极为消极的行为反应。受挫后,如果采用攻击行为遭受更大的挫折,就可能采取逃避方式;如不能逃避,就只能以冷漠对待。冷漠并非不包含愤怒情绪的成分,只是个人把愤怒暂时压抑罢了。这种现象表面是冷漠退让,内心深处则往往隐藏着很深的痛苦,是一种受压抑极深的反应。如有些大学生的社会活动能力较差,多次失败,他们渐渐地对大学生活、同学关系、社会活动持冷漠的反应行为,表现出死气沉沉、缺乏集体感。

7. 反向

反向又称"矫枉过正"现象,是指个体为了防止自认为不好的动机外露,采取与动机方向相反的行为表现。这种内在动机与外在行为不一致的现象,实际上也是对个人的冲动和欲望进行压抑的一种心理表现。持反向心理的人,往往不敢正面表露自己的真实动机,于是便从相反的方向表示出来。虽然这种行为可以在一定程度上掩饰个体的真实动机,但是掩饰包含着压抑,长期运用会从根本上扭曲自我意识,使动机与行为脱节,造成心理失常。例如,一位女大学生对某男生有好感,每次和他见面时,反而采取冷淡的态度。凡是总爱在别人面前炫耀自己的人,恰恰反映了他内心有怕别人瞧不起自己的自卑感。

挫折防御机制是一种自发的心理调节机能,往往是人们在遇到挫折时不自觉地运用的。它具有两面性:一方面,挫折防卫机制在一定程度上能够帮助人们提高和保持个人自尊,躲避或减轻焦虑情绪,缓解心理压力,可以起到使人适应挫折,减轻精神痛苦,促进发展的作用,如"升华"是最有积极性和建设性的,"补偿、认同、幽默"等也有积极意义,积极的挫折防卫机制是把挫折变为前进动力的重要方式。另一方面挫折防卫机制如果使用不当,或者过度,不仅不能减轻紧张和焦虑,反而可能破坏心理活动的平衡,会使人逃避现实,降低对生活的适应能力,妨碍个人的社会适应,从而导致更大的挫折,还有可能造成心理异常和行为偏差,甚至心理疾病,如"冷漠、反向"等具有掩饰性,"压抑、退化"等具有逃避性,因此我们必须学会适当地运用挫折防御机制。

五、调节抱负水平

挫折总是跟目标连接在一起的,挫折是人们在追求自己的目标过程中遇到困难而产生的感受。目标对个人越重要,受挫后的反应就越强烈。如果目标恰当、方向准确、持之以恒,产生挫折感的机会就少,即使遇到挫折也能积极应对;如果目标不当,过高或过低,与自己的条件不相适应,应该及时调整。

因此当受到挫折后,要重新衡量一下自己的目标是否与主观的智力、能力、体力相匹配。国外心理学家曾做过一个有趣的投环实验:投掷距离由被试者自己确定,距离越远,投中得分越高。结果表明,凡抱负水平高的人,都选择中等距离投掷,与自己实际水平相符;抱负水平低者,多选择很近或很远的距离投掷,也就是说,要么他的要求很低,要么孤注一掷。距离很近固然容易达到目标,但这种成就感并不能给他带来满足。若目标过高,超过实际水平,他虽全力以赴,仍会力不从心,达不到希望的目标也会产生失败感。所以,遇到挫折时,应该审视自己的目标是否得当,考虑如何进行调整。

总之,在生活中我们经常会遇到挫折,但遇到挫折也并不可怕,就如鲁迅所说:"真的猛士敢于直面惨淡的人生,正视淋漓的鲜血。"如果我们每一个人都能笑对人生,将发生在你我他之间的所有不快就像蛛丝一样轻轻抹去;如果我们每一个人都能笑对现实,将发生在天地间的所有怅惘与失意坦荡视之;如果我们每一个人都能笑对自己,将发生在成长中的所有失败与忧伤精心珍藏;如果我们每一个人都能笑对未来,将发生在追求中的所有打击与悲痛悄然释怀,我们的生活会永远充满阳光。

☕ 心理保健

【提高挫折复原力】

美国临床心理学家布鲁克斯与戈尔兹坦博士在《挫折复原力》中提出培养个人拥有挫折复原力的 10 个要素。

1. 改变生活,更改负面脚本。你应该改变自己较不满意、缺乏生产力的脚本行动,透过思考、感觉、行为,使自己更能从挫折中复原。

2. 选择抗压,而不是被压力击垮。拥有挫折复原力的人,一般都比较能妥善处理压力。你应该想想为什么自己的生活压力会比别人大?个性与生活经验都是主因。

3. 用别人的观点观察生活。虽然大多数人都认为自己有同理心;但是一般人对于和自己想法相近或是肯合作、愿意帮忙的人,比较容易产生同理心;对别人感到不满、愤怒、气恼或失望时,就很难发挥同理心。

4. 有效沟通。沟通是通往我们心灵、与他人互动的桥梁。如果可以在言语及非语言上更有效沟通情感、想法及信念,就会过得更好,更能承担挫折。

5. 接纳自己及他人。想要培养挫折复原力,就要学会接纳自己。接纳自己,表示要抱着切合实际的期望及目标,了解自己的优缺点,过着与自己价值观和目标契合的均衡生活。

6. 贴近他人及发挥怜悯心。贴近他人、强化与他人的关系真的很重要。懂得贴近他人、了解其价值及原因,才有可能拥有挫折复原力,因为贴近他人,有助于心灵健全。

7. 有效处理错误。拥有挫折复原力的人通常将错误视为学习及成长经验。心智不够坚韧的人会把错误当成自己失败的佐证,往往把错误归咎于难以改变的原因,例如不够聪明等。

8. 培养特长,欣然面对成功。拥有挫折复原力的人,对于成败的归因很实际。他们相信问题可以解决,而解决方式必须先反求诸己,成功时也不需自我歌功颂德。

9. 训练自律及自制力。缺乏自制力对个人身心健康有害,但过度自制同样有害。如果很难下决定,经常反复考虑,不敢自动自发,即使例行的事不尽人意,仍照做不误,这同样限制了自己的乐趣及成就。

10. 维持坚韧的生活形态。有许多可预期及不可预期的挑战,将不断考验我们的挫折复原力。愈了解心智坚韧者的特质时,愈能透过每天及长期的练习来维持、强化挫折复原力。

心理训练

【运用心理防御机制】

假如你是案例"关系带来的挫折"中的小丽,和恋爱对象分手。如果运用不同的心理防御机制来反应,你会如何反应呢? 请填写下表。

表 6 - 2　心理防御机制的运用

不同的心理防御机制	可能的表现	效果
坚持		
补偿		
升华		
幽默		
压抑		
攻击		
退化		
冷漠		

第七章 守护青春 为爱导航

——大学生恋爱与性心理

德国著名诗人歌德曾说,青年男子谁个不善钟情? 妙龄女人谁个不善怀春? 这是我们人性中的之神之圣。人在步入青春期后,在大学校园,恋爱和性已经比较普通。很多学生因为恋爱和性变得更为积极健康,但也有不少的同学因此变得消极不健康,甚至出现严重的心理障碍和疾病。恋爱和性已经在影响大学生的心理健康,本部分我们将着重讨论这种影响。

第一节 偏偏喜欢你

——恋爱概述

爱情是大学生们最为关注的话题之一,且恋爱时早已不再"犹抱琵琶半遮面"了。"卧谈会"上、餐厅饭桌旁、课间教室里,都常有兴致勃勃的谈论。爱情是那样独具魅力,拨动着同学们的心弦,令人寻觅和向往。虽然爱情可以让人陶醉,让人更好地学习、工作和生活,但是不成熟的恋爱心理也会给恋爱带来一些负面影响,因此,恋爱问题恰恰也是大学生最感困扰的问题之一。加之,身体成熟与心理不成熟这对矛盾在他们身上还相当突出,他们的社会责任感、道德观念、恋爱态度、对恋爱与学习关系的处理等都还很不成熟。恋爱问题处理不当,导致当事人心理痛楚、人格扭曲,甚至引发精神失常或自伤、伤人的例子在大学校园里时有发生。那么,爱情究竟是什么? 大学生恋爱心理的阶段特征又是什么呢?

延伸阅读

李军和吴雨是同所大学又是同班的学生,刚开始,在班上寥寥无几的几个男生中,吴雨也就是看李军比较顺眼,因此关注他也就相对多点。后来知道李军喜欢班上另一个女生,吴雨对此虽然不是很开心也并没有很大的感觉。只是从心里打消了那唯一的念头。可是后来事情不知道怎么发展了,李军和那女生并没有成功,而吴雨心里也并没任何想法。渐渐地到了大二，两人接触多了点，又加上两边朋友的一些凑合，两人互相喜欢的事实就这么被爆料了出来！于是本来双方可能都没想过恋爱这个问题，现在就这样被拉到了一起谈起了恋爱。一切都是这么顺利地发展着，他们每天一起吃饭，一起散步，一起看书，也拥有着他们的梦想……

可能就是在不经意间，爱情悄然而至，同学们是如何理解爱情的呢？

一、恋爱与爱情

（一）恋爱、爱情及其关系

恋爱是一对相互倾慕的男女共同追求、培育及发展爱情的过程。爱情是一对男女基于一定的客观物质条件和共同的人生理想，在各自内心中形成的对对方的最真挚的倾慕，并渴望对方成为自己终身伴侣的最强烈的、稳定的、专一的感情，是性爱与情爱的复杂综合体。

1988 年，美国著名心理学家斯腾伯格对爱情问题提出了新的见解。他的"爱情三元论"认为，人类的爱情虽复杂多变，但基本上不外由三种成分所组成，即动机成分、情绪成分和认知成分。爱情行为背后的动机，对人类而言极其复杂。其中，性动机或性驱力，以及相应的诱因，如异性之间身体容貌等特征是重要原因之一；情绪成分，属于爱情的情绪，除了爱与欲之外，肯定还夹杂着其他成分，所谓酸甜苦辣的爱情滋味；爱情中的认知作用，对情绪与动机两种成分而言，是一种控制因素。如果将动机与情绪分别视为电流与火花，认知就是开关或调节器，它可斟酌爱情之火的热度予以适度调节。

斯滕伯格认为，虽然两性间的爱情形式因人而异，但其实都是由这三种成分以某种方式的混合所演绎的。他进一步将动机、情绪和认知各自在两性间发生的爱情关系，称为激情、亲密与承诺，即以动机为主的两性关系是激情的，以情绪为主的两性关系是亲密的，以认知为主的两性关系是承诺、守约的。完美的爱情应是三者兼备，合而为一的。

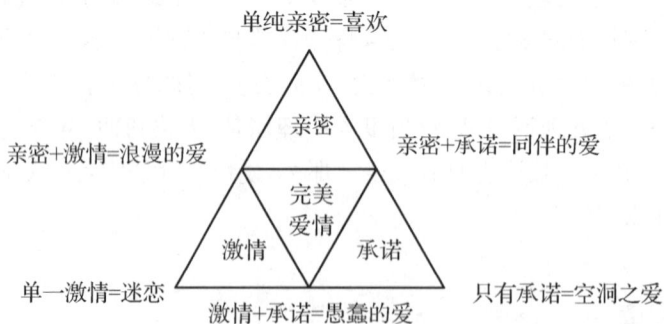

图 7-1　罗伯特·斯滕伯格的爱情三角形理论

恋爱和爱情之间的区别是怎样的呢？法国文学大师玛格丽特·杜拉斯在《广岛之恋》中说，恋爱和爱情不同，恋爱需要双方的沟通，彼此的相爱。爱情可以只有一个人，不必对方也能体会。

恋爱是以婚姻为目标的感情,有可能是爱情,但从最后婚姻的结果看,最后发展成婚姻的恋爱,属于爱情的比例不高。爱情本身是纯粹的男女情感,包括恋爱,但不仅限于恋爱。爱情是心的结合。虽然恋爱和爱情的结果并不一定是结婚,若恋爱不果,彼此分手时多数还是伤心多于开心。

心理体验

对于正处在青春期的大学生而言,对爱情总是充满着美好的向往。但是,不同的同学对爱情可能会有不同的看法。对于下列的情形,你是如何看待的?

1. 在某电视台的一档相亲节目中,一位女士谈到了自己的恋爱观——"宁可在宝马里哭,不在自行车上笑",引起了无数人的爱情观大讨论。

我的看法:_____

2. 爱我就应该答应我的一切要求,应该为我而改变。

我的看法:_____

3. 我希望在我过生日的时候他能送我一束花。如果他真的爱我,就会知道我想要什么,给我意外的惊喜。如果我告诉他的话,要来的礼物会变得廉价。

我的看法:_____

_____

4. 生命诚可贵,爱情价更高。失去了你,我便一无所有,生命也失去了意义。

我的看法:_____

_____

5. 当轰轰烈烈的爱情逐渐趋于平淡,爱情也就走进了"坟墓"。

我的看法:_____

(二) 恋爱心理发展的阶段

恋爱心理发展一般经历四个阶段:

(1) 异性疏远期。一般在 12～14 岁,进入青春期的少男少女对性的差别很敏感,性别角色越来越明显。孩提时代两小无猜的男女伙伴开始疏远了,由于生理发育的急剧变化,在日常生活和学习中,男女学生很少说话,各自心理却产生不安和羞涩,在心理和行为上出现隔膜,关系疏远甚至反感。看见男女同学在一起便起哄,同桌之间画上了"三八"线。这种男女界限的出现,标志着男女学生性意识的觉醒刺激他们产生了对异性之间接触的好奇感,使他们渴望了解许多关于男女自身及其相互之间的秘密,但却以心理上的向往和行动上的故意疏远表现出来。

(2) 异性向往期。一般在 15～16 岁,随着性生理的发育,尤其是性意识的发展,男女生逐渐从疏远、抵触开始转向为彼此产生好感,愿意在一起学习、游戏和活动。

(3) 异性接近期。一般在 16～18 岁,随着性生理的进一步成熟,异性间产生向往和倾慕,和异性相处感到愉快,初恋开始出现。

（4）恋爱期或爱情产生期。18 岁以后,随着性生理和性意识的成熟,男女生交往频率的增加,以及环境因素的影响,多数青年进入恋爱状态。

单从年龄上看,多数大学生处在上述性心理发展的后两个阶段,但由于个人经历及自身社会文化背景等方面存在差异,在恋爱心理发展的阶段特征上的表现可能有很大的差异。

（三）爱情的两种表现

（1）健康爱情的具体表现:不痴情过分,不咄咄逼人,不显示很强的爱情占有欲,能够充分尊重对方;将爱情给予对方比向对方索取爱情更使自己感到欢欣,并以对方的幸福为自己的满足;爱情是彼此独立个性的结合。

（2）不健康爱情的具体表现:过高评价对方,将对方的人格理想化;过于痴情,一味地要求对方表露爱的情怀;缺乏体贴怜爱之心,只表现自己强烈的占有欲;偏重于外表的追求。

人在社会中始终不是孤立的存在,在人生的不同阶段,对心理健康产生重要影响的人际关系的侧重点也是不同的。对大学生而言,曾经产生过重要影响的亲子关系、师生关系、伴群关系,正让位于两性间的恋爱关系。恋爱关系对大学生的意义,事实上已超出了这种关系本身,并作为他们自我认定和自我价值感的基础。所以,大学生恋爱是身心发展的需要,对他们的心理健康也有积极的促进作用,但必须是建立在真正的、健康的爱情基础之上的。反之,不仅不利于心理健康,而且由于大学生的身心发展并未完全成熟,可能对其身心健康造成危害。

二、大学生恋爱心理发展

（一）大学生恋爱心理发展的阶段

大学生恋爱心理有一个发展的过程。其过程大致可分为三个阶段:

1. 萌芽期

经过高考千军万马的角逐,挤过高考独木桥,进入大学校园的青年一下子从升学压力下解脱出来,思想上暂时出现了"空档"。同时,他们远离家乡,面对着全新的生活环境、全新的人际关系、全新的学习方式,有着种种的不适应,心里的孤独感油然而生,从而渴望得到别人的关心、帮助,希望与人建立友谊。于是,互相间找老乡,找朋友,你来我往,慢慢地,男女生接触开始频繁。尤其是高年级男生与低年级女生更容易产生情意,坠入情网。这是大学一年级学生恋爱队伍中的主体部分。此外,还有为数较少的一部分是在上大学之前就已经恋爱了,他们双双升入大学,无论是否同地同校,这种恋情大多得以发展和延续。

2. 发展期

经过一年左右的大学生活,大学新生们已基本去掉了中学时代的影子。知识、能力、体魄、风度、服饰、语言等都完全彻底地"大学生化"了,他们已对同学有了较深入的了解,与同学之间建立了友谊。友谊是一种表现为情感依赖的人际关系,它使人发现自我,善解别人,从中体验到深深的情感依恋。友情可以成为爱情的基石。异性之间的友谊上升为性爱的依恋。这样,二年级的大学生谈恋爱成迅速发展之势。据调查统计,二年级大学生恋爱人数占整个大学生谈恋爱人数的 60%~70%。其类型大致有如下几种:

(1) 同乡恋爱。"老乡见老乡,两眼泪汪汪",远离家乡、远离亲人的大学生难免会有寂寞孤独的感觉。正在他们彷徨无助的时候,老乡向他们伸出了温暖的手。加上校园中"同乡会""校友会"给同乡学生提供了更多的表现自己、了解别人的机会,亲切的关怀、熟悉的乡音,可心的话语,相同的风格,容易引起他们感情的共鸣,进而发展为恋情。

(2) 团队恋爱。大学生活较高中生活丰富得多,各种各样的活动频繁,大家都积极热情地投入到各项活动中去。各种各样的活动一方面为男女学生的交往提供了条件,另一方面使他们的个性、才华有了淋漓尽致的表现。"物以类聚,人以群分",趣味一致、脾性相投的异性,在逐步地深入交往中有的自自然然地转向了恋爱。

(3) 干部恋爱。担任院、系、班级学生干部的大学生往往见识较多,兴趣较广,性格活泼开朗,德才条件俱佳,容易引起异性学生的注目,成为大家追逐的目标。又由于工作的缘故,他们接触面比较广,工作关系也容易转为恋爱关系。学生干部恋爱,一种是学生干部与学生干部谈,一种是学生干部与一般同学谈。因有工作关系的面纱掩护,学生干部恋爱显得比较隐蔽和含蓄。

3. 稳定期

进入三年级后,大学生变得更加成熟老练了,看问题也更加现实。他们的精力多花在毕业实习、论文或毕业设计、未来工作等问题上,对爱情的思考趋于冷静理智,恋爱呈现较稳定的态势。这期间,新确立的恋爱对象一部分为条件成熟者,一部分为毕业后就业找靠山者,其数量约占大学生恋爱总数的 10%~20%。

(二) 大学生恋爱的类型

(1) 浪漫型。认为爱情和恋爱是生活的全部,将其理想化,神圣化。

(2) 游戏型。视爱情和恋爱如游戏,不能投入真情实感,只求个人需要的满足,没有责任感。

(3) 占有型。对所爱之人有着极强的占有欲,要求对方不能对其他的异性有一丝情感,对爱情和恋爱常有猜妒和防备心理。

(4) 伴侣型。这种爱情是在长期的学习、生活过程中培养起来的,是建立在信任和真诚的基础上的,温情多于激情,信任多于嫉妒,是一种平淡而厚实的爱情,这种恋爱是可以结出幸福之果的。

心理小贴士

【"牵手"的十大理由】

心理学家认为,判断两个人是否适合"牵手",应考虑以下 10 个因素:

1. 彼此是朋友,无条件地喜欢与对方在一起。

2. 沟通顺畅,彼此可以真诚地敞开心扉。

3. 有共同的理念和价值观。

4. 双方都愿意拥有长久的婚姻关系。

5. 共同面对差异和冲突,不压抑,不逃避。

6. 快乐相处,以乐观、幽默的态度对待生活。

7. 非常了解并且接纳对方,同时也确信自己被对方接纳。

8. 相互了解、相互信任、相互支持。

9. 与对方相处感到自由自在。

10. 相处方式较理性和成熟,双方在很多方面感觉很相配。

三、恋爱的心理特征

(一) 大学生恋爱的心理特征

(1) 性爱的好奇心理。由生理发育成熟导致的性冲动与性亲近要求的产生而形成。

(2) 急于求成的占有心理。这与高校聚集着才华、风度、美貌于一身的特殊人群氛围直接相关。有些男大学生固执地认为,毕业后还没有男朋友的女孩都是别人挑剩下的。

(3) 依赖心理。由独生子女的孤独感和习惯了他人的呵护与关爱所致,属于"情感寄托型"的恋爱动机,缺乏独立意识和自立能力,易受挫折。

(4) 补偿心理。由功利型的恋爱动机所引发,即希望在所爱的人那儿获得社会地位、经济等方面的补偿。

(5) 游戏人生心理。其恋爱动机是满足与异性交往的欲望,寻求刺激来填补精神上的空虚。这种恋爱完全是一种游离于婚姻之外的享受和消遣。

大学生是一个特殊社会群体,今后的生活还未稳定,毕业后的就业也是未知数,即使获得了真爱,也有可能天各一方。因此,大学生中存在着"不求天长地久,只求曾经拥有"的恋爱心态。

(二) 大学生恋爱的基本特点

1. 恋爱心理的普遍性

大学生年龄多数在 18 岁至 23 岁之间,生理发育已基本成熟,要求接近异性、拥有意中人是一种普遍现象。这一时期容易产生情窦初开的恋爱心理,因此,各年级学生谈恋爱的比例都相当高。

2. 恋爱需求的特殊性

大学生的恋爱,一般只谈爱慕之情,交流对学习、对人生的看法,很少或者根本不讨论结婚、建立家庭、举办婚礼、生儿育女等具体问题。这是由大学生的经济地位决定的。他们在经济上还不能独立,要依靠国家、父母或者其他亲人的资助才能维持学业和生计,而恋爱是选择配偶的过程,"恋爱—婚姻—家庭"是一个整体。社会青年谈恋爱时,明确了恋人关系后,过不多久就会开始谈婚论嫁,双方的矛盾往往会在实质性的问题上暴露出来。而大学生谈恋爱一般不接触实质性问题,带有浪漫色彩、理想色彩。这样,他们的恋爱基础不够坚实,一旦遇到实际问题,比如毕业后工作不在一地等,便会产生动摇甚至分手。

3. 恋爱关系确立的自主性

在大学里,男女大学生的平等权利与平等价值观特别突出,反映在恋爱问题上,一般都是自己做主,个性特点强,并不信奉什么统一的模式。走上工作岗位的青年明确恋人关系前一般要征求亲人或同事的意见,甚至第一次见面就在家里进行,明确恋人关系后,双方家长来往密切,亲人指导贯穿在各个环节。大学生则不同,自己看准了就追求,甚至确定了关系连家长也不知道。

总之,大学生恋爱过程中,不但要有正确的认识,而且还必须遵守社会道德,培养高尚的情操。通过爱情,使双方互敬互爱、互勉互进、互帮互学、互信互尊,朝着共同的目标一起努力。

延伸阅读

【爱情和喜欢有什么不同】

如果把爱情的历程描述为喜欢、爱慕、相爱"三部曲",那么可以说喜欢是爱情的前奏,但是喜欢并不一定会发展为相爱。下面这段话,或许能表达爱情与喜欢的关系。

当你站在爱的人面前,心跳会加速;但在喜欢的人面前,只会感到开心。

当你与爱的人四目交汇,你会害羞;但与喜欢的人四目交汇,你只会微笑。

喜欢一个人,有时盼着和他在一起;爱一个人,有时怕和他在一起。

喜欢一个人,希望他可以随时找到自己;爱一个人,希望可以随时找到他。

喜欢就是喜欢,很简单;爱就是爱,很复杂。

喜欢你,却不一定爱你;爱你,就一定很喜欢你。

喜欢很容易转变为爱,但爱过之后却很难再说喜欢。

喜欢是轻松而淡淡的心态,爱一旦说出了口,就变成了一种誓言,一种承诺。

第二节　解读恋爱密码

——亲密关系的影响

恋爱现象在大学校园里已十分普遍。今天的大学生再也不会像他们的前辈那样以恋爱为羞耻或认为恋爱是见不得人的事。新《婚姻法》明确规定大学生可以结婚，虽然就结婚后的学业和生育问题仍在讨论之中，但已经为大学生的恋爱提供了法律依据。大部分因各种理由不去恋爱的人，对别人的恋爱大都持肯定态度。恋爱到底对大学生意味着什么？又会对大学生心理带来什么样的影响呢？

心理体验

1. 你需要什么样的爱情呢？是相互弥补残缺，还是一个圆遇到另一个圆，相互独立又彼此滋养呢？谈一谈你对"我爱你，所以我需要你"的理解。

我的看法：_____

2. 在寻找爱情的路上，你是选择孤独地等待，还是不断地发展自己，一边活出自己的精彩，一边等待着遇见？

我的看法：_____

3. 在你的爱情旅程中，你和恋人组成了一个完美的圆。但是，随着时间的流逝，当对方不断成长时，你会如何面对？

我的看法：_____

一、恋爱对大学生心理发展的影响

关于恋爱对大学生将产生什么影响，有三种代表性的观点：一是动力论，认为利多弊少，恋爱可以产生动力，促进学习，陶冶情操，丰富精神生活，激发大学生的潜能；二是阻力论，认为弊多利少，大学阶段学习紧张，时间有限，恋爱花费时间，耗费精力，妨碍学习，影响团结，不利于全面发展；三是均衡论，认为利弊相当。

（一）恋爱对大学生心理发展的积极影响

从个体发展的角度看，恋爱对大学生心理的成熟健全有一定的促进作用。首先，恋爱是大学生释放日益强烈的性冲动的重要途径。通过恋爱接触异性，使大学生不再感觉到性的压抑紧张。其次，性意识的发展必须经过恋爱阶段才能完善，性同一性的建立也要通过恋爱。因为恋爱是两个人人格的深层接触，在此过程中，大学生的自我概念受到对方的影响而发展，真正懂得了如何在保持自身独立性的前提下调整自身缺陷以适应对方，恋爱对一些个性因素和社会情感的发展有重大意义。因此，有些心理学家认为，恋爱是青春晚期和成年早期最重要的事件，只有经过了恋爱，人才会真正成熟起来。

大学环境有它的独特性。对大学生来说,它为大学生在走入社会的过程中提供了一个缓冲的环境。有了这个缓冲,大学生能更从容地完成社会化,更完善地发展自我概念,而不至于感受到从青春中期直接下来落入社会的强大反差和心理不适。由此看来,大学生的恋爱并不是一件坏事,它对青年的成熟很有帮助。再加上大学生普遍认为自己已不再是幼稚的少年,文学艺术中歌咏的爱情当然是他们追求的目标。

（二）恋爱对大学生心理发展的消极影响

恋爱的意义虽有积极的一面,有时处理不当也会危害青年的心理健康。首先,过度的兴奋和悲痛都会加剧心理紧张。恋爱正是使人时而高兴时而痛苦的事,处在热恋中的青年会为一些小事而高兴或烦恼,因此恋爱带来心理的高度紧张。恋爱的进一步发展还会带来社会问题,这也是产生心理失调的重要因素。其次,热恋中的男女虽然感觉到强烈的心理紧张,但双方的共处和抚慰、爱情的甜蜜又会降低他们的焦虑感。那些遭受恋爱挫折的人就没有这么幸运了,失恋的青年会失魂落魄,觉得人生的意义不复存在,生活下去只有苦难和折磨,有人甚至走向了绝路。如果没有恰当的心理指导或较强的自我调控能力,失恋对青年的心理打击是很大的。

大学生谈恋爱如果不能用理性控制自己,处理好各种问题,弊端更甚。首先,谈恋爱的男女双方必然会占用时间、牵扯精力。大学时代正是学习知识、锻炼能力,为未来打基础的黄金时期,如果用过多的时间谈恋爱,必将影响学生的学业乃至整个人生的发展。其次,经济基础决定上层建筑,大学生谈恋爱离不开父母的金钱"赞助",若再加上虚荣攀比之风,这无疑会给一些不太富裕的家庭带来压力。再次,虽说《婚姻法》已规定大学生可以结婚,可事实上大学生结婚的个案寥寥无几。大学生都是 20 岁左右的年轻人,血气方刚,对性充满了好奇,但由于社会传统的隐晦及对性知识又缺乏了解,大学生的心理发展远不及生理发育成熟。加之一些学生缺乏责任意识和承受能力,一旦发生性行为,如果处理不好,对其身心和未来的发展都会造成巨大的伤害和不良的影响。最后,大学时期也是大学生锻炼自己的社交能力,为将来走向社会打基础的时期。谈恋爱之后,必将缩小社交范围,乃至只有二人世界而忽视家人和朋友,造成自己情感上的孤立,一旦爱情失败,就会变得一无所有。

可见,恋爱对大学生来说是一把双刃剑,一方面帮助大学生心理发展走向成熟,另一方面又带来各种心理问题和不良影响。这绽放在圣殿里的爱情之花虽然美丽,但是很脆弱。这也许是人生的至理,要得到甜蜜的报偿必须得经受住考验。

二、影响大学生恋爱的因素

影响青年恋爱活动的因素是多种多样的,把它们详尽地列出很难做到。在此我们仅选取几个对大学生心理健康影响较大的因素。

（一）生理因素

社会心理学研究证明了爱情的复杂性。心理学家达顿和阿伦(Darton and Alan)

曾做过一个有趣的实验,他们让一位女性做主试,进行主题统觉测验。一次是在一座230英尺高的吊桥上,下面是深不见底的峡谷;另一次是在10英尺高的石桥上。参加实验的被试都是男性。两次的实验程序完全一样,女主试把题目交给男被试,让其完成后对他说,如果你想知道这次测验是怎么回事,可以给我打电话,并留下了电话号码。实验控制了各被试对测验的兴趣因素,结果发现,吊桥上的男子过后与女主试联系的比例显著高于石桥上的男子。这个实验证明,对生理唤醒状态的认知评价也是促使青年投入恋爱的因素。

满足性冲动是促使大学生投入恋爱活动的重要诱因。在性意识发展到热恋阶段,性欲需求日益强烈,前阶段弥散化的性冲动集中投射到选定的特殊对象上。出于性冲动的驱使,大学生开始脱离群体化的两性活动而单独约会,这就是恋爱。由此可见,生理需要对恋爱中的大学生十分重要。

(二)社会情感需要

亲密关系对每个人来说都是不可缺少的,完全不与自己关系密切的人交流往来,所带来的孤独是一般人很难忍受的。因此,羁留荒岛的鲁宾逊培养一个忠实仆人"星期五"就是为了满足自己交往的需要。

亲密关系的需要在青年前期开始显露。这时的青年不再像儿童那样满足于血缘带来的亲近,而有意识地结交一些个人密友。处于此阶段的大学生正在迅速发展的关口,有许多烦恼不能也不愿向长辈倾诉。于是大多数人发现,如果没有一个可互相吐露心声的亲密知己,日子将很难过。进入大学校园,对大多数人来说意味着脱离以前的群体进入新环境。大学生们必须重新建立各种关系,通过交流完善自我,使大学生们对亲密关系的需求空前强烈。

异性亲密关系发展的顶点就是爱情。除了父母,恐怕不会有比恋人更亲密的人,而且恋人间的亲密在某些方面是父母子女间关系所不能比的。因此,对亲密关系的追求把孤独的青年引向恋爱是极其自然的事。不过,由亲密关系需要导致情爱可能会出现一种危险:把亲密关系需求与爱情混为一谈。尤其是刚进校门的大学新生们对亲密关系的需要很强烈。当他极其缺乏亲密关系时,某个异性与他交往便满足了他的愿望。

(三)个性因素

影响恋爱的最重要个性因素是归属与服从。归属和服从的需要是作为社会存在物的人最重要的需要之一。人从属于社会,总要归于某个群体,得到他人的承认。完全脱离社会,一段时间内不能与社会交流的人也在自我认识中保持某种归属感。鲁宾逊的十年荒岛生涯就是在把自己看作拓荒的白人社会英雄中度过的,他甚至在那儿建立起模拟白人社会的小天地。马斯洛把归属感和爱摆在一起,认为它是在安全之后的需要层次。由此可知其重要性。

归属需要促使大学生们建立群体认同。群体活动增强了男女青年的交往机会,对群体的共同归属(尤其是一些很小的群体)又增强了两人之间的人际吸引力,进一步的发展便可能导致恋爱。归属和服从也会将大学生们直接导向恋爱。因为恋爱双方是一个亲密关系极强的小圈子。在恋爱中,恋人能感觉到自己属于另一个人,有被另一个人爱抚关心的滋味。两人共同分享所有的东西,如财产、感情、秘密等。恋爱能直接满足归属和服从的需要。

心理测验

【爱情自我诊断量表】

这是一份关于大学生爱情自我诊断量表。本量表共有13个问题,请根据你自己的实际状况,逐一对每个问题作"是"或"否"的回答。答案为"是"记1分,答案为"否"记0分。

1. 我爱他/她,他/她就应该爱我。　　　　　　　　是　　否
2. 只要能和对方在一起,我可以抛弃一切。　　　　是　　否
3. 我特别想找个异性安抚我。　　　　　　　　　　是　　否
4. 只求曾经拥有,不求天长地久。　　　　　　　　是　　否
5. 爱情是生活的全部。　　　　　　　　　　　　　是　　否
6. 不谈恋爱说明自己没有魅力。　　　　　　　　　是　　否
7. 人生就是追求快乐,谁给我快乐,我就和谁谈恋爱。是　　否
8. 恋爱对象多多益善。　　　　　　　　　　　　　是　　否
9. 恋爱是你情我愿的,不需要负什么责任。　　　　是　　否
10. 爱一个人,就要想办法改掉他/她身上的缺点。　　是　　否
11. 只要有爱就好了,其他都无所谓。　　　　　　　是　　否
12. 摆脱失恋痛苦的最好办法,是尽快找到另一个恋爱对象。是　　否
13. 有了男(女)朋友,也可以和别的人秘密幽会。　　是　　否

【测验说明】

上述13道题目每一个选"是"的项目得1分,将得分相加,你的总分是(　　)。得分越高,表示对爱和恋爱的认识越偏激。如果你的得分高于10分,你对爱情、恋爱的看法可能会影响你的恋爱关系,需要认真地来思考一下。

三、爱情形态与大学生择偶

(一)爱情形态

不少作家和学者研究过爱情的划分问题。

1. 罗洛·梅的分类

心理分析学家罗洛·梅(Rollo. May)把爱情形态分为性(Sex,指本能的快乐)、性

爱(Eros,性欲基础上的爱)、情爱(Philia,友爱类感情)、博爱（Agape,为他人献身的爱）四种。

2.李·约翰的分类

加拿大社会学家李·约翰(Lee Johnson)把爱情分为如下这六种：

（1）情欲之爱：指集中在外形美需要上想占有对方的爱。

（2）游戏之爱：指把追求异性当成有趣的游戏,恋爱者不会有自我感情的真实投入,喜欢变换恋爱对象。

（3）友谊之爱：指由于长期相处自然形成的亲如兄妹好友的恋爱关系,所谓"青梅竹马"就是此类爱情的例子。

（4）狂爱：指恋人对感情需要达到癫狂程度,这是一种病态感情。

（5）现实之爱：指人们根据自己的需要（如自尊、金钱、地位）选择可令其满足的对象,较为理性。

（6）利他主义之爱：略带病态,此类恋人认为爱是一种感情奉献,甚至在第三者对自己的恋人产生感情时也退避三舍,认为这才能使恋人更幸福。

李·约翰指出,只有友谊之爱和现实之爱才真正牢固持久,过于浪漫或过于游戏都会使爱情短命。李·约翰划分的六种爱情形态大都在大学生的恋爱生活中有所反映。对不同形态爱情的需求直接影响大学生的择偶标准。

（二）大学生的择偶标准

择偶标准并不是一成不变的。许多大学生也并不完全按照一个既定的框框去筛选周围的异性。但对大多数人来说,根据自己的需要对理想恋爱对象定出一些主客观条件还是必要的。

孙守成等在《当代大学生心理学》一书中根据大学生择偶的目标取向把择偶标准分为三类：

第一,精神满足型。这类大学生选择恋人以理想、信念、价值、事业、能力等标准来衡量对方的水平,或以气质、性格、兴趣的相投作为共处的基本要求。他们对外貌、金钱、家庭背景等并不在意,而是以达到高层次的精神满足为标准。孙守成认为,这种高尚的择偶标准在今天的大学生中占大多数。

第二,纯粹感官满足型。它是一种对"情欲之爱"的追求,择偶者着重注意恋爱对象的外表（身材、皮肤、相貌）和风度的吸引力。这类受外表吸引的爱情很难维持长久。因为天长日久的相处会使外表失去新鲜感而降低吸引力。

第三,物质满足型。这就是所谓的现实之爱,其实质是一种相互交换互惠的理性考虑。现实的择偶标准分为物质、虚荣和利用三种类型。物质型指以经济条件为追求目标,为满足物质需要而恋爱;虚荣型则看重地位、职称等荣誉的东西;利用型择偶更具指向性,往往是为了达到某一目的,达到后则着手将恋爱对象抛弃。

三类择偶标准都是客观存在的,但纯粹持一种标准的人很少。大多数人择偶时是在三种标准的混合中找出符合自己要求的理想对象。

(三) 气质相投是爱情和谐的保证

爱情之花是美丽而娇嫩的,人们热切地追寻它,但有时候往往不知如何去呵护它,以至于爱情之花夭折。如何才能保证爱情的和谐呢?

心理学家曾经调查大量幸福美满的家庭,得出爱情和谐至少需要以下三项保证:相互了解、地位背景相配、气质类型相投。前两者恰恰是友情之爱和现实之爱的特点,第三项则是心理学的范畴。要使大学生的恋爱生活和谐,减轻恋爱对大学生心理健康的不良影响,指导他们选择与自己心理特点相配合的恋人是有必要的。

胆汁质的人心理活动一般较强,心理变化比较频繁,对爱情的追求具有主动狂热的特点。他们对自己的内心秘密毫不掩饰,对异性也非常热情,一旦确定目标就会毫不羞涩地向对方表白自己的爱。这种气质特征的缺点是热情有余而冷静不足,造成爱情不能专一持久,两性关系较随便。多血质的人敏感而感情丰富,能灵活地适应环境。他们善于交际,易博得异性好感,其表露爱情方式也较大胆直率,而且多血质人较高的创造性使他们的爱情生活充满情趣。但这种气质的人在爱情的稳定持久方面亦嫌不足。抑郁质的人怯懦腼腆,不善与异性交往。他们的感情深沉内向,经常缺乏表露的勇气,这使得他们的感情生活并不顺利。但这种气质的人对爱情的体验非常深刻持久,不易改变。黏液质的人做事较有计划,他们对异性的追求也是如此。通常是先对异性进行周密的考察,再制订一套计划,按步骤行动。他们在爱情追求上有锲而不舍的韧劲。

各种气质都有其优缺点,气质相投主要是指一种互补效应。从择偶心理上说,人们容易对相同气质的人排斥,而想通过恋爱弥补自己的缺点。一般说来,胆汁质的男性宜选择黏液质女性,抑郁质男性宜选择胆汁质女性,多血质和黏液质男女应相互选择。这并不是说其他的选择就不对或不好。但最好不要是胆汁质气质的男女互配或抑郁质的男女互配。从气质嵌合的角度来说,以上两者是最不理想的搭配。选择互补气质的恋人可以使恋爱生活处于心理平衡的状态。

心理体验

1. 你希望自己的恋人是什么样子的呢? 请写下五条选择恋人的标准。

我的看法:_____

_____

2. 将你的选择和小组同学分享,同学们的分享和讨论对你有什么启发?

我的看法:_____

_____

第三节 提升爱的能力
——常见恋爱问题及调适

恋爱给人带来美妙的感觉,爱情就像玫瑰花,给我们带来馨香的同时,有时也会刺伤脆弱的心灵。

一、大学生恋爱中存在的问题

第一,单相思与爱情错觉。单相思是指异性关系中的一方倾心于另一方,却得不到对方回应的单方面的"爱情"。爱情错觉则是指在异性间的接触往来中,一方错误地认为对方对自己"有意",或者把双方正常的交往和友谊误认为是爱情的来临。爱情错觉是单相思的另一种形式,它常会使当事人想入非非,自作多情。单相思与爱情错觉都是恋爱心理的一种认知和情感的失误。单相思使某些大学生陷入痛苦的境地,处于空虚、烦恼,甚至绝望之中,处理不好对以后的恋爱婚姻生活都有消极的影响,因此,陷入单相思的大学生要及早止步另做选择。要想克服单相思和爱情错觉,重要的是正确理解爱情的深刻含义,同时用理智驾驭情感,尊重对方的选择,不可感情用事。

第二,恋爱动机不端正。有些大学生的恋爱动机不是出于爱情本身,而是为了弥补内心的空虚、孤独或随大流的从众心理。这类学生在择偶时很少把恋爱行为与婚姻结合起来考虑,缺乏责任感。还有极少数学生为了显示自己的魅力,同时和几位异性同学交往、周旋,搞多角恋爱,甚至和谁都不确定恋爱关系。不道德的多角恋爱易引起纷争、不幸和灾难,也极易发生冲突,酿造悲剧,最终对所有当事人都会产生不良后果。

第三,恋爱中的感情纠葛。三角恋爱、父母的反对、周围人的非议、恋人之间的矛盾、误解和猜疑等。

第四,择偶标准不切实际。虚荣心强,选择对象理想化。

第五,失恋。失恋是恋爱过程的中断。失恋带来的悲伤、痛苦、绝望、忧郁、焦虑、虚无等情绪使当事人受到伤害。失恋是人生中最严重的心理挫折之一。失恋所引发的消极情绪若不及时化解,会导致身心疾病。

心理小贴士

【改变恋爱中的惯性思维】

在恋爱中,你曾经有过惯性思维吗?请阅读苏格拉底与失恋者的对话,希望可以帮你转换视角,看到窗外有蓝天。

失恋者:我失恋了,很悲伤。

苏格拉底:这很正常。如果失恋了都不悲伤,恋爱也没有什么味道。

失恋者:我要用自杀表示诚心。

苏格拉底:这样你会在失去恋人的同时还失去了自己,蒙受双倍损失。

失恋者:我要踩上她一脚!我得不到的,别人也别想得到。

苏格拉底:这只能让你离她更远,而你本来的意图是想与她更接近。

失恋者:她曾对我说,和我在一起她才感到幸福。难道一直在骗我?

苏格拉底:不,她一直对你很忠诚。她爱你时就和你在一起,不爱你时就离去,世界上再没有比这更大的忠诚了。

失恋者:可我为她投入的感情不是白白浪费了吗?谁来补偿我?

苏格拉底:你的感情从来没有浪费,你给她快乐时,她也给了你快乐。

失恋者:可是,她现在不爱我了,我却还爱着她,这多不公平啊!

苏格拉底:但这是对她不公平。爱她是你的权利,但爱不爱你是她的权利。你行使自己的权利时却想剥夺她的权利。这是何等不公平!

失恋者:我被人抛弃了,这让我感到自卑。

苏格拉底:被抛弃的不一定是不好的。

失恋者:您还是不能让我摆脱失恋的痛苦。

苏格拉底:是的,我很遗憾不能帮到你,但时间可以。我见过无数被失恋折磨得死去活来的人,是时间帮助他们抚平了心灵的创伤。

失恋者:但愿我也有这一天,可我的第一步该从哪里做起呢?

苏格拉底:去感谢那个抛弃你的人,为她祝福。她给了你忠诚,给了你寻找幸福的新机会。

说完,苏格拉底走了。

二、培养健康的恋爱心理与行为

(一)树立正确的恋爱观

1.恋爱观及其形成、发展的阶段

恋爱观是人们对恋爱问题所持的基本观点和态度。恋爱观的形成和发展分为三个阶段:恋爱观的准备阶段,一般从中学时代开始;恋爱观的充实发展阶段,一般从大学时代开始;恋爱观的完善成熟阶段,此阶段恋爱观基本形成,开始在恋爱观指导下,由对恋爱问题的内心探索到恋爱实践。当在恋爱实践中发现自己的恋爱观与现实的差距,就会重新审视原有的恋爱观,同时,根据社会现实的问题和要求加以调节、修正,不断完善,形成稳定的恋爱观。

2.大学生恋爱中应处理好的关系

大学生正处在恋爱观的充实发展阶段,要理解爱情的含义,认识爱情的本质,了解爱情的基础,摆正爱情在生活中的位置,应正确处理好以下关系。

(1)恋爱与学业的关系。要争取从学业、事业的成功中获得爱情。大学生要把学业放在首位,恋爱服从学业。只有正确处理好恋爱与学习的关系,才能使爱情的力量成

为促进学习的动力,而学习的成功又会使爱情得到巩固和发展。

（2）恋爱与集体的关系。恋爱中的男女青年不应把自己禁锢在两个人的世界中,如果出双入对,脱离集体,就会限制交往的范围,妨碍自身的发展进步,不利于优化个性以及社会适应能力的提高。

（3）恋爱与道德的关系。爱的情感是与道德责任结合在一起的,只有以高尚道德作为基础,才能获得真正的爱情。要使爱情健康地发展下去,必须珍惜爱情的道德价值,遵循恋爱的道德要求。这体现在,恋爱的前提是双方平等、相互尊重,尊重对方的感情,尊重对方的人格,不一厢情愿,不强加于人。选择恋爱对象时应注重对方的道德品质,注重心灵的纯洁善良、思想的进步和情感的忠贞,不要以貌取人,以钱取人,以权力地位取人。恋爱过程中应互敬互助、真诚相待、纯洁专一,不朝秦暮楚,喜新厌旧,恋爱行为要含蓄文明、自尊自重、自制自爱,不做违反大学生行为规范的事情。

（4）恋爱与失恋的关系。失恋是爱情生活中的挫折和不幸。每一对恋人不一定都能发展为夫妻。对于失恋的不幸,当事人应理智地分析原因,自我反省,自我调适。失恋不能失德,不能失志,不能萎靡不振,更不能轻率轻生,要以坦荡的胸怀及早从个人感情的圈子里挣脱出来,重新扬起生活的风帆,坚定地走自己的路。

（5）恋爱与博爱的关系。爱的感情丰富博大,不仅有恋人之爱,还有父母之爱,同志之爱、祖国之爱。一个人爱的情感愈博大,情爱愈专一,他的爱情也愈高尚。只有把对异性的渴望、爱慕和追求,渗透到对祖国对人民的热爱中和对远大理想的追求中,爱情才会变得高尚和稳固。

心理测验

【你的恋爱心理是否成熟?】

请认真阅读以下各项,根据自己的真实情况作答。

1. 你认为恋爱是为了:

A. 找到一个情投意合的伴侣　　　　B. 成家过日子,抚养儿女

C. 满足性的需要　　　　　　　　　D. 刺激、有趣、好玩

2. 你喜欢的异性是（女性选择）:

A. 英俊潇洒,有男性魅力　　　　　B. 有钱、有势、有能力

C. 人品好　　　　　　　　　　　　D. 爱自己的,其余无所谓

（男性选择）

A. 漂亮性感,有女性魅力　　　　　B. 贤惠能干,善于理家

C. 温柔体贴,人品好　　　　　　　D. 只要有爱,其余无所谓

3. 你和恋人确定恋爱关系是因为:

A. 条件般配　　　　　　　　　　　B. 我比对方优越

C. 对方比我优越　　　　　　　　　D. 没想过

4. 你希望恋爱这样开始:

A. 一见钟情　　　　　　　　　B. 青梅竹马

C. 在工作(学习)中逐渐开始　　D. 经人介绍

5. 让爱情更深一点儿的良策是:

A. 极力讨好　　　　　　　　　B. 尽力使自己变得更加完美

C. 欲擒故纵　　　　　　　　　D. 爱情是缘分,无计可施

6. 当恋人暴露出一些缺点和不足时,你会:

A. 委婉告知并帮其改进　　　　B. 震惊意外,对其加以指责

C. 嫌弃动摇,怀疑爱情　　　　D. 无所谓

7. 当一位比你目前恋人更加优秀的异性对你表示爱慕之情时,你会:

A. 离开恋人,接收其爱　　　　B. 将其爱慕之情淡化为友情

C. 瞒着恋人与其交往　　　　　D. 为迟到的爱后悔痛苦

8. 当你倾慕的异性另有所爱时,你会:

A. 一如既往地待他,等其觉悟　　B. 参与竞争,力争夺取

C. 抽身止步,成人之美　　　　　D. 整日后悔痛苦

9. 恋爱中的波折矛盾是:

A. 必然又必须的　　　　　　　B. 对恋爱的否定

C. 无聊的　　　　　　　　　　D. 束手无策的痛苦经历

10. 由于种种原因,你的恋爱失败,对方提出分手,你会:

A. 千方百计抓住他　　　　　　B. 到处诋毁对方的名誉

C. 说声再见,各奔前程　　　　D. 矛盾痛苦,不知所措

11. 进入大龄单身贵族队列,你的恋爱态度会:

A. 一如从前,宁缺毋滥　　　　B. 放弃追求,随便凑合一个

C. 重定更现实的择偶标准　　　D. 不谈爱情

【计分方法】对应的选项得分如下:

1. A. 3;B. 2;C. 1;D. 1

2. (女性选择)A. 2;B. 1;C. 3;D. 1　　(男性选择)A. 2;B. 2;C. 3;D. 1

3. A. 3;B. 2;C. 1;D. 0

4. A. 2;B. 1;C. 3;D. 1

5. A. 1;B. 3;C. 2;D. 0

6. A. 3;B. 2;C. 0;D. 1

7. A. 2;B. 3;C. 1;D. 0

8. A. 2;B. 1;C. 3;D. 1

9. A. 3;B. 0;C. 2;D. 1

10. A. 2;B. 0;C. 3;D. 1

11. A. 1;B. 2;C. 3;D. 0

【结果解释】

26～33分,成熟型。你的恋爱心理非常成熟,懂得爱的真谛,向往爱又能在现实中

实现爱。就像一名竞技状态良好的运动员，你能够在爱情面前轻松舒展，游刃有余，更可贵的是即使直面失败也有良好的心态。你的恋爱和婚姻一定很美满幸福。

18～25分，准成熟型。你渴望爱的垂青，然而屡屡失误，一时难以如愿。你需要校正一下恋爱指针，太过浪漫地往现实方向调一调，太现实的多一些浪漫温馨的情调，幸福快乐已在眼前了。

9～17分，待成熟型。恋爱婚姻是人生的一门必修课，要想取得好成绩，单凭热情是不够的，还要专心修习，从理论到实践，再从实践到理论，一点一滴，终会水滴石穿。

3～8分，青涩型。爱情对你而言是迷宫，是八卦阵，或者是苍凉的荒漠。让心情放松一些，爱的光线会缓缓照射进来，那时你才能体会到温暖。

此问卷仅作为了解自己使用，如有疑问，请咨询专业人员。

（二）发展健康的恋爱行为

美国著名诗人惠特曼说："爱，不是一种单纯的行为，是我们生活中的一种气候，一种需要我们终身学习、发现和不断前进的活动。"恋爱中的许多麻烦在于人们以被人爱代替了去爱人，求爱往往是为了摆脱孤独和空虚，建立在这种前提下的情感是短暂的。

1. 培育成熟的爱情

成熟的爱情以自爱为基础，知道自己需要怎样的爱，并且具有给予爱的能力和拒绝爱的能力。

（1）加速自我心理成熟。培养积极的人生观、价值观，确立恰当的择偶标准。培养独立的人格，能体贴、关怀、尊重他人。恋爱不是一种纯粹的精神活动，它是个人生理、心理发展的需要，更是一种社会行为，体现了一个人的追求。具有独立人格的人能够正确认识自我，悦纳自己，发展自己，对自己充满信心和勇气。人格未完全独立的人感情容易飘忽不定，一旦恋爱则陷入激情中难以自拔，倘若失败，便对自己做出负性评价，丧失自信。

（2）培养与异性交往的能力。异性间的交往应注意，不要过分强调目的性；注意交往的范围、间距、场合、分寸；如果没有对某一对象萌发爱意，不要轻易涉入一对一的单独活动，不可过于频繁地与某一选定对象长期交往，否则容易引起恋爱幻想。

（3）选择与自己心理特点相配的恋人。心理学家曾经调查大量幸福美满的家庭，得出爱情和谐至少需要以下三项保证：相互了解、地位背景相配、气质类型相投。要使恋爱生活和谐，减轻恋爱对心理健康的不良影响，选择与自己心理特点相配合的恋人是有必要的。

（4）学习掌握性生理和性心理卫生知识。完整的性心理教育应该把性知识教育与性道德教育结合起来，把性生理卫生知识与性心理卫生知识结合起来，把性心理健康教育与精神文明建设结合起来，概言之，性心理健康教育既是知识的教育，更是人格的教育和身心健康的教育,是现代文明人必须接受的教育,从而促进学生身心健康和谐发展。

延伸阅读

【无名指上的爱情】

你知道婚戒为什么要戴在无名指上吗？相传在很久以前,人们认为无名指的一条血管与心脏相连,用戒指套住爱人的无名指,就可以留住他的心了。现在让我们通过下面的活动体验一下无名指的"相亲相爱"吧。

1. 伸出双手,手心相对。

2. 将中指向下弯曲,让两个中指背靠背。

3. 然后,让双手的其他四个手指分别指尖相碰。

4. 请分开两个大拇指,你可以做到吗？大拇指代表父母,大拇指能够分开,象征着每个人都会有生老病死,父母有一天也会离我们而去。

5. 请合上大拇指,再分开两个食指。食指代表兄弟姐妹,他们长大后也会离开我们。

6. 请合上食指,再分开两个小拇指。小拇指代表子女,子女长大以后,会有自己的家庭生活,也会离开我们。

7. 请合上小拇指,再试着分开两根无名指。你会发现,无名指怎么也分不开。无名指代表婚姻伴侣,真正的爱侣是无法分开的。戒指不仅仅是爱情的证明,更是责任和义务的担当。它时刻提醒爱情中的两个人:要理解真爱的含义,遵守爱的承诺。

2. 发展健康的恋爱行为

(1)恋爱言谈要文雅,讲究语言美。交谈中要诚恳坦率自然,不要为了显示自己而装腔作势,矫揉造作;不能出言不逊,污言秽语,举止粗鲁;相互了解,不要无休止地盘问对方,使对方自尊心受损。否则只会使之厌恶,伤害感情。

(2)恋爱行为要大方。一般来说,男女双方初次恋爱,开始时常感到羞涩与紧张,随着交往的增加会逐渐自然大方。这个时期要注意行为举止的检点。有的人感情冲动,过早地做出亲昵动作,使对方反感,影响感情的正常发展。

(3)亲昵动作要高雅,避免粗俗化。高雅的亲昵动作发挥爱情的愉悦感和心理效应,而粗俗的亲昵动作往往引起情感分离的消极心理效果,有损于爱情的纯洁与尊严,有损于大学生的形象,同时对旁人也是一种不良的心理刺激。

(4)恋爱过程中要平等相待,相敬如宾。不拿自身的优点去比对方的不足,以此炫耀抬高自己,戏弄贬低对方。也不宜想方设法考验对方或摆架子,这都可能挫伤对方的自尊心,影响双方的感情。

(5)善于控制感情,理智行事。恋爱中引起的性冲动,一方面要注意克制和调节,另一方面要注意转移和升华。要多参加各种文娱活动,与恋人多谈谈学习和工作,把恋爱行为限制在社会规范内,使爱情沿着健康的轨道发展。

(三)培养爱的能力与责任

爱的能力,不仅意味着有给予对方足够的物质财富的能力,还包括包容对方的缺点、发现对方优点的能力;失败时鼓励对方、成功时分享快乐的能力;对方为你付出时能体会到并表示感激的能力,对方没有体会到你的付出时不要在意的能力;对方提出某项要求时从对方角度思考的能力。爱是责任,情是包容。责任不是相拥的互望,而是心里的惦念;不是金钱的赠与,而是无微不至的关怀。一份饱满的爱情是需要有责任感的,这个责任是情感的担当,是对自己心的负责。没有责任感的爱情是不可想象的。具体而言,需要培养以下责任和能力:

1. 迎接爱的能力

包括施爱的能力和接受爱的能力。一个人心中有了爱,在理智分析之后,要敢于表达、善于表达,这是一种爱的能力。一个没有爱心的人是个自私自利的人。一个人面对别人的施爱,能及时准确地对爱做出判断,并做出接受、谢绝或再观察的选择,这也是一种爱的能力。大学生要具有迎接爱的能力,就应懂得爱是什么,有健康的恋爱价值观,知道自己喜欢什么,需要什么,适合什么;应主动关心他人,热爱他人。当别人向你表达爱时,能及时准确地对爱的信息做出判断,坦然地做出选择,能承受求爱被拒绝或拒绝求爱所引起的心理紊乱。

2. 拒绝爱的能力

自己不愿或不值得接受的爱应有勇气加以拒绝。拒绝爱要注意两个方面:一是在并不希望得到的爱情到来时,要果断,勇敢地说"不",因为爱情来不得半点勉强和将就。如果优柔寡断或屈服于对方的穷追不舍,发展下去对双方都是不利的。二是要掌握恰当的拒绝方式,虽然每个人都有拒绝爱的权力,但是珍重每一份真挚的感情是对他人的尊重,也是一种自珍自重,同时是对一个人道德情操的检验。不顾情面,处理方法简单轻率,甚至恶语相加,使对方的感情和自尊心受到伤害,这些做法是很不妥当的。

3. 发展爱的能力,培养爱的责任

发展爱的能力,并不是非要具体到对某一异性的爱,可以是更广泛意义上的爱。我们的亲人、同学、朋友、祖国和人民,都值得我们去热爱。发展爱的能力,就是要培养无私的品格和奉献精神,要培养善于处理矛盾的能力,有效地化解消除恋爱和家庭生活中的矛盾纠纷,为恋人负责,为社会负责,才能创造出幸福美满的婚恋。

(四)提高恋爱挫折承受能力

大学生的恋爱受多种因素的制约,因而在追求爱情的过程中遇到各种波折是在所难免的。前面所提到的单相思、爱情错觉、失恋等恋爱心理挫折对大学生的心理承受能力就是一种考验。如果承受能力强,就能较好地应付挫折,否则就有可能造成不良后果。因此,提高恋爱挫折承受能力对大学生的心理健康是非常重要的。当爱情受挫后,

用理智来驾驭感情,通过分析原因,总结经验教训,寻找解决问题的方法和途径,在新的追求中确认和实现自己的价值,从而提高自己的心理承受能力和思想水平。通过适当的情绪调节、宣泄和转移,来减轻痛苦。人对失恋的应对方式反映了一个人的心理成熟水平和恋爱观。一个人能够理智地从失恋中解脱出来,往往会使自己变得成熟起来。

心理案例

孙玲(化名)是一名大二的学生,她的男友王大伟(化名)在外地读研究生。一年前,两人在一次大型活动中相识。大伟积极阳光,有上进心,也很会照顾人。在相处的过程中,孙玲逐渐喜欢上了这个优秀的男生。而她的热情、开朗也深受大伟青睐,两个人很快确定了恋爱关系。尽管身处两地,但是两个人每天通过视频、语音聊天,大伟有时会从很远的城市飞来和孙玲约会,让孙玲的同宿舍同学羡慕不已。两人徜徉在爱的海洋里,享受着爱情的甜蜜。

一年过去了,大伟面临着毕业,然而他的研究项目遇到了困难,可能会延期毕业。在就业方面,两个人为大伟到哪个城市工作产生了分歧。在学业和就业的双重压力下,大伟陪伴孙玲的时间越来越少,两个人也经常因意见不同而发生争吵。久而久之,孙玲提出了分手。其实,她内心并不是真的想分手,而是想吓唬一下大伟,让他像过去一样爱自己,多一些时间陪伴自己,但是没想到大伟同意了分手,说这样的爱情太累了,自己已经无力承受。大伟的表态让孙玲很崩溃。她舍不得离开大伟,就提出一个要求:"我们分手了,是否还可以继续做朋友?"大伟同意了孙玲的建议,两个人继续通过网络联系,但是大伟的态度令人难以捉摸。他经常会给孙玲发一些关心和问候的信息,可是当孙玲热情反馈时,大伟又变得很疏远。这让孙玲有些疑惑:分手后是否可以做朋友? 如果对方有了新女友该怎么办?

案例分析

孙玲要求分手后与大伟继续做朋友,是希望以后有复合的机会。大伟同意了孙玲的要求,可能是希望减少对孙玲的伤害。那么,分手了是否可以继续做朋友呢? 要回答这个问题,需要考虑下面几点:

第一,要清楚与对方做朋友自己真正想要的是什么。如果双方感情没有破裂,一方希望找机会挽回爱情,另一方也没有反对,那么做朋友可能是一个挽救爱情的机会;如果一方想用这种方法减缓痛苦,或者因不忍心让对方痛苦而继续做朋友,那么"做朋友"并不一定会减少痛苦。美国人类学家海伦·费舍尔通过功能性磁共振研究发现,恋爱的反应像吸毒,部分脑区的细胞异常活跃,制造出天然的兴奋剂多巴胺,会产生类似于吸毒的快感;而失恋者就像吸毒者突然中断了毒品一样,会出现戒断症状,只要一想到曾经的恋人,大脑中与爱恋、渴望、成瘾、痛楚和忧伤有关的脑区的细胞都会活跃起来,让失恋者感到痛苦。这些痛苦的症状会随着时间的消逝而逐渐消退,但是只要事情稍有转机,就会重新成瘾,如收到对方的电子邮件。从这个角度看"做朋友"相当于不断刺激双方,强化成瘾行为,让失恋者难以走出低谷,因此治愈痛苦的最好方法就是接受这段关系已经结束的事实。

第二,能否做朋友与分手的原因有关。如果双方曾经深爱过,也曾经被深深地伤害过,如因第三者插足而分手,那么继续做朋友的可能性就非常小;如果双方以前就是很好的朋友,在恋爱中投入的情感较少,或因为爱情消逝而和平分手,抑或感觉两个人继续恋爱不合适而分手,那么继续做朋友的可能性就比较大。

第三,分手后继续交往的原则。如果双方经慎重考虑决定分手后继续做朋友,那么要明确以下几点。① 更加独立。分手后,两个人由亲密无间的恋人变成熟悉的陌生人,不必指望对方每天嘘寒问暖,要做些事情让自己充实起来,要照顾好自己。② 把握界限。对方不再属于你,他可以继续寻找新的恋人,你只能默默祝福对方,却不能去打扰对方的生活,一般不发短信、不约见面,避免两个人单独相处。③ 降低期待。对对方的关心报以感恩之心,如果对方忙于恋爱而疏远了你,请在失落之余降低自己的期待。要提醒自己,你们是远远看着对方、祝福对方的普通朋友。男女之间有纯粹的友谊本来就不容易,如果再对这份友情有过多的期待,只能是自我折磨,会使关系越来越远。

综上所述,如果孙玲要与大伟继续做朋友,她需要了解自己内心真正想要的是什么,然后再做出适合自己的选择。

咨询指导

1. 认真倾听孙玲的倾诉,给予理解与心理支持。

2. 帮助孙玲看到自己与恋人的交往模式,加深孙玲对自己及对大伟的理解;让她意识到自己在恋爱关系中需要自我成长的部分,欣赏自己对感情的忠诚与执着,感恩大伟为这份感情的付出。

3. 让孙玲了解"分手不分离"的背后自己内心真正想要的是什么。如果想要挽回一段感情,那么她要如何处理大伟毕业去哪里工作等问题,要考虑如何面对两个人之间的差异,在此基础上找到适合自己的选择。

4. 鼓励孙玲加强学习和实践,多参加学校、班级组织的各项活动,扩大交往范围,充实自己的生活,提升自己的综合能力。

三、爱情挫折及调适

有恋爱就有可能失恋。当恋人因为社会现实、他人干预、情意不和等因素而感情破裂时,失恋的挫折就会严重影响大学生的心理、生活和正常的学习活动。爱情不是生活的唯一内容,何必为它耗费所有精力甚至抛弃生命? 向别人倾诉自己的内心烦恼也很必要,倾吐出郁积的情绪挫折会缓解积蓄的心理紧张。如果上面这些方法都不奏效,适当应用心理保护机制,产生代偿迁移效应也是行之有效的。所谓代偿迁移,指青年把失恋或单相思造成的心理紧张迁移到其他方面来缓解这种心理紧张。代偿迁移的方法有:

1. 确立"天涯何处无芳草"的信念

这是一种心理保护方式。失恋或单恋者要认识到好的异性在各个阶层各个地方都存在。时刻向自己重复这个信念就会在一段时间后使自己相信它。既然好的异性到处有，我就没必要纠缠在一个人身上不放过。

2. "酸葡萄"与"甜柠檬"效应

酸葡萄效应指失恋或单恋者为了缓解内心痛苦，像伊索寓言里的狐狸那样说"葡萄是酸的"，指出以前恋人和单恋对象的一些缺点，有助于打破理想化倾向。"甜柠檬"效应则是罗列自己的各项优点，找出自己的美好之处以恢复自信，减轻痛苦。

3. 感情宣泄

不要过分地隐藏或压抑失恋带来的痛苦，要找适当的方式进行宣泄。通常宣泄的方法有以下几种：

（1）眼泪缓解法。在悲痛欲绝时大哭一场，可以使情绪平静。专家认为，眼泪能把有机体在应激反应过程中产生的某种毒素排出去。

（2）运动缓解法。剧烈的体育运动有助于释放激动情绪带来的能量。

（3）转移注意。心情不佳时，可以做些自己感兴趣的事，以淡忘时常萦绕脑中的以前和恋人在一起的点点滴滴的回忆。

（4）文饰法。当得不到自己爱的人，失恋时，援引合理的理由和事实来解释挫折，从而获得精神上的安慰。

（5）倾诉。向自己信任的师长、同学、朋友等倾诉心中的烦恼，也可以写日记或写信发泄愤懑。如果觉得心中的积郁实在太深，无法排解时，也可以找心理咨询师进行心理咨询。

4. 情境转移

不要再过多涉足以前常与恋人待在一起的环境，睹物思人会更加悲伤。时间是最好的疗伤剂，时过境迁，痛苦就会慢慢淡去。要把自己置身于一个欢乐的环境中，多交朋友，多参加一些集体性的娱乐活动，这样有助于心情的好转。另一方面，由于失恋后有一种空虚感，暂时难以适应，所以可以用学习、工作或其他方法来充实自己，不再有空余的时间胡思乱想。

5. 疏通

即借助理智来获得解脱，用理智的"我"来提醒、暗示和战胜感情的"我"。要想想，爱情是以互爱为前提的，不可因一厢情愿而强求，应该尊重对方选择爱人的权利。也可以进行反向思维，多想对方的不足点，分析自己的优势，鼓足勇气，迎接新的生活。还可以这样设想，失恋固然是失去了一次机会，然而却让你进入了另一个充满机会的世界。正如海伦·凯勒所言"一扇幸福之门对你关闭的同时，另一扇幸福之门却在你面前洞开了"。

6. 升华

恋爱的挫折可以转化为一种动力。当为了减轻心理紧张而把热情投入到事业中时，就会把这种紧张慢慢地释放，让它变成事业的助推力，做到失恋不失德，失恋不失态，失恋不失志。贝多芬一生失恋多次却创下辉煌的乐章，可见恋爱挫折升华的力量。

心理小贴士

【如何走出失恋的低谷?】

1. 端正爱情观。失恋是正常现象。每个人都有追求和接受他人的权利,也有拒绝他人的权利。

2. 失恋不等于失败。看一看你在这段感情中是否做到了两点:第一,你更加了解自己的需求;第二,你学会了爱自己、爱别人。如果你做到了这两点,你的恋爱就是成功的。

3. 升华挫折情感。将精力投入学业、事业以及对生活的热爱上去,以补偿失恋后的空虚与痛苦。文学巨匠歌德失恋后将内心的痛苦升华,写就世界名著《少年维特的烦恼》;文学家罗曼失恋后写有巨著《约翰·克利斯朵夫》,轰动全世界。

第四节　夏娃的诱惑

——性与心理健康

性是一种强烈的生命冲动,大学生们的性心理充满矛盾。他们的性渴望不可抗拒,性的焦虑普遍存在。这必然使他们欣喜、激动,同时也带来一系列的心理困扰,对此,有的大学生能正确地认识、较好地应对,有的却因为没有很好地适应和调节,导致不良的情绪和行为反应,甚至出现明显的心理障碍,影响他们的身心健康。因此,培养大学生健康的性心理是很重要的。

一、性的定位

随着年龄的增大,人的脑垂体激素分泌量的增加,特别是进入青春期后第二性征的出现,性腺的逐渐发育成熟,性意识觉醒,青年开始关注两性关系,对待异性的态度和行为方式也发生了变化,一般认为性意识的发展大体经历了三个阶段:

(一) 性疏远期

处于青年初期的学生对性的差别很敏感,性别角色越来越明显。孩提时代两小无猜的男女伙伴开始疏远了,在日常生活和学习中,男女学生很少说话,不理不睬,如同路人,各自心理却产生不安和羞涩,当男女生在一起时,其他人便起哄,这种男女界限的出现,标志着男女学生性意识的觉醒刺激他们产生对异性之间接触的好奇感,使他们渴望了解更多关于男女自身及其相互之间的秘密。

(二) 性亲近期

随着性意识的发展,处于青年初期后半段的学生(大约15~16岁),异性之间的疏远逐渐转变为彼此接近。他们开始注意异性对自己的态度,常以友好的态度对待异性,并在异性面前表现自己,以期望博得异性的好感。这一时期的特点是男女间的相互显示和吸引,表现在注意打扮自己,愿意同异性接触,对异性的关注特别敏感。有的男女生在表现自己的同时,以含蓄的方式表达自己的心意和试探对方的意图,也有的同学干脆递条子,写情书明确求爱。这一阶段性亲近的对象具有广泛性、不稳定性、幻想性,这是性意识发展的一个重要阶段。

（三）恋爱期

处于青年初期的大学生生理发育已基本完成,社会成熟和心理成熟达到较高水平,性心理的发展达到了峰期,加上社会角色已获得认同,开始进入恋爱期,考虑婚嫁等问题。恋爱期又分为初恋和热恋两个阶段。

爱情的神圣与庄严、神秘与美好吸引着无数青年男女为之折腰。有人说:"有青年人的地方就会有爱。"但是,大学校园里并非都存在着完满的恋爱,并非都闪动着幸福的恋人,并非每个爱情的渴望者都能品尝到甘甜的爱情之羹。如果说中学生的早恋是青苹果,那大学生的恋爱就是还没有红透的苹果。没有红透的苹果要慎摘!

因谈恋爱要耗费金钱和精力,低年级学生正处于学业打基础的阶段,所以,不主张低年级的学生谈恋爱,对于婚前性行为,虽然现在的法律没有禁止,但处理不好会导致一系列社会问题,更不主张发生婚前性行为。

心理体验

1. 到目前为止,你接触过什么样的性知识呢?

我的看法: _____

2. 你认为怎样的性行为才是健康的呢?

我的看法: _____

3. 爱是性的前提吗?

我的看法: _____

4. 怎样的爱才是合宜、能提高生活质量、保障健康的爱呢?

我的看法: _____

5. 性、爱和婚姻之间有什么关系呢?

我的看法: _____

6. 你对将来的伴侣和婚姻有什么想法?

我的看法: _____

二、性心理健康及其标准

（一）性心理健康的内涵

1. 性生理健康

指性器官没有疾病,性器官发育良好,性功能与生殖功能良好。

2. 性心理健康

在性认知方面,有正常性态度和性欲望,没有性心理障碍与性行为变态。在性情感方面,具有正常的性爱感情和性人格。在性意志方面,对性需求能恰当满足与控制,能摆正性在人生目标中的位置。

(二)性心理健康的标准

1. 性心理健康的定义及条件

世界卫生组织对性心理健康所下的定义是:通过丰富和完善的人格、人际交往和爱情方式,达到性行为在肉体、感情、理智和社会诸方面的圆满和协调。

性心理健康评定标准必须具备以下四个条件:

(1)个人的身心应有所属,有较明显的反差。如果阴阳莫辨,就难以实施健全的性行为与获得美满的爱情。

(2)个人有良好的性适应,包括自我性适应与异性适应,即对自己的性征、性欲能够悦纳,与异性能很好相处。

(3)对待两性一视同仁,不应人为地制造分裂、歧视或偏见。对曾因种种原因形成的一切与科学相悖的性愚昧、性偏见及谬误有清醒的认识,理解并追求性文明。

(4)能够自然地高质量地享受性生活。

2. 性心理健康的标准

(1)能正确认识和接纳自己的性别。

(2)有正常的性欲望。

(3)与同龄人的性心理发展水平相当。

(4)具有较强的性适应能力。

(5)能与异性保持和谐的人际关系。

三、培养和维护健康的性心理

(一)掌握科学的性知识

性包含着丰富的内容,性科学是一门综合性的学说,它包含性生理学、性心理学、性社会学、性伦理学、性美学等。因此,大学生们应当努力学习和掌握性科学知识,面对大量的各种媒体上的性信息,要提高自我鉴别能力,自觉抵制不良性文化的影响。

(二)进行正常的异性交往

异性同学间的正常交往,有利于破除对异性的无知和好奇,增进对异性的了解,有利于丰富情感体验、培养社交能力。异性交往的另一个重要作用是可以使性能量在合适的人际渠道中以升华的方式得以合理宣泄,保持心理平衡。

1. 异性交往中的原则

应遵循的原则是：① 相互尊重；② 自尊；③ 心态自然；④ 适度；⑤ 自律。

2. 异性正常交往的艺术

（1）在异性交往中，不能带有实用主义和功利主义的目的，或带有性攻击的动机和强制性。

（2）异性之间交往要保持一定的距离，因为距离产生美。

（3）异性之间交往还应具有自己独特的风度，这是自己在与异性交往中保持永恒魅力的法宝。

（4）异性交往还应自信而坦诚，坦诚是异性交往的最佳艺术。

（5）要克服异性交往的心理障碍。

（6）异性之间交往要讲究礼仪和注意小节。

（三）培养健康的性角色行为

性角色行为就是在对自己生理性别有一定认同的基础上，使自己的言行举止能被社会认可并符合规范要求。

男女生之间应有"你有你的铜枝铁干，我有我的红硕花朵"，各自扬长避短，相得益彰。

（四）建立负责任的性态度

性问题不仅包含生物性，还包含社会性和伦理性。大学生在性问题上应建立负责任的性态度，严肃对待自己的性行为，不要因此造成对自己和他人的伤害，在性行为上不要出卖自己的肉体和感情。

（五）培养性适应能力

随着性成熟而出现的性欲、性冲动，需要通过合法的婚姻来满足。从性成熟到建立婚姻，至少需要十来年的时间，这个过程就是性欲延缓满足的过程。对于性延缓满足的适应，称之为性适应。尽管性冲动引起的心理冲突是生理发展的必然，并不是青少年主观上的过错，但是，要培养、维护健康的性心理，必须培养性的适应能力。

（六）注意性保护

性保护是指在与异性交往中保护自己不受性骚扰和性侵犯。由于成年异性受性生理本能的驱使，有与异性发生性行为的生理要求，因此在与异性交往中要注意自己的性保护。注意性保护是培养和维护健康的性心理的重要因素之一。

（七）寻求性心理咨询

性心理咨询是心理咨询人员运用性心理学知识和技巧，给需要进行性心理咨询的当事人以启发、指导和帮助,使当事人免受性意识或性行为障碍困扰,改变不当的性适应行为方式,提高当事人性适应能力,增进身心健康的过程。

四、正确看待婚前性行为

(一)婚前性行为及其原因

婚前性行为指非婚男女在恋爱时期发生的性行为。婚前性行为不受法律保护,不存在夫妻间应有的义务和责任。婚前性行为的原因:

(1)热恋心理。两人由初恋进入热恋,感情如胶似漆,难舍难分,海誓山盟,性行为也易随之而来。

(2)好奇心理。进入青春发育期的男女,随着体内性激素水平的增高,在身体发生一系列变化的同时,对性也产生了好奇感、神秘感,于是抱着好奇的尝试心理而发生性行为。

(3)迎合心理。一方提出,另一方出于爱或其他原因而迎合。

(4)顺从心理。这是女生的心理。当男友提出性要求时,从她们内心来讲并不想这样做,但又抵挡不住,于是与男友发生性行为。

(5)占有心理。怕失去对方而发生性行为。

(二)婚前性行为的后果

最初是双方担心女方怀孕而焦虑不安。一旦发现怀孕双方往往惊慌失措,不知如何是好。婚前性行为对女方伤害更大:

(1)女方要承担可能怀孕的后果。

(2)一旦怀孕人流的不良后果更使女方身心受害。

(3)在未发生婚前性行为时,恋爱双方是相互平等、自由选择的关系,发生之后情况就有所不同:一是双方的吸引力逐渐减弱;二是女方再选择机会减少;三是使男方对女方的猜疑开始萌生。

一个耐人寻味的事实是,尽管现在的男女大学生大多对贞操持宽容、理解的态度,可当问及"如果你的恋人曾与他人有过性关系,你的态度如何"时,75%的男大学生明确表示不能接受。虽然男大学生在学识和修养上属于较高的社会层次,但还是有很多的人重视贞操问题,这实际上也反映了整个社会中男性对女性贞操态度的缩影。这就是社会对婚前性行为的双重标准,这是不公平的,但却是客观存在的。

(三)简单的避孕知识

(1)避孕套。避孕套的避孕效率较高,掌握正确的使用方法,其避孕有效率可达93%以上。除避孕作用外,避孕套还可以预防性传播疾病,尤其是预防艾滋病。

(2)口服避孕药。大部分避孕药可靠性较高,短效口服避孕药有效率甚至可以达到99%以上。但避孕药必须按规定服用,否则,会导致避孕失败。

五、树立正确的恋爱观

大学期间恋爱,在面临毕业后不能同地就业的考验时,是坚持"有情人终成眷属",还是面对现实,做"天涯何处无芳草"的抉择?关键取决于大学期间的恋爱观。

李大钊说过:两性相爱,是人生最重要的部分,应保持它的自由、神圣和崇高。恋爱是大学生活的一个重要主题,大学生的心里也总是激荡着爱情的涟漪。那么大学生应怎样把握自己,处理好大学中的恋爱问题呢?

(1)要稳住心神,不急于恋爱。大学生活毕竟短暂而简单,且工作尚无着落,经济不独立,而毕业后各奔东西也可能是必须面对的现实,所以盲目恋爱一定是空中楼阁,只能带来无尽的烦恼与惆怅。莎士比亚曾说:"爱情不是花荫下的甜言,不是桃花源中的蜜语,不是轻绵的眼泪,更不是死硬的强迫,爱情是建立在共同的物质和精神基础上的。"我们不要为了摆脱青年人特有的孤独感而恋爱;不要为了害怕别人的嘲笑而恋爱。请相信,天涯处处有芳草,不愁他日无知音。

(2)如果学生对未来事业和婚姻家庭有认真的考虑,在共同学习、生活和丰富多彩的课余活动中,建立了深厚的友谊和爱情,且双方都能驾驭各自的感情,把爱情和学习统一起来,就应排除各种困难和障碍,终成眷属,修得百年之好。因为真正的爱能够鼓舞人,能够唤醒内心沉睡着的力量。为了这刻骨铭心的爱,付出多少代价都是值得的。

(3)爱情可能是甘露,给人以幸福与快乐,也可能是苦水,给人以痛苦与烦恼。所以,爱情的建立,应有利于职业的选择和事业的发展,有利于彼此的身心健康,有利于家庭幸福和社会安定。要珍视爱情,也要珍视事业。要懂得爱情是一种相互理解、相互信任,是一份责任和奉献,要摆正爱情与学习的关系,追求志同道合的爱情,歌德说:"理想和爱情是伟大行为的双翼。"

六、掌握恋爱与性心理调适的方法

(1)要明白性是人的自然属性,但要符合社会规范;要学会以科学的态度对待性问题。

(2)学会合理地宣泄性能量。通过恰当的作息制度、紧张的生活节奏和体育活动,减少对性问题的注意并使性能量得到宣泄。正常的异性交往和进一步发展的恋爱方式,对大学生来说是释放性能量的最佳途径。

(3)积极主动地进行正常的两性交往。培养自然、友好、文明与异性交往的能力,既要尊重对方,平等与人交往,又要学会保持交往中的自尊、自主和责任意识;不断充实、发展自己,提高个人修养。

(4)正确处理恋爱挫折。失恋仅仅说明恋爱关系不融洽、相互不能接纳。处理失恋的积极方式应是,面对痛苦,分析原因,吸取教训,以更加饱满的热情投入到生活学习中去。可以通过及时倾诉、宣泄等途径从情绪调节上来维持内心的平衡。

第八章　心理充能　追寻幸福人生
——心理困惑与异常心理应对

健康心理与异常心理就像一枚硬币的两面,都是人的生命的组成部分。健康从来就是相对于不健康而存在的,从严格意义上来讲,一个人不健康的时候远远长于健康的时候,世界上不完全健康的人远远多于完全健康的人,就像生命中快乐的时光总是少于无聊、孤独和痛苦的时间总和一样。于是,思考异常心理对心理健康具有不言而喻的意义。假如你了解了病态,就会更加明白健康是什么,就会更加珍惜健康;假如你看过了病态,就可以从病态中看到常态,从常态中看到病态的影子;假如你知道了病态,就会知道这些病态只是常态的极端表现而已,不是什么不可控制的灾害。这些病态的根源都来自生命和生活,它同样也是生命和生活的一部分,我们需要学会面对和应对它。甚至我们会有更超脱的感悟:疾病的存在自有它存在的意义,它本身就是对生命的一种平衡,它本身对生命就具有积极意义。怀着这样的心态对待疾病,无论从身体上还是心理上,也许会让病痛带给我们的痛苦减少,让我们更容易从疾病中康复。即使不能康复,我们也会有更大的勇气去忍受疾病。

第一节　心理加油站
——心理治疗概述

一、心理治疗概述

(一)心理治疗的概念

心理治疗(Psychotherapy)又称精神治疗,是指应用心理学的理论与方法治疗病人心理疾病的过程。心理治疗与精神刺激是相对立的。精神刺激是用语言、表情、动作给人造成精神上的打击、精神上的创伤和不良的情绪反应;心理治疗则相反,是用语言、表情、动作、姿势、态度和行为向对方施加心理上的影响,解决心理上的矛盾,达到治疗疾病、恢复健康的目的。因此,从广义上讲,心理治疗就是通过各种方法,运用语言和非语言的交流方式,影响对方的心理状态,通过解释、说明、支持、同情、相互之间的理解来改变对方的认知、信念、情感、态度、行为等的过程。其目的是排忧解难、降低心理痛苦。狭义的心理治疗,则是在确立了良好的心理治疗关系的基础上,由经过专门训练的施治者运用心理治疗的有关理论技术,对求治者进行帮助,以消除或缓解求治者的心理问题或人格障碍,促进其人格向健康、协调方向发展的过程。

心理治疗的过程主要是依靠心理学的方法来进行的,是与主要针对生活治疗的药物治疗或其他物理疗法不同的治疗方法,所以称之为心理治疗。

(二) 心理治疗的特征

英国心理学家艾森(H.J. Eysenck)归纳了心理治疗的如下几个主要特征:

(1) 心理治疗是一种两人或多人之间持续的人际关系。

(2) 参与心理治疗的其中一方是有特殊经验或接受过特殊专业训练的。

(3) 心理治疗的其中一个或多个参与者是因为对他们的情绪或人际适应、感觉不满意而加入这种关系的。

(4) 在心理治疗过程中应用的主要方法实际上是心理学的原理,即包括沟通、暗示,以及说明等机制。

(5) 心理治疗的程序是根据某些正式的关于一般心理障碍的理论和求治者特殊的心理障碍而建立起来的。

(6) 心理治疗过程的目的就是改善求治者的心理困难,而后者是因为自己存在心理困难才来寻求施治者予以帮助的。

二、心理治疗的种类

心理治疗的种类及实施方式是多种多样的。依据心理学的主要理论与治疗实施要点,主要有:

(一) 分析型

其特点在于探求个体的心理与行为如何受自己童年期经验的影响而形成的潜意识,经过内心的分析,理解自己的内心动机,特别是潜意识中存在的症结,经领悟理解以改善自己的行为。

(二) 认知型

又称认知治疗。其主要理论认为:个体对己、对人、对事的看法及观念,都直接或间接地影响他们的情绪和行为。其非适应性或非功能性的心理与行为,常是由于不正确的或扭曲的认知而产生的,如果更改或修正这些不正确或扭曲的认知,则可改善他们的心理和行为。所以,认知型治疗的重点在于矫正他们对人、对事错误及扭曲的认知。

（三）行为型

其理论根据是巴甫洛夫的经典型条件反射和斯金纳的操作型条件反射学说，以及班杜拉的模仿学习理论。这些理论都认为：人的任何行为，经过适当的奖励或惩罚，都可获得改进。

（四）人际关系型

这种治疗方法是从"人与人的关系"这样一种特殊角度来理解人的心理与行为现象的，认为人的所思所想、所做行为都脱离不了人与人的关系。治疗的重点是如何改善不妥当的、有困难的人际关系。并认为人与人之间的关系改善了，一切问题也就迎刃而解了。

（五）支持型

心理医生无论选择何种心理疗法，都不可能不用支持型心理治疗。所谓支持型心理治疗，是强调施治者应理解病人的处境，并且以此为依据用语言、行为等各种方式支持病人。一方面发挥病人自己潜在的自我调节能力，一方面运用病人周围的环境优势系统来改变病人目前的困境，特别是当病人心理焦虑或抑郁时，施治者更要尽量支持病人，同时还应调动其家属或同事对病人的支持，以减轻他们的心理困境与症状。

三、心理治疗的对象

心理治疗，顾名思义就是对心理障碍与心理困难的心理不良境况进行治疗。也就是说，心理困难与心理障碍是心理治疗的对象。具体说来有：

（一）精神问题

从精神不佳到精神崩溃，均为心理治疗的对象。有精神疾患的人，其人格和精神失去了统一协调的效能，与外界现实不能正常接触，发生幻觉、妄想等症状，并且其思考、情感、行为亦有显著障碍，无法正确地面对日常生活，病人的表现可能过分兴奋，讲个不停。或者极端忧郁，想自残自尽；或者行为奇异，语无伦次等。对有如此严重的精神疾患的病人，治疗的主要方法在于使用药物治疗，但对其施予安慰、支持、限制等心理辅导治疗也是必不可少的。

（二）神经症

这种情况的病人并没有精神崩溃的现象，自己与外界现实环境的接触状态尚好，只是在心理上或情绪上有困扰与不适，觉得需要进行心理治疗来解除自己的痛苦。这种较轻的心理疾患，很多人都有，这就是所谓的日常心理毛病。自己觉得焦虑不安、郁闷不乐、气愤难耐、情绪不适等。虽然可以正常生活，但因其情绪不稳定，对生活也会发生不良影响。有时心理上有无法言表的症结引起烦恼、忧郁、害怕；或者有不易解决和处理的内心问题；或总面对不良的人际关系等，均属此类。这类情绪不适或心理困扰，药物治疗虽然有时能有所帮助，但心理治疗则要有效得多。

（三）心理问题

这可能与躯体的某些病变有关。在现实生活中，有些人往往具有复杂的内心矛盾，生活工作中常面对自己不易处理的问题。这种情况，并不是安慰或劝说可以改善的，也不是算命或者休养一段时间就可以解决的，而是需要仔细剖析心理的症结，研究潜意识的动机，只有得出了真实的结论才能彻底医治。这类心理症结也是心理治疗的适合对象。

（四）性格缺陷

虽有某种心理问题，但病人并没有明显的自觉不适，在行为或性格上却存在一定的缺陷，影响自己去适应一般的生活。有的年轻人一心血来潮，就有意去做错事，找人打架；有的人不善交际，只喜欢待在家里闭门看书。这些行为都表明存在心理问题。另外，也有人有明显的性格上的缺陷，时时事事总是按部就班，如果不按照自己定的死板规律与程序吃饭、睡觉、娱乐，就无法生活；或每天只想发财、成功、有成就，时时刻刻都把神经绷得很紧，强使自己振作，以追求成功，并因此变成了追求成就的奴隶。相反，有的人事事都缺乏信心，事情还没动手做就已开始担心会失败，以致最后什么都不敢做，什么也做不成。这些行为和心理上的缺陷虽非朝夕之功就能改变，但依靠心理治疗，却是可以得到慢慢矫正、治疗的。

四、心理治疗的原则

（一）一般原则

各种心理治疗虽然在理论与方法上有很大不同，但几乎所有心理治疗都遵守一些一般原则。

1. 接受性原则

对所有求治的心理"病人"，不论心理疾患的轻重、年龄的大小、地位的高低、初诊再诊都一视同仁，诚心接待，耐心倾听，热心疏导，全心诊治。在完成患者的病史收集、必要的体格检查和心理测定，并明确诊断后，即可对其进行心理治疗。施治者应持理解、关心的态度，认真听取病人的叙述，以了解病情经过，听取病人的意见、想法和自我心理感受。如果施治者不认真倾听，表现得不耐烦，武断地打断病人的谈话，轻率地解释或持怀疑态度，就会造成求治者对施治者的不信任，必然导致治疗失败。另一方面，施治者又并非机械地、无任何反应地被动听取求治者的叙述，通过倾听，可以深入了解他们的内心世界，注意其言谈和态度所表达的心理症结是什么。因此该原则又可称为"倾诉"或"倾听"原则。倾诉有"宣泄疗法"的治疗效果。耐心倾听有助于良好医患关系的建立,这对患者愿意接受行为治疗、建立信心、坚持训练和认真执行治疗者的建议是至关重要的。

2. 支持性原则

在充分了解求治者心理疾患的来龙去脉和对其心理病因进行科学分析之后,施治者通过言语与非言语的信息交流,予以求治者精神上的支持和鼓励,帮其建立起治愈的信心。一般情况下,掌握求治者的第一手资料后,即可进行心理治疗。对求治者所患的心理疾病或心理障碍,从医学科学的角度给予解释,说明和指出正确的解决方式,在心理上给求治者鼓励和支持。要反复强调求治者所患疾病的可逆性(功能性质)和可治性(一定会治愈)。这对悲观消极、久治未愈的病人尤为重要。反复地支持和鼓励,可防止求治者发生消极言行,大大调动求治者的心理防卫机能和主观能动性;对强烈焦虑不安者,可使其情绪变得平稳安定,以加速病患的康复。在使用支持疗法时应注意:支持必须有科学依据,不能信口胡言;支持时的语调要坚持慎重、亲切可信、充满信心,充分发挥语言的情感交流和情绪感染作用,使求治者感受到一种强大的心理支持力。

3. 保证性原则

通过有的放矢、对症下"药"、精心医治,以解释求治者的心理症结及痛苦,促进其人格健康发展、日臻成熟。在心理治疗的全过程中,应逐步对求治者的身心症状、不良心理、社会因素和性格等心理缺陷的病理机制加以说明、解释和保证;同时辅以药物等其他身心综合防治措施,促使疾病向良性转化。在实施保证性原则的过程中,仍应经常听取病人的意见、感受,观察治疗后的反应,充分运用心理治疗的人际沟通和心理相容原理,在心理上予以保证,逐步解决求治者的具体心理问题,正确引导和处理心理矛盾,以进一步提高治疗效果。

上述三个原则是一个相互联系、相互影响的有机整体,但接受性原则必须放在首位。治疗过程中心理气氛要融洽,务必让求治者把话讲清,一次不行,可进行多次,应要求病人高度合作,并注意保密原则,尊重病人的人格,取得求治者的高度信任,因为信任是心理治疗得以成功的基础。同时还应注意心理治疗的主观能动性原则。如果仅有施治者的保证,而不注意引导求治者对自己的疾病进行正确认知、充分调动自我调治的主观能动性,是不可能取得良好的心理治疗效果的。

(二)具体原则

1. 情境构造原则

任何心理治疗方法,都要人为地构造治疗环境,对未来发生的事件做出有意的安排。心理治疗应能提供给患者疏泄不良情绪的机会,能为患者保守秘密。心理治疗环境应有利于治疗者或参加治疗的集体小组成员倾听患者的诉说,而且治疗环境适当。

2. 社会文化背景和风俗习惯原则

不同的民族文化传统、习俗、行事方式不同,心理治疗时解释、指导也应有所不同。中国人的文化传统、道德观念、人际交往方式、风俗习惯、人格特征和外国人有很大不同,中国人对疾病的看法有时可能和国外相反。

3. 选择合适的治疗对象

虽然不同的心理治疗,其治疗的目标各不相同,但各种心理治疗都认可合适的治疗对象,如心因性疾病、神经症性障碍、行为障碍和心身疾病患者。那些有接受心理治疗的强烈动机、年轻、可塑性大、智力正常、有中等以上文化、有良好的学习能力、环境良好或可以变好、人际关系较稳定、无显著性格障碍者更适宜心理治疗。

4. 确定现实的治疗目标

虽然各种心理治疗有各自的理论体系和不同的治疗重点,如精神分析重点在于分析潜意识的矛盾冲突,揭示内在的精神活动,以完善患者的人格。行为治疗重点则在于强调外部刺激与行为的联结,以改变行为症状为主要目标。认知治疗则认为适应不良性认知是情绪和行为障碍的原因,治疗目标以改变认知为重点。研究认为,共同的因素可能是他们都增强治疗性医患关系;激发和维持病人得到帮助的希望;提供学习经验和新的认知;振奋精神和情绪为改变态度和行为提供了新的动力;增强患者的信心和自我控制感,唤起病人战胜疾病的希望。

5. 心理治疗要有一定的实施计划与步骤

任何心理治疗的实施,都要求治疗者对患者有详细的了解,收集全面完整的病史,对关键问题还要反复核实。要善于消除患者的疑虑,使患者乐意提供病史资料乃至吐露其隐私。没有详细的病史材料,任何心理治疗方法都难以击中要害,甚至导致指导失误。每次心理治疗中要注意倾听患者的叙述,鼓励患者疏泄,要善于支持患者,强调积极的因素,避免患者的依赖心理,提醒患者忽略的东西,对其疑虑做必要的解释。每次心理治疗结束时要归纳会谈要点,鼓励患者将学习获得的新认知、新经验或新技能加以练习,布置适当的作业以巩固疗效。

6. 综合治疗的原则

由于人类疾病的形成常常不是单一原因造成的,往往取决于生物、心理和社会因素的共同作用,因此,治疗时也应采取综合的方式。有些时候,药物、手术是主要方法;另一些时候,心理治疗则是主要手段。但更多的,可能需要药物与心理治疗相结合的方法,很多情况下,药物与心理治疗起了有益的协同作用。但也应注意,有时药物会干扰患者的学习过程或由于副作用干扰会谈,则以不用为宜。例如,某些恐怖性障碍进行行为治疗时,为了不妨碍患者的自身训练,通常不主张给予过多镇静性药物,能不用药时最好不用。

第二节　心理感冒来袭
——大学生常见的心理疾病

　　青年时期是人生理和心理都迅速发展的时期,也是个体心理迅速走向成熟而又尚未完全成熟的过渡期。大学是激荡青春的地方,在这片沃土上,人们已习惯了岁月如歌、青春如画的美丽境界,而往往忽视了校园还是一个多种文化磨砺碰撞的地带。多样性的价值观、世界观激起大学生心灵的"震荡";知识经济、市场经济对成才标准亦提出了更高要求,今天的"天之骄子"们正面临着学习、生活中的多重压力和挫折——独立、竞争、适应,让他们生出一种断奶的躁动,经历着成长的失落、社交的困惑、过度的学业压力、家庭困境、就业压力、情感迷失等心理困境。校园里,学生们不时会涌现出孤独、渺小、冷漠、自卑的心理体验,产生迷茫、痛苦、烦恼、忧郁等负性情绪,有时个别同学会突发大怒,因一点小事聚众斗殴,有的自暴自弃,无法面对父母的过高期望,甚至产生生活太累、活着多余的想法,导致自杀、他杀等校园惨案的发生。心理因素导致的心理疾病、生理疾病正悄悄地走进校园,走进学生们的内心,困扰纠缠着同学们和老师们。因而,有人把处于这种心理焦虑状况下的当代大学生戏谑为"天之焦子"。大学生们的心理健康状况并不令人十分满意,一些同学心理上存在着不良反应,有相当一部分大学生存在着不同程度的心理障碍。

一、大学生常见的心理疾病

(一)关于神经病、神经症、精神病、精神疾病

1. 神经病

　　神经病是指人的神经系统(包括中枢神经和周围神经)发生了器质性疾病。常见的神经系统疾病有脑血管疾病、癫痫、中风、坐骨神经痛、三叉神经痛等。在医学上,神经病属于神经病学研究的范畴,在医院里专门设有神经科处理治疗这类病人。所以说,神经病不等于精神病。

2. 神经症

　　亦称神经官能症,它是指非器质性的、大脑神经机能轻度失调的心理疾病。它与神经病最大的区别在于没有器质性的、病理性的改变。患者没有思维障碍,有自知力,会对自身异常的心理状态感到十分痛苦。据统计,我国大学生中,有一定比例的人患有不同种类、不同程度的神经症,从而给他们的学习、生活和健康带来严重的影响。

3. 精神病

　　精神病不等于神经病,它是精神疾病中最严重的一类,与其他疾病最大区别在于自知力的缺陷与丧失,对自己精神症状丧失判断能力,不能应对日常生活要求。

4. 精神疾病

精神疾病也叫精神疾患,是各种精神障碍的总称,包括属轻度性质的神经症、人格障碍、身心疾病和重度的精神病。

(二)大学生常见的几种神经症

1. 神经衰弱

又称神经衰弱性神经症,是指除各种躯体疾病以及其他各种神经症和抑郁症以外的、最轻的一种神经症。它多发生在青少年求学和就业时期,特别是在青年学生和青年知识分子中发病率较高。常常表现为全身乏力、睡眠不良、头痛、注意力涣散、健忘、情绪低落、食欲减退等,工作或学习效率低下。

2. 焦虑症

又称焦虑性神经症,是指由于精神持续高度紧张而产生的惊恐发作状态,表现出明显的植物性神经功能紊乱,并出现程度不一的头晕、心悸、呼吸困难、口干、尿频、尿急、出汗等躯体不适。焦虑症是以广泛和持续性焦虑或反复发作的惊恐不安为主要特征的神经症性障碍,患病者的焦虑与惊恐并非由实际威胁或危险引起,其紧张不安、惊恐程度与现实处境不相称。

一般的焦虑,是由实际威胁引起的,比如考试、面试等。焦虑水平与任务完成水平呈倒 U 型的关系,即焦虑达到某种最佳水平时任务完成的水平也最佳,焦虑水平过低和过高都不利于任务的完成。

3. 恐怖症

也叫恐怖性神经症,是指对某些特殊环境或事物所产生的强烈恐惧或紧张不安的内心体验,并出现回避反应的一种神经症。其主要特点是对某一特定事物、活动或处境产生持续的、不必要的恐惧,并不得不采取回避的态度,不能自控,如异性恐怖症、人群恐怖症、动物恐怖症、学校恐怖症、恐高症、社交恐怖症等;是以对某一特殊物体、活动或情境产生持续和不合理的恐惧为特征的神经症性障碍,常伴有植物神经功能紊乱。

大学生恐怖症主要表现为社交恐怖、考试恐怖等。社交恐怖症患者往往性格胆怯,极端的腼腆,缺乏自信,对自身过分关注。

4. 疑病症

疑病症是一种以担心或相信患严重躯体疾病的持久性优势观念为主的神经症。患者往往对自身的健康状况或身体的某一部分功能过分关注,怀疑患了某种疾病,但与实际情况不符,医生对疾病的解释或客观检查常不能消除患者对自身健康固有的成见。病人因为这种症状反复就医,常伴有焦虑和抑郁,并为此深感苦恼。有些时候,病人确实存在某种躯体障碍,但躯体障碍不足以解释所诉症状的性质或程度,或病人的痛苦和优势观念与现实不符,也属疑病症。

5. 强迫症

又称强迫性神经症,是指以强迫症状为中心的一种神经症,是以反复出现强迫观念或强迫行为为基本特征的一类神经症性障碍。强迫观念是某些思想、表象、意向以刻板的形式不由自主地出现在患者的意识中,患者明知没有必要,是多余的,没有现实意义的,很想摆脱,但无能为力,因而感到痛苦,从而导致严重的内心冲突并伴有强烈的焦虑和恐惧。比如,反复洗手、总担心房门未锁好、总有些念头挥之不去等。

强迫症患者男性多于女性。强迫症患者病前的人格多有一定的偏移,主要特征是过分追求完美,容易将冲突理智化,过分内省自制,过分注重细枝末节,不能从宏观上操纵全局,过分循规蹈矩,墨守成规,不知变通,遇事优柔寡断,无所适从,难以做出决定,缺乏幽默感,思虑过多,喜钻牛角尖等。强迫性格的形成与其成长环境和幼年的教育方式有很大的关系。

6. 抑郁症

抑郁是指一种以持久的抑郁心境为主,并伴有焦虑、空虚感、疲惫、躯体不适应和睡眠障碍的神经症。其主要表现为:① 自觉心情压抑、沮丧、忧伤、苦闷等;② 对日常活动兴趣减退;③ 对前途悲观失望;④ 遇事往坏处想;⑤ 自觉懒散,精神不振,脑力迟钝、反应缓慢;⑥ 自我评价下降;⑦ 不愿主动与别人交往,但被动接触良好;⑧ 有想死的念头,但内心充满矛盾,烦躁,易激怒;⑨ 自认为病情严重,但又希望治好,要求治疗。

躯体症状主要表现为:疲乏、头痛、耳鸣、心悸、胸闷、腹胀、便秘、失眠、多梦、食欲减退、注意力分散、记忆力下降等,而且这些症状可以因情绪改善而减轻甚至消失。

(三) 大学生常见的几种精神病

1. 精神分裂症

这是最常见的一种精神病,病因不明,多发于青春期,主要症状有感知障碍、思维障碍、情感失调、行为脱离现实、精神活动与周围环境不相协调等。精神分裂症患者的共同特征有:

(1) 行为上怪异或退缩,与现实环境、情境极不相称。

(2) 思维上没有清晰的思路脉络,思维过程混乱不堪,讲话语无伦次,答非所问。

(3) 常常伴有幻觉,听到别人议论他的声音或看到引起其强烈焦虑的、虚构的事物。

(4) 常觉有人想害他(被害妄想),有很多人针对他(关系妄想),有被跟踪感、被控制感、被洞悉感。

(5) 情感淡漠、不协调。

(6) 生活懒散,意志减退或缺乏,自知力缺乏。

2. 躁狂抑郁症

简称为躁郁症,这是以情感高涨、活动增多、联想加快、极度兴奋与情绪低落、意志消沉、思维迟缓交替出现为表现的一种精神障碍。患者表现为躁狂状态与抑郁状态的两极性。如果仅有抑郁发作就叫抑郁症,仅有躁狂发作就叫躁狂症。躁狂状态常表现为:

(1) 情绪高涨,具有强烈而持久的喜悦与兴奋。

(2) 思维奔逸,联想过程明显加快,口若悬河,滔滔不绝;行为活动明显增多,喜交往,爱凑热闹,好管闲事,整天忙忙碌碌,不知疲倦。

(3) 自我感觉良好,言辞夸大。

(4) 脾气差,动辄大动肝火,易激惹。

抑郁状态则表现为:情绪低落、无精打采、沮丧忧郁;思维迟钝、麻木,行动明显减少,动作迟缓乃至木僵,兴趣减退,信心下降,动力缺乏,性欲减退,体重减轻,有自杀念头等。

(四) 大学生常见的人格障碍

人格障碍是指从童年或少年时期开始,并持续终生的显著偏离常态的人格。它是一种介于精神疾病与正常人之间的行为特征。常常表现为怪僻、反常、固执、情绪不稳定、不通人情、不易与人相处、常损人利己甚至损人不利己、以自己的恶作剧取乐,常给周围人带来痛苦或憎恶等,但它又不能归属于精神病范畴。人格障碍常常分为偏执型、情感型、分裂型、爆发型、强迫型、癔症型、反社会型等。较多见的有如下三种:

1. 偏执型人格障碍

偏执型人格障碍是以多疑敏感为主要表现的人格障碍。其特点是:

(1) 多疑敏感,不信任别人,易把别人的好意当作恶意、敌意。

(2) 妒忌心强,对别人的成就、荣誉等感到紧张不安、挑衅、指责和抱怨。

(3) 易感到委屈、挫折、怀才不遇,常常产生攻击、报复之心。

(4) 骄傲自大,自命不凡,自尊心强,要求别人重视自己,追求权势。

(5) 主观固执、好诡辩、经常抗议、反对他人的意见,不易被说服,即使面对事实证据也是如此。

(6) 对别人缺乏同情心和热情,从不开玩笑,警惕性很高,常怕被人欺骗、暗算,处处提防他人等。

2. 强迫型人格障碍

强迫型人格障碍是指因刻意追求完美而过分自我关注,带有不完善感的人格障碍。表现为:

(1) 做事犹豫不决、优柔寡断、忧虑重重、谨小慎微、拘泥于烦琐细节之中。

(2) 做事要求十全十美,追求完美无缺,反复检查、修改,直到自己完全满意,否则会感到焦虑、紧张。

(3) 过于严格认真,具有强烈的自制心理和自控行为,对自己过于克制与关注,责任感过强,怕犯错误,思想得不到放松,按自己的想法要求别人,妨碍他人自由。

(4) 循规蹈矩、按部就班、墨守成规、不思变通,遇到新情况不能灵活处理,显得束手无策,呆板,缺乏兴趣爱好和幽默感,没有创新精神。

（5）心里总是笼罩着一种不安全感,常处于莫名其妙的紧张和焦虑状态,平时焦虑、悔恨的情绪多,愉快、满意的情绪少。

总之,这类患者的个性常常表现为刻板、固执、拘谨、单调、惰性、犹豫、克制,易发展为强迫型神经症。

3. 情感型人格障碍

情感型人格障碍是指以情绪始终高涨,或始终低落,或时而高涨时而低落为主要表现的人格障碍。可以分为三种:

（1）情绪高涨性人格障碍。主要表现为情绪高涨、精力充沛、精神振奋、喜好交往,善于谈笑,给人乐观、诙谐的感觉,对自己的能力评价过高,对周围环境的困难估计太低,做事常有大量的计划和设想,但缺乏深思熟虑、不够实际、有始无终,有时有明显的躁狂表现,因而又称为躁狂型人格障碍。

（2）抑郁性人格障碍。主要表现是情绪低落、精力不济、精神不振、多愁善感、闷闷不乐、沉默寡言,对自己评价过低,对周围环境困难估计过高,对自己丧失信心,总是内疚自责,对一切不感兴趣,对生活充满悲观色彩,总是抱怨命运不好等。

（3）双向（或称环性）情绪人格障碍。主要表现是情绪变化不稳定,时而高涨时而低落,在一定时期内交替出现,具有明显的阶段性和两极性。情绪高涨时,表现为情绪高涨性人格障碍的异常人格特征;情绪低落时,则表现为抑郁性人格障碍的异常人格特征。

（五）大学生常见的其他心理问题

1. 学习的持久紧张感与竞争的压力感

由于中学长时间的拼搏和竞争,进入大学后对这种学习已难以承受,总想轻松一下,但又不甘落伍,所以,始终有一种压力感困扰着他们。加之课程负担过重,学习方法有问题等,使得大学生精神长期处于高度紧张的状态下,极可能导致大学生出现强迫、焦虑甚至是精神分裂等心理疾病。生活的压力主要在于学生不善于独立生活和为人处世,还有生活贫困、就业等所造成的心理压力。

2. 恋爱受挫与单相思

如今大学校园内,仿佛在校谈恋爱是一种不可缺少的时尚,因而也就会出现失恋、单相思等。大学生对情感方面的问题能否正确认识与处理,也直接影响到他们的心理健康。

3. 长期的孤独、空虚与压抑

这种障碍多见于女生,一些性格内向、不善言辞的女生常常感到孤独难忍,在校生活得不到心理满足而甚感空虚压抑,严重影响了她们的心理健康。

4. 吸烟、酗酒、手淫等

酗酒在大学生中占相当大的比例,尤其近几年,女生吸烟、酗酒者逐年上升,增大了大学生吸烟、酗酒的总比例。大学生中手淫现象也较严重,据浙江某大学对一百多名大学生的抽样调查表明,有手淫的占 56%。由于传统的认识和性心理知识不足,致使一些学生手淫后往往产生强烈的恐惧与不安、自责与自罪,故而产生严重的心理障碍。

5. 考试焦虑

大学生中很多人在应付各种考试时,会出现预感焦虑和期待不安等心理状态,有的甚至恐惧考试,以致不能自制。

6. 适应不良

大学新生一般都有一个角色转换与适应的过程,每年刚入学的大学生往往会出现各种各样的心理问题,心理学上将这一时期称之为"大学新生心理失衡期"。导致新生心理失衡的原因:首先是现实中的大学与他们心目中的大学不统一,由此产生心理落差;其次是新生对新的环境、新的人际关系、新的教学模式不适应,产生困惑而造成心理失调;另外,新生作为大学中普通的一员,与其以前在中学里作为佼佼者的感觉大不一样,这也是导致心理问题的诱因之一。

7. 人际关系紧张

人际障碍是大学生主要的心理障碍之一,一般表现在那些具有攻击性、反抗性的学生中,他们由于性格上的不合群而被学生不理解、排斥和冷落,久而久之,就会产生精神压力。人际关系不够和谐,一方面导致大学生产生自闭、偏执等心理问题,另一方面因无倾诉对象,有问题的学生更会加重心理压力,还易导致心理疾病。

8. 专业兴趣低

很多大学生虽然上了大学,但对所学专业并不感兴趣,在调专业无果的情况下,只好每天硬着头皮去学自己不喜欢的专业,内心十分矛盾和痛苦。

9. 沉迷于网络

有些大学生沉湎于虚拟世界,自我封闭,与现实生活产生隔阂,不愿与人面对面交往。久而久之,会影响大学生正常的认知、情感和心理的定位,还可能导致人格分裂,不利于健康性格和人生观的塑造。

在社会大环境的影响下,一些大学生总想尽早涉足社会,因此,许多大学生从厌学、混学到休学、退学,甚至弃学经商,而下海又没有经验,跃跃欲试的急迫心理与无能为力的现实,常常困扰着他们,加之这些人心理素质差,心理承受力弱,自然会产生心理障碍。

(六)一种特殊的心理疾病——癔症

癔症,又称歇斯底里。指由于精神受到强烈刺激、内心又有重大冲突或受到不良暗示的作用下,引起某些易感个体的大脑机能出现失调而造成的一种精神障碍。癔症可以有各种各样的躯体症状,也可以有意识范围的狭窄,可以有选择性的遗忘,也可以有情感的大爆发,就是查不到相应的器质性损害的证据。患者女性多于男性,表现为突然发生的意识范围狭窄、情感爆发、选择性遗忘,以及自我身份识别障碍;多种多样的躯体症状,比如头痛、头晕、晕厥、猝倒、耳鸣、眼花、胸闷、胸痛、心慌、心跳、呼吸困难、腹部不适、恶心、呕吐、四肢麻木、发抖、无力、抽搐,甚至截瘫、失明、失聪、失语、痴呆等。

癔症在特定条件下可能出现集体发病,如在学校中一名同学患癔症,周围同学可能受到精神感应,因暗示与自我暗示而相继发病,表现类似的症状和病征。总之,癔症的临床表现多种多样,什么病的症状都可以在该类患者身上呈现,常被喻为"天才的模仿师",但只要诊断正确,治疗效果往往非常神奇。

二、大学生心理疾病发生的原因

(一) 生理

研究表明,精神病患者的家族成员往往也有相关的病例,而且,亲缘关系越近患病率越高。生理学的研究甚至发现了某些精神病人的基因突变。对不幸受到核辐射的孕妇的研究表明,她们的孩子精神障碍的发生率也明显高出一般人好几倍。至于某些先天性及后天性的脑部及其他神经系统损伤、感染、病变以及严重的生理障碍更是会直接导致个体各自不同方面和不同程度的精神障碍。例如,脑震荡可能导致意识障碍、遗忘症、言语障碍或人格改变;甲状腺亢进时,可能出现敏感、易怒、自制力减弱等心理异常表现。

幼年经历以及早期教育的不良影响也是导致心理适应不良以及精神障碍的因素之一。例如,男孩在成长期被当作女孩教养,成天与女性同伴一起玩耍,按照女孩打扮,成年后可能出现性别角色认同障碍或者性变态;女孩亦然。

(二) 心理

个人心理压力长期得不到释放与消解或者受到强烈的意外刺激,导致过度紧张与应激水平超限,往往出现一些躯体疾病或心理障碍。心理学上所讨论的心理生活压力实际上是一种生活压力感,是指个人在面对某些生活困境或威胁而一时无力摆脱的一种被压迫的感受。大学生们的生活压力是多种多样的,既可能是生活事件的重大改变如亲友亡故等,也可能是一些生活琐事如个人健康、经济拮据、环境嘈杂、人际关系紧张等。这些不同的生活心理压力会让他们感到紧张、焦虑、无所适从,甚至出现躯体疾病、心理困扰及精神疾病。加之,有的同学心理素质偏差,有很多还是独生子女,成长过程中又缺少磨炼,心理抗震能力较差,个性特征孤僻、不合群、偏执。

当然,生活压力对身体健康和心理障碍的影响并不是绝对的,个人对压力的认知评估与自我调节起着重要作用。

(三) 社会

(1) 大学生的理想生活与现实的巨大反差。当大学生进入大学校园时,面对的并不是轻松、愉快的象牙塔,而是较差的生活、学习条件,以及紧张甚至激烈竞争的现实生活,有些学生无法接受这一现实,可能产生种种心理障碍。

（2）社会上的不良风气、不合理现象、拜金主义等都会影响大学生的道德价值观，使其产生对抗、压抑、自暴自弃等不良心理，乃至发展成人格障碍。

三、大学生的心理危机

心理疾病种类很多，表现各异，而且有可能出现更多的以前都没有注意到，或已经合理化（不认为是心理疾病）的疾病。即便在大学生身上心理疾病也是很普遍的，只不过存在着程度深浅的区别而已，而且现代文明的发展使人类愈发脱离其自然属性。污染、生活节奏快、紧张、信息量空前巨大、社会关系复杂、作息方式变化、消费取向差异、在公平的理念下不公平的事实加大、溺爱等，都使心理疾病逐渐增多并恶化，出现心理危机。

（一）心理危机及其特征

1. 心理危机的概念

心理危机是由一些心理冲突引起的一种内部心理状态或生理反应。心理危机包括个体或群体面临的损失、危险、不幸、羞辱、不可控性、日常生活的崩溃、不确定性和隐性的沟通等。

一系列不相关的事件，长期的、难以理解的、人为的困难都可以使危机变得复杂。

2. 大学生心理危机的特征

（1）普遍存在。没有人能够幸免危机，对于成长中的大学生也不例外。想稳定、冷静地处理任何危机不太容易，但是把握机会、设定目标、形成计划、处理问题等通过努力都是能够做到的。

（2）症状复杂。危机是个体的生活环境、家庭教养、朋友交往等关系相互交织的综合反映，有一种使个体无法控制的感觉，因此，危机是复杂的。

（3）没有迅速的解决方法。对于处于危机中的人，基本上不存在什么迅速的解决方法。任何企图寻找迅速解决问题的想法，最终都可能会导致危机的加深。

（4）成长和改变的动力。危机中常常包含着个体成长和改变的动力。个体在成长的同时，也意味着带动一个可能受挫的机制，个体如能及时调整，适应变化，则能形成动力，促进其心理健康，得到成长和改变。

（5）危险与机遇并存。对于正处在危机中的人来说，危机意味着危险，又蕴藏着机会。其危险在于它可能导致个体严重的病态，包括自杀和杀人；机会在于它带来的痛苦会迫使当事人寻求帮助，危机的解决会导致积极的和建设性的结果，如增强应付能力、改变消极的自我否定、减少功能失调的行为等。大学生在寻求帮助的过程中，能够使个体获得成长和自我实现，最终走向成熟。

（6）具有时代特征。当代大学生的心理危机，反映了时代、社会对大学生的要求和期望，个人对理想的追求，实现理想等压力下的冲突和矛盾等，不是孤立的。

（二）大学生心理危机的表现形式

（1）肌肉紧张、头痛、心痛。

（2）睡眠紊乱，无食欲，消化不良。

（3）极度的抑郁、孤僻和焦虑，怕与人交往。

（4）反应力减慢，不能集中注意思考、推理、判断问题。

（5）情绪低落，对他人、对一切冷漠、消极、逆反或攻击。

（6）逃避现实，有强迫观念、强迫行为。

（7）社会退缩，放弃以前的兴趣。

（8）愤怒、自责、羞耻、缺乏自信、自卑，有的甚至悲观、绝望。

（三）大学生心理危机产生的原因

大学生由于自身的局限性以及心理、生理发展的不平衡，当他们面临来自个人、家庭、学校、社会的压力和生活事件时，容易引发不良心态，从而产生一些负性情绪。这些负性情绪持续到一定时间，就可能诱发心理危机。若不及时疏导，不仅对其身心造成危害，甚至会导致心理障碍或心理疾病。大学生产生心理危机的主要原因是：

（1）学习成绩连续下降。

（2）学习、生活、行为反常且延续时间过长（2～6周）。

（3）突发性的应激事件或长期的压力情境造成的巨大压力。

（4）亲人、恋爱、成绩、奖励等重大需要的丧失或缺位。

（5）家庭经济条件差造成的较大心理压力。

（6）不能及时疏泄心理压力而造成的极度压抑。

（7）现实与理想的冲突而产生的巨大落差。

（8）对教学、管理的极度不满。

（四）容易发生心理危机的时段

六个重点时段为：① 毕业生离校前；② 放假前；③ 考试前后；④ 开学前后；⑤ 新生入学后；⑥ 季节交替前后。

（五）容易发生大学生心理危机的对象

十类重点对象为：① 家庭贫困者；② 言行异常者；③ 父母离异者；④ 家庭发生重大变故者；⑤ 直系亲属有精神病史者；⑥ 本人有精神病史者；⑦ 经历了重大打击性事件者；⑧ 考试成绩急剧下降者；⑨ 失恋者；⑩ 网络痴迷者。

（六）大学生心理危机的管理与干预办法

危机管理即调动各种可资利用的资源，采取各种可能的或可行的措施，限制乃至消除危机行为，从而使现存的危机得以解决，使危机造成的损失最小化。

大学生处于青年初期，他们是同龄人中的佼佼者，有较高的知识能力，对自己和社会都有较高的期望，对未来充满了美好的憧憬。但是，大学生自身的阅历及不成熟的人生观、世界观、价值观，也给他们对理想的追求带来了较多的心理困惑。他们面临学习的压力、经济尚不独立的压力,以及对学校生活环境、学习方法和内容的适应问题;在新集体中的自我认知和评价问题;重新构建同学、朋友的人际关系问题;与异性交往、恋爱的问题;求职择业的问题等。多年来,学生因压力较大,不能应对而出走、自杀等危机事件时有发生。因此,研究大学生心理危机,建立预警系统进行危机管理,对于预防学生中危机事件的发生、培养学生的危机意识、使之适应多变的社会环境、提高其心理素质均能起到积极的作用。

大学生的成长意味着不断打破自身的平衡状态,寻求新的自我秩序和平衡。只要生活有挑战和学习的机会存在,他们就会经历发展过程中必然要经历的心理危机。大学生的心理危机,都具有他们生活在其中的社会生活的背景和时代特点。它不是孤立的无源之水、无本之木。社会的变革、家庭的变故、个人的发展都能引发心理危机。如果面对危机,正确应对,就可以获得转机,得到发展。

危机管理的实质是,认识危机中蕴含着新的生机,引导大学生正确应对危机,及时把握转机,促进大学生身心和谐、健康发展。

(1)知觉干预。"压力-疾病模式"是沿着以下脉络展开的:生活情境→压力知觉→情绪唤起→生理唤起→疾病。知觉干预通过作用于"压力知觉"这一环节,减少我们对压力知觉的反应,从而减少不必要的压力因素。将其运用到心理保健上,就是要注重"光明面",忽略"阴暗面",从而保持心理平衡。

(2)生理干预。当心理压力来临时,我们不妨试着让自己的呼吸慢下来,连续、缓慢地做 10 次深呼吸。深呼吸可使大脑供氧充足,同时使人心率减慢,情绪稳定。

(3)行为干预。当心情感到烦闷时,可以停下手中的工作,到田野里去闻一闻花香,看一看天上的白云,或者上网冲一下浪,或者给最亲爱的人发个短信、打个电话……经过以上或类似的行为干预,会暂时缓解心理压力,精神抖擞地重新投入到学习生活中去。

(4)关系干预。如果友人背叛了你,完全可以改变以往一贯"善良"的禀性,把他从"好友"中"删除",或疏远与对方的关系,通过此举产生"报复"后的快感,从而缓解心理压力。

(5)决策干预。在各种各样的机遇面前,要扬长避短,选择性地参与。选择强项,比较容易取得成功,获得正性反馈,从而增强信心。

(6)比较干预。正确选择参照群体,选择在社会地位、学习状况和生活条件等方面与自己基本相等或比自己差的人进行比较,从而获得心理上的平衡和满足感。

(7)观念干预。当在工作生活中遇到困难时,可以把它看作是命运的考验,看作是对手的挑战,看作是一次难得的改变命运的机遇,如此一来,就会斗志昂扬,精神倍增。

(8)哲学干预。树立什么样的世界观和人生观,决定一个人有多大的作为;遇到艰难险阻时会做出什么样的反应,同时也体现一个人有什么样的精神境界。一定要树立正确的世界观和人生观。

第三节　补充心理营养

——心理疾病的预防和应对

一、心理治疗的目标和形式

心理疗法又称精神治疗,是以一定的理论体系为指导,以良好的医患关系为桥梁,应用心理学的方法,通过治疗者的语言、表情、姿势、态度和行为,帮助病人了解发病的原因和有关因素,影响或改变病人的感受、认识、情绪及行为,改善或消除病人的病理心理状态及由此引起的各种躯体症状,重视调整个体与环境之间的平衡,从而达到治疗的目的。

(一)心理治疗的目标

一般而言,有效的心理治疗应达到下列目标:

1. 解除病人的症状

精神与身体不适或心理问题都会妨碍求治者对社会的适应,并因此造成心理上的痛苦,所以心理治疗的主要目的是解除求治者在心理或精神上的痛苦,或帮助解决其无法自己解决的心理冲突。例如,用心理治疗方法(系统脱敏疗法、满灌疗法、厌恶疗法等)矫正求助者的恐惧、焦虑心理等。

2. 提供心理支持

在急慢性应激状态下,求治者因应付不了或忍受不了危机的环境而产生心理疾患或障碍。心理治疗可以帮助他们增加对环境的耐受性,降低易感性,提高心理承受力,增加应付环境和适应环境的能力,使之能自如地顺应和适应社会。这方面的心理治疗技术有危机干预、应激应付、应激免疫训练等。

3. 重塑人格系统

这一点尤其被内省性心理治疗原则(如认知治疗、精神分析等)所强调,它认为人类的心理疾患和心理障碍是其人格不成熟所致。所以,只有重塑人格系统,才能从根本上改变求治者的病态心理和不良行为方式。治疗的内容包括:帮助求治者理解自己、分析自己情绪冲突的原因,获得内省能力,以了解意识和潜意识的内容。其治疗方法可分为两大类:

(1)指导性的。针对求治者存在的心理问题,由施治者进行劝告、建议、指导、解释。

(2)表达性的,又称非指导性的。在心理治疗过程中,求治者处于主导和中心地位,施治者以倾听为主,居被动地位,但仍应努力营造良好的气氛,使求治者在讲述自己心理问题的过程中完成自我理解,达到自己解决自己问题的目的。

无论采取哪种方法,施治者期望达到的仍是重塑求治者成熟的人格。

(二) 心理治疗的形式

1. 个别心理治疗

(1) 个别心理治疗的定义和特点

即医务人员与病人个别进行谈话的心理治疗。医务人员与病人交谈的目的在于医务人员了解疾病发生的过程与特点,帮助病人掌握自己疾病的情况,增强对疾病的正确认识,消除紧张不安的情绪,接受医务人员提出的治疗措施,并与医务人员合作,向疾病作斗争。个别心理治疗是一种普遍应用的心理治疗方式。实际上,医务人员与病人的交往过程中,已经有意或无意地运用了个别心理治疗。因为医务人员对病人正确的解释、指导与嘱咐都能影响病人的心理。

(2) 个别心理治疗时应注意的问题

为了做好个别心理治疗,取得良好的治疗效果,必须注意以下几个问题:

① 医务人员的态度应该诚恳、热情、耐心细致,以取得病人的信任,获得可靠的信息。

② 在交谈过程中,医务人员要耐心倾听病人的主述,然后,根据病情与病人的个性心理特点,进行指导与帮助。

③ 医务人员要有目的、有计划地对病人进行心理治疗。每次都安排好内容,治疗时间以一小时左右为宜,治疗后做好记录。

④ 个别心理治疗的房间应该布置在安静的环境中,要简易舒适,整洁协调。

2. 集体心理治疗

集体心理治疗指医务人员把同类疾病的病人组织起来进行心理治疗。一般把病人分成几个小组,每个小组由数个或十几个病人组成,并选出组长。集体心理治疗的主要方法是讲课、讨论与示范。医务人员根据病人中普遍存在的消极心理因素与对疾病的错误看法,深入浅出地对病人讲解有关疾病的症状表现、病因、治疗和预后等。以使病人了解疾病发生发展的规律,消除顾虑,建立起与疾病作斗争的信心。医生讲课后,要组织病人分组讨论。要求病人联系自己疾病的实际情况,结合医务人员讲课的内容进行讨论。讨论要力求生动活泼,鼓舞病人进行自我分析,提出与疾病作斗争的具体措施。医务人员可邀请治疗效果较好的病人作治疗的经验介绍,通过病人的现身说法,起到示范作用。

集体心理治疗一般每周 2~3 次,每次一小时左右。整个疗程所需时间根据病情等确定。一般以 3~4 周为一疗程。必要时,个别病人可重复一个疗程。

个别心理治疗与集体心理治疗可以结合起来。集体心理治疗侧重于同类病人的共同问题,个别心理治疗侧重解决病人的具体问题。我国曾经开展的慢病综合快速治疗,其中心理治疗就是采用个别心理治疗与集体心理治疗相结合的形式。

3. 家庭心理治疗

医务人员根据病人与家庭成员之间的关系,采取家庭会谈的方式,进行心理协调。通过建立良好的家庭心理气氛与家庭成员之间的心理相容关系,解除病人的消极心理状态,适应家庭生活。在家庭心理治疗时,家庭所有成员都要参加。治疗地点,既可以在病人家里,也可以在医院里。

各种治疗形式都是为了帮助患者在其行为的不同方面提高能力。帮助患者学会更有效地解决问题,更现实地看待世界和自身,更有效地控制和释放情感;认识自己作为一个独特的人在生活中的追求(目标和动机);忘却给他带来麻烦的无效行为的模式;改变自我观念,以更多地接受自身,最终达到心理健康。

二、正确对待心理障碍和心理疾病

心理疾病包含三个不同阶段:心理不适、心理障碍、心理疾病。一般说来,心理不适可以通过自我调节、亲友开导来解决;较严重的心理障碍和心理疾病则需要通过医生进行心理治疗。

一旦发生心理障碍和心理疾病,应如何正确对待呢?在人们的心目中,对心理疾病存在两种错误认识:一是对心理疾病过分害怕和恐惧;二是认为心理疾病"可耻",让人厌恶。正是这两种认识会使心理疾病越来越严重。因此,要治愈心理疾病,必须克服这两种错误的心理。

(一)对心理障碍与心理疾病要有科学的认识

心理障碍和心理疾病是"病",不是思想问题或道德问题,不要有太多的心理负担。对待有心理障碍和心理疾病的同学应多关怀而不应回避和歧视。

(二)了解一些心理障碍和心理疾病的基本常识

判定心理疾病可以依据三个标志:

(1)看一个人的心理活动是否与客观现实相符合。也就是是否与周围环境相一致。

(2)看一个人心理活动的各个组成部分之间是否协调一致。正常人的认知、情感、意志活动都是协调一致的,人的认知能有效地调节自己的言行,情感也是正常的。如果知、情、意、行失调,不仅自己总是控制不住自己,而且虽经别人帮助和分析,仍坚持己见,甚至不能照管自己的生活等,那就表明这人已患了某种心理疾病。

(3)看一个人的个性特征是否相对稳定。人的个性特征一经形成,就具有稳定性的特点。如果一个人的某种个性特征突然变得异乎寻常,就很可能是心理病态了。如,一个人本来很活泼,性格很开朗,突然莫名其妙地变得情感淡薄、消沉,情绪低落、郁郁寡欢、表情呆板、忧郁沮丧,甚至悲观厌世,这就不正常了。

（三）坚信心理疾病能够治好

尽管心理疾病的原因十分复杂,疗程比较长,疗效也比较缓慢,但是,患了心理疾病的同学,不要过分担忧、恐惧,心理疾病也有比生理疾病有利的方面,如心理疾病通常不容易危害人的生命,而且大部分都可以不用吃药、不用打针就能治好。只要善于了解自己,控制自己,增强信心,懂得一些有关心理健康的基本常识,在心理医生或专家的指导下,掌握并运用一些有效的心理治疗方法和技术,迟早会治好的。

（四）坚持心理咨询和治疗

一旦出现心理障碍或心理疾病,不要害怕,因为每个人都有可能受到心理障碍的困扰,任何人在一定的时间、地点等条件下,都可能会有某种程度失常的表现,可能得心理疾病,只是在某些行为偏差上,有程度不同的分别罢了。不要觉得内疚或麻烦别人。及时寻求帮助、坚持心理治疗和咨询有助于尽快恢复健康。因此,任何人都不必为自己"幸免"心理疾病而庆幸。

（五）相信心理疾病可以预防

心理疾病主要是由于在生活当中,一些不良的适应成了习惯所造成的,先天遗传的心理疾病非常少。因此,当我们掌握了足够的有关心理健康的基础知识和方法后,完全可以预防心理疾病的发生,增进心理健康。

在日常生活中,可按下列方法去防治心理疾病与心理障碍。

（1）遇到不称心的事,要心胸开阔,豁达大度,遇事冷静,从而保持愉快、开朗、平稳的心境。

（2）积极参加文娱、体育活动,培养多种业余爱好,丰富生活情趣,用各种办法转移注意力,从发怒的人或事上转到高兴的事物上去,松弛紧张的精神,使情绪得到稳定。

（3）扩大社会交往,结识良师益友,通过朋友的启发、忠告、劝说和帮助,稳定情绪,减轻心理冲突。这是积极的消除心理障碍的方法。

（4）学会自我调整情绪的方法。遇到挫折和精神刺激,要尽量控制自己的情绪,当怒气涌向心头时,要默念"生气是自我惩罚,烦恼是和自己过不去"等警言,或听听音乐,做深呼吸等转移注意力,求得情绪上的缓冲。

（5）正确认识疾病。体弱多病容易焦虑烦躁、忧心忡忡,甚至怀疑病入膏肓。这种心理不仅不利于治病,反而会加速疾病的发展。乐观精神和坚强意志是与疾病作斗争的最宝贵的心理状态。

（六）不歧视、不鄙视心理疾病患者

心理正常的人,不能讥笑、讽刺、厌恶甚至疏远心理失常的人。否则,会使他们不愿向别人倾诉心中的积郁、烦恼、苦闷,会对别人产生戒备、怀疑、恐惧、自卑、讳疾忌医,怕人家说他有病的心态,使病态加重。健康的人除了要保持心理健康,防止发生心理疾病

外,还有义务和责任帮助心理失常的人,使他们早日恢复健康。

三、幽默是治疗心理疾病的有效方法

人有七情,喜、怒、哀、思、悲、恐、惊,生活当中七情过度可使人致病,心理脆弱多疑者也容易患病。有的人害怕自己得心脏病,便经常数脉搏,如果发现稍快一些,心情就紧张起来,促使心脏越跳越快,便认为自己得了心脏病,于是心跳气急,症状真的明显起来。其实,这完全是自己吓唬自己。对于这种病人,单用药物治疗,往往不能见效,最好的治疗方法是幽默治疗。

幽默治疗是一种简便易行的治疗方法,又称笑疗法。幽默欢笑的情感对于缓解病痛,延年益寿极为有效。有人认为,幽默是人的半条生命。英国著名化学家法拉第年轻时,由于工作过于紧张,以致情绪焦虑烦躁,工作效率明显下降,身体虚弱,长期药物治疗无明显好转,后来请来一位名医,仔细检查后,开出的药方是:"一个小丑进城,胜过一打医生。"法拉第仔细琢磨了这句话之后,明白了其中的奥妙,从此经常抽空去看滑稽戏和喜剧,经常高兴得发笑。愉快的心境不仅使他恢复了健康,而且使他活到高寿。

笑是一种运动,可以防病,治病。人们在笑声中可以使呼吸运动加深,肺脏扩张,呼吸系统通过震动把废物清除出去。人们在笑声中,胃的体积缩小,胃壁的张力加大,位置升高,消化液分泌增多,消化功能增强。人们在笑声中,心跳加快,血流速度加快,面部和眼球血流供应充分,使人面颊红润,眼睛明亮,容光焕发。更重要的是,笑使人的烦恼顿时消除,内疚抑郁等不良心境得到调解,紧张的神经也随着欢笑而松弛。笑是一种精神保健操,专家研究表明,三分钟的笑,能够代替十五分钟的体操。笑是一种天然的镇静剂,可以缓解人的紧张情绪,焕发精神,消除疲劳。笑是一种天然的麻醉剂,可以减轻人们的头痛、腰背痛。幽默与笑是一种理想的养生法,具有有效的调解功能,幽默的生活方式能增强人的社会适应能力和防病抗病能力,使人生在一种紧凑而轻松的氛围中平稳地度过,尤其是配合药物治疗可以收到事半功倍的效果。

综上所述,只要大学生们多参加丰富多彩的社会实践活动,注意建立和保持良好的人际关系,树立正确的人生观和坚定的理想信念,对自身有客观正确的评价,掌握心理疾病的治疗方法,心理疾病是可以预防和治疗的。

第四节　做做心理保健操
——大学生心理自助

动荡的青春期,大学生的心理发展正在逐渐走向成熟,在心理发展的过程中,既存在积极面,又存在消极面,因而,矛盾和冲突是在所难免的。大学时代是既渴望友情又追求孤独的时代。一方面,由于自我意识的发展,大学生常常对自己的内心世界进行全面而细致的探索、反省,希望有一方完全属于自己的自由角落,这是青年期最显著的特征之一,这种心理闭锁与真正的自我确立有着一定的关系。另一方面,大学生又害怕孤

独,希望自己的情感有一个宣泄的对象,希望自己有一个可以共鸣的知己。特别在刚走出家门的大学新生身上,这种需求更为突出。这种心理特征上的二重性,使大学生的情感生活更为复杂。怎样解决这些心理上的矛盾和冲突,以下的自助法,在遇到类似问题时,会有所帮助。

一、大学生心理自助方法

(一) 当特别想家时怎么办?

家是感情的重要寄托,当远离亲人时,每个人都会产生想家的情绪。特别是大学新生,往往是平生第一次离家,到了一个完全陌生的地方,举目无亲,想家的情绪就更为强烈。想家是正常的,但因为想家的情绪太强烈而影响了正常的学习就不妥了,要自觉加以调节。

(1) 时间控制法。规定好在每天固定的时间段专门进行和想家有关的事,如独自回忆、写家信、打电话等,其余时间则从事其他的事,一有想家的念头就强迫自己将之驱散。

(2) 宣泄法。想得太苦就不要压抑,同亲人通个电话、唱思乡的歌曲、做做运动、独自流流眼泪或索性大哭一场,都是宣泄思亲之苦的有效方法。

(二) 当觉得内心孤独时怎么办?

人是社会性动物,有爱和归属的需要。一个人既需要爱别人,也希望得到别人的爱,否则,就会产生孤独感。孤独感带给人的痛苦是非常大的。大学生内心容易产生孤独感,最主要的原因是他们感情脆弱,自我保护意识强,从而内心闭锁,与他人在情感上产生疏离造成的。因此,摆脱孤独感的根本方法是解除闭锁,开放内心世界,和他人建立情感联系。

(1) 主动解锁法。放松防范意识,放下不必要的"自尊心"和架子,真诚地对待他人(特别是一起生活、学习的同学),心怀爱意,主动关心他人。向信得过的人主动袒露心迹,交流思想和感情。慢慢会发现,人心换人心,爱的确可以换来爱。

(2) 避免独处法。尽量不要自己一个人待着,独处时,要尽快找人相伴。当然,经常组织和参加一些活动会更好。

(三) 如果刚入学,对大学的学习感到不习惯怎么办?

这主要是还没有找到大学的学习规律,不适应大学学习生活所致。

(1) 认知调节法。大学学习和中学学习有很大不同,主要表现在社会意义和人生意义成为学习的主要动力,选择学习内容、学习方式、学习时间的自由度加强,自学能力成为决定学习效果的主要因素等几个方面。尽快了解和掌握大学期间的学习特点和规律,根据这些特点和规律及时调整自己的学习目标、学习动机和学习方法是解决问题的根本方法。

（2）咨询法。向同学或师长们请教、探讨。

（3）生涯设计法。大学的学习直接和未来的职业有关,根据职业需要来调整学习态度和方法也是尽快适应大学学习的一条途径。因此,可以不急于投入学习,而是通过各种途径先行了解所学专业的优势、前景、职业要求,以及学校的有关政策、基础条件和教学服务设施等,然后再结合自己的特点和需要,为自己制定明确而详尽的毕业目标、年度计划和实施步骤。

（四）如果情绪总是不大稳定怎么办?

在日常生活中,情绪的剧烈变动是不多的,大多数时候,人们的情绪会保持在一个相对稳定的状态。谁都希望自己天天有好心情,能否保持稳定而持久愉快的心境和人的人生观、世界观是否积极健康,是否有明确的人生目标、充实的生活内容,人际关系是否和谐,自我意识和人格是否健康等许多因素都有关系。

（1）对镜而笑法。早晨出门前,或心情开始不好的时候,马上对着镜子,强行做个微笑。就会发现,笑容会带来好心情。

（2）音乐疗法。常听一些旋律优美、节奏明快的音乐,对找到好心情大有帮助。

（五）当为家庭经济状况不如别人感到自卑时怎么办?

人人都喜欢富裕,不喜欢贫穷,当发现自己的经济状况和别人的差距较大时,会感到一些不平衡、不快乐,这是一种很正常的心理现象。但是,如果这种心理超出一定限度,导致自卑心理,就成了一种偏差,要想办法矫正了。

（1）认知调节法。要纠正"金钱决定身份"的错误观念,认识到贫穷并不是耻辱,并不是过错,为贫穷而自卑事实上是软弱和有失尊严的表现,坦然接受这个现实,树立"人穷志不穷"的自信心,把目光放远,把精力放在自强不息、努力奋斗上。

（2）目标转移法。虽然经济上不富裕,但在其他方面（如人品、能力、才华等）一定有富裕的地方,力争在这些方面表现得更加优秀。

（3）参加勤工助学活动。一方面,解决经济困难;另一方面,通过自己的辛勤劳动,证明自己有创造财富的能力,从而进一步增强自信心。

（六）当为自己没有特长而感到自卑时怎么办?

渴望优秀是一种正常的心理,每个人都应该不断追求优秀。但是,如果固执地企望自己在各方面都优秀,并为不能达到这一目标而感到自卑,就成了完美主义者。这种倾向对个人的发展是不利的。要知道,完全没有长处的人是不存在的。

（1）优点调查法。俗话说"旁观者清",向周围的人发放"我有何优点、特长"的调查问卷（或口问）,通过别人的眼睛,肯定会发现许多自己没有意识到的优点和特长。

（2）及时学习法。没有谁的特长是天生的,特长都是通过自觉学习和锻炼获得的。因此,不必自卑,希望有什么特长,就马上行动,有目的地学习和锻炼,很快会发现,现在没有特长,过一段时间就有了。

（七）当为没有明确的人生目标而感到迷惘时怎么办？

人和动物最大的不同就是人是有意识地生活的，因此，每个人都需要为自己的人生设置一个目标。没有明确的人生目标，就会迷失方向，感到迷惘、困惑和不安。明确自己的人生目标，是大学生自我意识发展的一个重要内容。

（1）社会实践法。人生目标不是空想出来的，而是在足够的人生经验和对社会充分了解的基础上，结合自己的兴趣、爱好、特长、动机和客观条件等，经过不断思考、选择逐渐确立的。许多大学生人生目标不明确，正是由于人生经验不够、对社会了解不足造成的。所以，走出校园封闭的围墙，通过各种途径充分了解社会、体验生活、增长阅历，是确立人生目标的必由之路。个别同学越是迷惘越把自己封闭起来，不愿进行积极的人生尝试，这是不利于心理健康的。

（2）阶段目标法。想不明白或暂时没有长远目标，可根据目前认为最应该做或最想做的事，给自己先定一个阶段目标（一年、两年或五年）。阶段目标的实现，会大大促进长远目标的形成。切忌因目标不明确而混日子，得过且过。

（八）当为朋友少或为不知如何结交新朋友而烦恼时怎么办？

朋友不是天上掉下来的，是需要主动结交的。结交新朋友的前提条件是要对别人抱有浓厚的兴趣，此外，还必须经过从初步接触到逐渐了解的过程。当然，这个过程除了需要时间外，还需要一定的技巧。

（1）没事找事法。寻找机会，请求对方帮助做一件小小的事情，并真诚致谢。可以将两人的关系迅速拉近。

（2）间接接触法。通过一个熟悉对方的人来认识或接近对方。

（3）记住名字法。在接触中，抓住相互介绍或交谈的机会，适时地表示友好，并记住对方的名字，再见时大声说出对方的名字。

（4）自报家门法。主动走到对方面前做一个自我介绍，虽然有时候有些唐突，但也不失为认识新朋友的最直接的方法。

（九）如果与不太熟悉的人交往总感到害羞、紧张、害怕怎么办？

面对陌生人，一般人都会感到一些紧张不安，这是人的一种自我保护本能，是正常现象。但是，如果这种反应过了头就成了心理适应不良的表现，称为社交焦虑或社交恐惧。这种情况极大可能与人的成长经历、家庭环境和个性有关，也有可能和人的错误观念有关。

（1）认知调整法。不要认为社交恐惧是很严重、很丢脸而又无法改变的事情，要认识到这是一种并不严重、很正常，也很容易矫正的心理现象。从而缓解心理压力，增强矫治信心。

（2）主动强化适应法。习惯是练出来的，熟能生巧，因此，不要因为恐惧而回避与人交往，相反，要命令自己更加主动、频繁地与人交往。与人交往多了，慢慢地，就不会感到紧张了。

（3）现场放松法。每当感到紧张时，就双肩下垂，闭上双眼，然后慢慢地做深呼吸，直到完全放松时为止。

（4）自嘲法。紧张往往是害怕别人的评价引起的，因此，每当和陌生人交往时，就直接告诉对方"我有社交恐惧症，和你在一起我会紧张的"，对方不仅会原谅你还会觉得你随和幽默，而你也会得到很好的放松。

（十）如果遭遇常见的异常心理疾病怎么办？

心理疾病如同生理疾病一样，是很常见的，每个人都有可能患病，只是程度轻重不同而已。如果患了常见的心理疾病，不要恐慌，不要害怕，更不要等待，要主动寻求帮助，相信会有人愿意帮助你。要将自己真实的困难和痛苦告诉所信任的人，如果不能解决问题，要向心理咨询中心求助。解除心理危机通常需要一个过程，有时要反复多次约见咨询人员或心理医生。

（1）确立一个实际有效的目标。目标可以使心理指向集中于一处，无形中会转移注意力，削弱心理问题对心理的影响。有了内在驱动力，就有利于克服各种心理问题和疾病。

（2）正视学习生活的压力。遇到问题，应不断进行心理调适，始终以乐观、坚强、自信的态度对待生活，这样做，有助于及时调整心态，从心理困境中走出来。

（3）转移注意力，学会自我宣泄。心情痛苦、烦闷难抑时，可积极进行户外活动，如打球、散步、找知心朋友谈心等，转移注意力，宣泄自我。

（4）上网有度，积极在现实中结交朋友。最好每天上网不超过 80 分钟，积极在现实生活中寻找朋友，而不应沉迷于网上交友和网恋。

（5）正确对待情感问题。大学生一方面应鼓足勇气，向家长、老师以及专业人员请教，另一方面应积极参加学校设立的心理健康教育课程。另外，自己还可以找几本相关的科普书籍学习研究，以及时消除因对一些生理与心理现象的困惑而导致的心理压力。

二、大学生心理调适的方法

（一）如何悦纳自我

大学生应懂得客观地看待自己，认识自己，悦纳自己，做独特的自己；应充分地开发自己，展示自己，做最佳的自己；应既看到优点又看到缺点，懂得悦纳自己和欣赏自己。

悦纳自我的基本方法有：

（1）保持仪表整洁大方，不要不修边幅。穿着打扮以和谐、得体为尺度，忌讳过分华丽、粗俗或与身份不匹配。

（2）守时讲信用，不要随意背约。每个人都希望别人讲信用、守时间，对说话不算数的人非常厌恶。这需要从我做起，对自己严格要求才能营造守时重信的氛围。

（3）有意见当面讲，不要背后论人长短。人与人之间难免有意见相左之时，当面坦率讲出来,易被人接受,当面不讲,背后乱说别人坏话是大忌,在贬低别人时也损害了自己的形象。

(4)待人和气有人情味,不可冷若冰霜。无论生人熟人,权高位低都有自尊。以礼相待会令别人对你心存好感,拒人千里之外没有人情味的人,不会赢得别人的尊重。

(5)乐于助人不要只顾自己。相互支撑才能为"人",那种一心为己的人最终只会众叛亲离。对别人的关心和爱永远是有价值的,否则,人就只是一架机器而已。

心理体验

【悦纳自我训练】

悦纳自己,可以通过完成下列九个练习来学习。

活动1:完成句子

要求:完成下列句子,请表达你的真实想法。

目的:从9个方面完成对自我的初步认识:① 我喜欢;② 我深深地爱着;③ 我讨厌;④ 我害怕;⑤ 我希望;⑥ 我相信;⑦ 我崇敬;⑧ 我最想从事的职业;⑨ 我一生要致力。

活动2:"自画像"

要求:以客观世界中任何一种客观事物比喻自己,说明理由。

目的:使个人更客观地分析自己。

活动3:请写出你的3条以上的缺点及5条以上的优点

要求:仔细思考后认真回答。

目的:更深入地分析自己。

活动4:父母、老师和同学眼中的你

要求:请父母、老师和同学写出或说出对你的评价。

目的:了解师长和学友眼中的你,比较两者的异同点,从而更全面认识自己。

活动5:谈谈我自己(小短文)

要求:根据上面4项活动内容对自己进行综合分析和客观评价。

目的:对自我全面认识。

活动6:优点大轰炸

要求:十个左右同学一组,每人说出自己的一个特长或优势,大家承认就鼓掌鼓励他。

目的:使每个人都能发现自己的长处,从而悦纳自己。

活动7:接纳我的不可改变的缺点

要求:列出几项不可改变的缺点,并说出其中至少一项的好处。

目的:形成对自我的正确认识,完全地接纳自己。

活动8:塑造自我

要求:列出几项可以改变的大缺点,提出改变的计划。

目的：正确地克服缺点。

1. 确定改变的内容：我要改变什么？

2. 确定目标：达到什么目的？

3. 制订计划：如何改变自己？

4. 实施计划并确立检查措施：具体按计划去做，并有检查措施和奖惩。

（二）如何缓解焦虑

1. 焦虑及其作用

关于焦虑，心理学和精神医学至今都没有给它一个精确的定义。一般认为焦虑是由紧张、不安、忧虑、担心、恐惧等感受交织而成的复杂的情绪状态。

焦虑有正反两方面的作用，适当的焦虑是有益处的。在适当的焦虑状态下，人体会处于一种预备状态，反应力、注意力和处理信息的能力等都会变得更好，做事效率也会更高。但是过度的焦虑，则对人有很大的杀伤力，当焦虑超过了人所能承受的极限时，就会干扰正常的生活、学习和工作，注意力会下降，反应力和处理信息的能力变差，做事的效率随之急剧下降。

2. 有效缓解焦虑的方法

（1）学会放松。过度的焦虑常伴随着呼吸的加快，利用放松技术可以达到缓解焦虑的目的。

步骤：找一个舒适的地方坐下或者躺下。把身体想象成由几个气球组成，首先从头部开始。头部的气球开始慢慢地撒气，一点、一点撒气，渐渐地瘪了下来，放松，没有了力气，完全放松；然后两臂的气球开始撒气，一点、一点撒气，渐渐地瘪了下来，没有了力气，完全放松；再然后身体的气球开始撒气，一点、一点撒气，渐渐地瘪了下来，放松，没有了力气，完全放松；最后，两腿的气球开始撒气，一点、一点撒气，渐渐地瘪了下来，放松，没有了力气，完全放松。

注意：要放松，而不要睡着。这是最基本的放松训练，在此过程中，呼吸要放缓，吸气要深，呼气要慢。

（2）暂时离开产生焦虑的场景。外出散步，做做身体运动，听听音乐，暂时忘掉产生焦虑的事件等。虽然这是一种老生常谈的方法，但对于缓解焦虑是有作用的。

（3）寻找焦虑的根源。根据心理学的研究，产生焦虑的因素一方面是现实的事件，称为现实的焦虑，更多的则是人们想象当中认为会发生的事件产生的焦虑，称为想象的焦虑，带给我们恐惧、害怕的更多的就是这种想象的焦虑。如果想象不出自己的成功，只是想象自己的失败，总是想象最坏的情况，就会把事情搞得更糟。

寻找焦虑根源的步骤如下：

① 到底担心什么？害怕什么？焦虑什么？（写在纸上）

② 为什么害怕？（或是为什么会焦虑？）（写在纸上）

③ 最糟糕的结果是什么？（写在纸上）

④ 能否承受最糟糕的结果?

⑤ 他人是不是也经历过类似的遭遇? 他们是不是就完蛋了?

简单讲,就是列个清单,列出所有引起焦虑的东西,其中必定有一项是焦虑的最大来源,然后再思考我还能做什么?

对于每一次的焦虑,都可以采用上面的方法来达到缓解焦虑的目的,关键是要把这种方法贯彻到日常生活的每一个方面,需要牢记的是:焦虑是永远存在的,缓解焦虑是有办法的。

(三) 如何走出抑郁

1. 抑郁及其克服的基本方法

"郁闷"心理是一种消极情绪体验,在这种情绪下,人容易从认识上扭曲自己与现实的关系,头脑中会出现否定自己的消极暗示,甚至对客观事实颠倒黑白,对处境感到无能为力、无望、可怜、孤独自责,严重的会进入抑郁怪圈。

那么,我们在生活中遭到抑郁心理的侵袭时,应如何面对和克服呢?

美国心理学家艾里斯和贝克指出,人们对某种情境的解释、思考、方法(即认知结构)决定他们的情绪和行为反应。抑郁心理的产生是认知结构歪曲造成的。但一般人意识不到,因为认知结构背后有一种自动思想,它存在于潜意识里不被人察觉,却受当前事件的触发,产生消极情绪和行为。要想转变歪曲的认知,我们必须找出这种想法,用积极、新的、建设性的思想代替,就能走出抑郁心理。

(1) 把头脑中的消极想法写在纸上,看它是否有道理? 是否符合逻辑? 然后用积极的思想代替它,把它从纸上消灭。

消极思想包括:缺乏根据的推理、以点带面的看法、对问题的过度引申、对问题事件的夸大和缩小,与自己进行消极性的联系。比如:如果这样……肯定就会那样;他不喜欢我,别人也不会喜欢我;我到哪里都一样;我处处不如别人;这事情根本就解决不了;我的前途没有希望了;事情全是我的错,等等。

(2) 找出这些引起不合理的思想后,用理性批判它们的荒谬和歪曲的推理,用积极思想取代它。比如:人无完人,各有所长;失败乃成功之母;世界上没有解决不了的问题;他不爱我,说明还没有找到爱我的人;我要发挥我自己的特长和优势;命运掌握在我自己手里;我只要努力肯定会行;苦难是人生最好的老师;我要活出自我,不在乎别人的评价;我还没挖掘出我的潜力;事情虽然出了,但不全怪我,允许自己犯错误;还有不如我的人呢;不好的人终究是少数……

可以这样提醒自己:我这样判断没有根据;我有时候看问题确实偏激;我要接受现实;我要吸取教训;让别人看看,我绝不是弱者。

(3) 对不合理的思想要反复进行辩论,反复批评就会动摇这种思想,最后铲除它,走出抑郁心理。

2. 实际操作

(1)首先调整自我生活方式

① 建立生活目标。选择合适的生活目标，不要因为力所不能及而长期焦虑和不快。

② 面对现实，适应环境。生活总是复杂和多变的，社会充满了困难和挑战，因此，应该以现实为基础进行自我设计，确立可行的理想和抱负，使个人与社会协调一致，不要好高骛远。

③ 劳逸结合。注意劳逸结合，不能让机体超负荷运转。

④ 良好的人际关系。主动参与社会活动，热情坦诚与他人交往，消除孤独感和自卑感，获得安全感和自信心。

⑤ 善于解脱。善于积极主动地调整自己的生活方式，特别是在生活或工作中遇到困难和挫折时，要及早地从中解脱出来。

（2）抑郁不会无中生有，找到抑郁的根源，改变对待它的方式

① 直视它。任何问题发生的时候，逃避是没有用的，所以最好直面它的存在。

② 接受它。学会接受问题，因为不管接受与否，问题客观存在。

③ 解决它。接受问题之后，要想办法解决所面对的问题。

④ 放弃它。如果问题没有解决或不能解决，会产生懊恼、烦闷、痛苦等负性情绪，这时候就应该学会放弃。

⑤ 掌握消除抑郁的小方法。开怀大笑，这是消除抑郁的最好方法；沉默有助于降压，在没有必要说话时最好保持沉默；放慢节奏有助于舒缓紧张压力；冷静地处理各种问题；学会说"不"，不要害怕承认自己的能力有限；带点"阿Q"精神，相信"车到山前必有路"。

（3）真正远离抑郁，必须从平时做起

① 认识自己。以实事求是的态度，不夸大自己的缺点，也不要抹杀自己的长处，正确认识自己，弥补缺陷、发扬优点。

② 相信自己的能力。不断鼓励自己，认准了的事要坚持做下去，争取成功；不断的成功会使人看到自己的力量，变自卑为自信。

③ 多多锻炼，经常参加户外活动。锻炼时人体呼吸会发生变化，需要集中注意力，这一切都会转移抑郁思维，提高自信心。

④ 与人交往。主动与周围人交往，并从中学习别人的长处，发挥自己的优点，从群体活动中培养自己的能力，预防自卑感的出现。

⑤ 多晒太阳。阳光对季节性的抑郁情绪具有独特的疗效。

（四）如何克服失眠症

失眠的人大多数是由心理因素引起的。心理因素虽然是导致失眠的重要原因，但只要患者能够自我调节心理活动，它又可以成为克服疾病的有力武器。

1. 放松情绪法

失眠固然不好，但失眠本身的危害远不如对失眠恐惧与忧虑所造成的危害大。对

失眠的恐惧与忧虑,会产生恶性循环的精神交互作用,即失眠—恐惧—紧张—失眠加重—恐惧加重—紧张加重—失眠更重……因此患了失眠症后,放松情绪,冷静地接受现实至关重要,同时要认识到,失眠时,只要能做到身心放松,即便是整夜不眠,也无大碍,高僧经常静坐(卧)不眠却能长寿就是证明。

2. 松笑导眠法

平卧静心,面带微笑,行六次深而慢的呼吸后,转为自然呼吸,每当吸气时,依次意守(注意力集中)头顶—前额—眼皮—嘴唇—颈部—两肩—胸背—腰腹—臀和双腿—双膝和小腿—双脚,并于每一呼气时,默念"松"且体会意守部位散松的感觉,待全身放松后,就会自然入睡,必要时可重复2~3次。

3. 逆向导眠法

对思维杂乱无法入静的失眠者,可采取逆向导眠法。就寝后,不是去准备入睡,而是舒坦地躺着,想一些曾经历过的愉快事件,并沉浸在幸福情景之中。若是因杂念难以入眠时,不但不去控制杂念,反而接着"杂念"去续编故事,故事情节应使自己感到身心愉快,故事的篇幅编得越长越远越好。这些有意的回想与"编故事"既可消除患者对"失眠"的恐惧,也可因大脑皮层正常的兴奋疲劳而转入保护性抑制状态,促进自然入眠。

4. 紧松摇头法

仰卧床上后,双上肢先行收缩用劲,持续10秒后放松,体会放松感觉,重复3次后,同法依次做下肢、头、面部和全身的紧张后放松训练。待彻底放松后,微闭双眼,将头部以正位向左右摇摆,摆身为5~10°,摆速为1~2秒一次,一边摆一边体会整个身体越来越松散深沉,摇摆的幅度和速度也渐小,这样的自我摇摆仿佛婴儿睡在晃动的摇篮中,睡意很快就会来临。

(五)如何摆脱孤独

(1)摆脱孤独可以从两个方向努力,一是自己积极主动地接近别人,二是通过改变自我,使别人愿意接近自己。积极主动接近别人的最好方法,便是关心、帮助别人。当看到周围的人有为难之处的时候,如果主动伸出手去帮一把,就可能为自己赢得朋友,从而也帮自己摆脱了孤独。谁都不喜欢整天愁眉苦脸的人,也不喜欢一脸清高孤傲的人,如果渴望友谊和朋友,就要学会改变自己。也许你并非不想理别人,只是不知道说什么好,或担心别人会不理你。没关系,先从每天早上见面做起。如果每天都能以亲切的微笑面对老师、同学,不计较别人是否主动,是否也对你问候,坚持几天,看看会有什么结果。日本心理学家箱崎总一说:"对别人亲切正是免除自己本身孤独的第一步。"如果再能设法找到一些共同的话题,或主动向别人请教,僵局就很容易被打破了。

(2)要想有朋友,就不能光想着自己。总把"我"放在嘴边的人,最招人反感。如果与别人交往时,不懂得尊重别人,老是随便打断别人的话;或是说些刺激人的话,让人下不来台;总想与人争个高低,处处显得你正确,恐怕就很难拥有朋友和友谊。所以,摆脱孤独,要从自己做起。

（六）如何学会赞美别人

赞美别人，仿佛用一支火把照亮别人的生活，也照亮自己的心田，有助于发扬被赞美者的美德，推动彼此的友谊健康地发展，消除人际间的龃龉和怨恨。赞美是一件好事，但绝不是一件易事。赞美别人时如不审时度势，不掌握一定的技巧，即使你是真诚的，也会变好事为坏事。所以，开口前一定要掌握下面的技巧。

1. 因人而异

人的素质有高低之分，年龄有长幼之别，因人而异，突出个性，有特点的赞美比一般化的赞美能收到更好的效果。老年人总希望别人不忘记他"当年"的业绩与雄风，同其交谈时，可多称赞他引为自豪的过去；对年轻人不妨语气稍为夸张地赞扬他的创造才能和开拓精神，并举出几点实例证明他的确能够前程似锦；对经商的人，可称赞他头脑灵活，生财有道；对有地位的干部，可称赞他为国为民，廉洁清正；对知识分子，可称赞他知识渊博、宁静淡泊……当然这一切要依据事实，切不可虚夸。

2. 情真意切

虽然人都喜欢听赞美的话，但并非任何赞美都能使对方高兴。能引起对方好感的只能是那些基于事实、发自内心的赞美。相反，若无根无据、虚情假意地赞美别人，被赞美者不仅会感到莫名其妙，更会觉得你油嘴滑舌、诡诈虚伪。

真诚的赞美不但会使被赞美者心理上愉悦，还会使我们经常发现别人的优点，从而使自己对人生持有乐观、欣赏的态度。

3. 翔实具体

日常生活中，人们有非常显著成绩的时候并不多见。因此，交往中应从具体事件入手，善于发现别人哪怕是最微小的长处，并不失时机地予以赞美。赞美用语愈翔实具体，说明你对对方愈了解，对他的长处和成绩愈看重。让对方感到你的真挚、亲切和可信，你们之间的人际距离就会越来越近。如果只是含糊其词地赞美对方，说一些"你工作得非常出色"或者"你是一位卓越的领导"等空泛飘浮的话语，不仅会引起对方的猜度，甚至会产生不必要的误解和信任危机。

4. 合乎时宜

赞美的效果在于相机行事、适可而止，真正做到"美酒饮到微醉后，好花看到半开时"。当别人计划做一件有意义的事时，开头的赞扬能激励他下决心做出成绩，中间的赞扬有益于对方再接再厉，结尾的赞扬则可以肯定成绩，指出进一步努力的方向，从而达到"赞扬一个，激励一批"的效果。

5. 雪中送炭

俗话说："患难见真情。"最需要赞美的不是那些早已功成名就的人，而是那些因被埋没而产生自卑感或身处逆境的人。他们平时难得听到一声赞美的话语，一旦被人当众真诚地赞美，便有可能振作精神，大展宏图。因此，最有实效的赞美不是"锦上添花"，而是"雪中送炭"。

此外,赞美并不一定总用一些固定的词语,见人便说"好……"。有时,投以赞许的目光、做一个夸奖的手势、送一个友好的微笑也能收到意想不到的效果。

赞美是所有声音中最甜蜜的一种。每个人都有优点,用发现的眼光赞美别人,会发现人与人相处其实很容易。赞美能让你在众人之中游刃有余,能让你的世界阳光灿烂。

(七) 如何顺利与人交流沟通

1. 80%的时间倾听,20%的时间说话

一般人在倾听时常常出现以下情况:

(1) 很容易打断对方讲话;

(2) 发出认同对方的"嗯……""是……"等一类的声音。

较佳的倾听却是完全没有声音,而且不打断对方讲话,两眼注视对方,等到对方停止发言时,再发表自己的意见。而更加理想的情况是让对方不断地发言,愈保持倾听,愈握有控制权。

在沟通过程中,20%的说话时间中,问问题的时间又占了80%。问问题越简单越好,是非型问题是最好的。说话以自在的态度和缓和的语调,一般人更容易接受。

2. 沟通中不要指出对方的错误

沟通的目的不是去不断证明对方是错的。生活中我们常常发现很多人在沟通过程中不断证明自己是对的,但却十分不得人缘;沟通天才认为事情无所谓对错,只有适合还是不适合而已。如果不赞同对方的想法时,不妨仔细听他话中的真正意思。若要表达不同的意见时,切记不要说:"你这样说是没错,但我认为……"而最好说:"我很感激你的意见,我觉得这样非常好,同时,我有另一种看法,不知道你认为如何?""我赞同你的观点……"要不断赞同对方的观点,然后再说"同时……",而不说"可是……""但是……"。

顶尖沟通者都有方法进入别人的频道,让别人喜欢他,从而博得信任,表达的意见也易被别人采纳。

3. 顶尖沟通者善于运用沟通三大要素

人与人面对面沟通的三大要素是文字、声音以及肢体动作。行为科学家经过六十年的研究发现,面对面沟通时三大要素影响力的比率是文字7%,声音38%,肢体语言55%。

一般人在与人面对面沟通时,常常强调讲话内容,却忽视了声音和肢体语言的重要性。其实,沟通便是要努力与对方达成一致性以及进入别人的频道,也就是我们的声音和肢体语言要让对方感觉到所讲和所想的是十分一致的,否则对方无法收到正确讯息。因此,要想沟通就必须练习一致性。

（八）如何磨平急躁性格

急躁性格又称"急性子"。急躁表现在学习上，往往是什么都想学，而且想在短时间内学会，其结果或是因为超出了自己的实际能力，加之时间有限，不得不半途而废，不了了之；或是浮光掠影，挂一漏万，蜻蜓点水，囫囵吞枣。表现在工作上，一阵兴头上来，马上动手去干，既无认真准备，又无周密计划。有时某项工作才开了个头，就急于见成效，特别是当工作遇到困难时，更是急得如热锅上的蚂蚁，恨不得来个"快刀斩乱麻"，一下子把问题解决。急躁者多半表现出耐心、细心和恒心的不足。急躁的人容易发怒，因而既影响了人际关系，又影响了自己的身心健康。有人把这种性格称之为 A 型性格，据研究，此类性格最易导致冠心病、高血压等症。

1. 急躁性格的人的行为特点

（1）与人交谈，急于表达自己的观点，不能够耐心地让别人把话讲完。

（2）要做某事时，非得立即动手不可，很少周全考虑，也不管主观条件是否具备。

（3）总感到有很多事要做，常常手忙脚乱。

（4）对看不惯的事或不称心的事，习惯直露心事，且不大考虑效果。

（5）在不得不排队或等待时，就会心急火燎，牢骚不断。

（6）玩任何游戏非要赢不可，即使与孩子玩耍时常常也是如此。

（7）看到别人干自己认为可以干得更快更好的工作时，就变得急不可耐。

急躁性格具有两重性，即优点与弱点、长处与短处并存。性子急的人，做事雷厉风行，说干就干，这是好的一面；但由于性子过急，常常欲速则不达，把好事办坏，这就是不足的方面。

2. 克服急躁性格的方法

（1）"脱敏"法。就是创造一种环境或条件，使原有性格逐渐良化。可以通过学习书法、绘画等来改变急性子。

（2）放松法。大凡"急性子"都有个特点，情绪不好时，性子尤其急。人很难保证自己的情绪永远处于愉悦状态，但人可以学会放松自己的情绪，而使其不处于恶化状态。平时经常听听音乐，散散步，读些幽默作品，培养广泛兴趣，对情绪能起到优化作用。一个人不要总是急急匆匆，忙忙碌碌。其实，"急性子"的忙碌有许多是无事忙、寻事忙，反而自寻烦恼。要学会放松自己，该紧张时紧张，该悠闲时悠闲。对自己也应有恰当认识，放弃过高的要求，努力去做一些现实可行的事。这样，可以减少许多不必要的烦恼，避免由此而引起的性子急躁。平时，要注意劳逸结合，张弛有度，争取每天有一定的文体活动时间。这样，对磨平急性子是有好处的。

（3）暗示法。当意识到自己急躁毛病发作时，可自我暗示"不要急""有些事急也没用""急躁往往会把好事办坏的""我要平静下来，我已经平静下来了""我要按计划行事，不慌不忙，从容不迫"。

（4）提醒法。为了培养自己遇事不慌、从容镇定的态度。在采取行动之前，可自我提出一些问题,如"这事我是否已做了充分准备,计划是否周密详尽?""对这项工作,我是否已有把握?""这项工作中我将会遇到哪些困难?""对这些问题我是否已有了恰当的对策?"这样多提出一些问题,多泼一点冷水,有助于使自己因急躁而发热的头脑冷静下来。

(九) 如何克服火暴脾气

火气大,爱发脾气,实际上是一种敌意和愤怒的心态。当人们的主观愿望与客观现实相悖时就会产生这种消极的情绪反应。心理学研究表明,脾气暴躁,经常发火,不仅是强化诱发心脏病的原因,而且会增加患其他病的可能性。因此,为了确保自己的身心健康,必须学会控制自己,克服爱发脾气的坏毛病。

(1)意识控制。当愤愤不已的情绪即将爆发时,要用意识控制自己,提醒自己应当保持理性,还可进行自我暗示:"别发火,发火会伤身体",有涵养的人一般能做到控制。

(2)承认自我。勇于承认自己爱发脾气,以求得他人帮助。如果周围人经常提醒、监督,那么目标一定会达到。

(3)反应得体。当遇不平之事时,任何正常人都会怒火中烧,但是无论遇到什么事,都应该心平气和,要冷静,不应该迅速做出不恰当的回击,从而剥夺对方承认错误的机会。

(4)推己及人。凡事要将心比心,就事论事,如果能经常站在对方的角度看问题,很多时候,就会觉得没有理由迁怒于他人,自己的气自然也就消失了。

(5)宽容大度。对人不斤斤计较,不打击报复,当学会宽容时,爱发脾气的毛病就自行消失了。

(6)现在开始。现实生活中,一些人常常说:"我过去经常发火,自从得了心脏病才认识到,任何事情都不值得大动肝火。"请不要等到患上心脏病才想到不发火,要想克服爱发脾气的坏毛病,就从现在开始吧。

(十) 如何走出狭隘的自我

受功利主义影响,大学生中的狭隘现象有增无减。凡事斤斤计较、耿耿于怀、好嫉妒、好挑剔、容不得人等,这都是心胸狭隘的表现,即日常说的"气量小"。心胸狭隘往往影响人际关系,伤害他人感情,也常给自己带来烦闷、苦恼,影响自己的情绪和在他人心目中的形象,因此,于人于己有百害而无一利。而胸怀宽广,能够给我们带来一生的益处。俗话说"吃小亏,占大便宜"或许就是这个道理。

1. 形成狭隘心理的原因

(1)家庭因素。狭隘的产生同家庭中不良因素的影响有很大关系。父母狭隘的心胸,为人处事的方法,不良的生活习惯等对子女有潜移默化的影响。有些子女狭隘的性格完全是父母性格的翻版。另外,优越的生活环境、溺爱的教育方法往往易形成子女任性、骄傲、利己主义等品质,自然受点委屈便耿耿于怀,对"异己"分子不肯容纳与接受。

（2）认识水平。大学生阅历浅、经验少，遇到问题后，容易把事情想得过于困难、复杂，加之对自己的能力估计不足，对事情感到无能为力，因此容易紧张、焦虑、放心不下。

2.克服狭隘心理的基本方法

（1）加强人生观教育。人活在世上，就要充分挖掘生命的潜能，为社会做贡献，给别人，给后人留下点有价值的东西。一旦把眼光放在大事上，自己一时的得失就算不上什么，对整体、全局有利的人事就都能容纳与接受，使眼光从狭隘的个人圈子里放出去。抛开"自我中心"，就不会遇事斤斤计较，"心底无私"才能"天地宽"。

（2）培养集体主义精神和高尚的情感，进行正当的人际交往。与人相处应热情、直率，善于团结互助，融"小我"于"大我"之中。交往的增多，可加深彼此的了解与沟通，更透彻地了解别人与自己，开阔心胸。

（3）丰富课余文化生活。组织多种多样的文娱、体育活动，拓宽兴趣范围，使自己时刻感受到生活、学习中的新鲜刺激，感受到生活的美好，陶冶性情，从而在健康向上的氛围中增强精神寄托，消除心理压力。

心理体验

结合本章内容，谈一谈你对心理自助的认识。

_____

_____

参考文献

[1] 肖沛雄,等.大学生心理与训练[M].广州:中山大学出版社,2009.

[2] [美]威尔伯著. 性、生态、灵性[M]. 李明等译.北京:中国人民大学出版社,2009.

[3] 仲少华,蒋南牧.新编大学生心理健康教程[M].上海:上海交通大学出版社,2012.

[4] 申小莹,钞秋玲.大学生心理教育教程[M].西安:西安交通大学出版社,2012.

[5] 林崇德.咨询心理学[M].北京:高等教育出版社,2012.

[6] 梁宝勇.变态心理学[M].北京:高等教育出版社,2012.

[7] 沈德立,杨治良.基础心理学[M].北京:高等教育出版社,2012.

[8] [澳]George W. Burns. 积极心理治疗案例:幸福、治愈与提升[M].北京:中国轻工业出版社,2012.

[9] 王登峰,崔红.心理卫生学[M].北京:高等教育出版社,2013.

[10] 周家华,王金凤.大学生心理健康教育[M].北京:清华大学出版社,2014.

[11] 李镇西.做最好的老师[M].桂林:漓江出版社,2014.

[12] 何建湘.创业者实战手册[M].北京:中国人民大学出版社,2015.

[13] [美]Gerald Corey,Marianne Schneider Corey. 心理学与个人成长(第十版)[M].北京:中国轻工业出版社,2015.

[14] 丁宏.高校学生工作典型案例分析[M].北京:中国人民大学出版社,2015.

[15] 周俊武.新时期大学生心理健康教育理论与实践研究[M].北京:中国文史出版社,2015.

[16] 凌四宝,杨东明,舒曼.大学生心理健康教育实务[M].北京:中国人民大学出版社,2015.

[17] 王晓刚.大学生心理危机预防与干预标准化体系研究[M].杭州:浙江工商大学出版社,2015.

[18] 刘文.心理学基础[M].南京:南京大学出版社,2018.

[19] 胡永松,席宏伟.高职学生心理健康与成长[M].重庆:重庆大学出版社,2018.

[20] 刘卫锋.大学生心理健康教育理论与实践[M].南京:南京大学出版社,2018.

[21] 王祥君,吴辉,李翠景.大学生心理卫生与发展[M].重庆:重庆大学出版社,2018.

[22] 俞国良.大学生心理健康[M].北京:北京师范大学出版社,2018.